Sie teilen die Bereitschaft, sich auf notwendige Zwischenphasen einzulassen, ebenso unterwegs greifbaren Hinweisen zu folgen, auch wenn noch unklar ist, ob oder wie sie zum Ziel führen. Umwege oder Neuansätze erweisen sich als unumgänglich, wenn vielfältige Problemstellungen und Teilfragen schrittweise in klare, baulich geschlossene Lösungen überführt werden sollen. Der Fachmann und Theoretiker Philippe Boudon hat die genuine architektonische Form des Aufbruchs treffend gefasst: als „Veränderung des Problemraumes, in dem Raumprobleme zu denken sind“[1]. Dies stellt zugleich die angestrebte Bauleistung dar und die Bedingungen des Arbeitens, denen das Team im Einsatz seiner planerischen, formgebenden Kompetenzen verpflichtet ist. Man könnte folglich ohne übertriebenen Ideenschwung sagen, dass sich darin die konstruktive Utopie architektonischer Praxis verwirklicht. Nicht die Hybris des idealen Baugebildes, vielmehr die entwurfstechnisch fundierte Überzeugung, dass es sich lohnt, aufzubrechen: im Einzelfall und damit im spezifischen Versuch, etwas zu konstruieren, das so noch nicht errichtet wurde. Verwandte Berufsweisheiten über das Unfertige, erst Herzustellende sind selbst interessierten Laien zugänglich; exemplarisch schreibt Adalbert Stifter in seinem letzten, in mehreren Stufen der Überarbeitung verfassten Erzählwerk *Die Mappe meines Urgroßvaters*[2]: „Anfänger“ sei man „in dieser Sache immer, [...] und nirgends ist das Sprichwort, daß man die Sache sollte zweimal

together. They share the willingness to allow for necessary intermediate phases, and to pursue any concrete information they pick up along the way, even though it may still be unclear whether and how it might lead to the desired goal. Detours and fresh starts prove to be unavoidable when disparate objectives must be transformed into clear, structurally cohesive solutions. The architectural theorist Philippe Boudon summarised the genuinely architectural form of setting off and breaking new ground quite aptly as “changing the mental space in which we consider spatial problems”[1]. This is at once the basic condition for the work to be done and the architectural achievement the team is striving for with its planning and form-giving skills. It is not an exaggeration to say, therefore, that the constructive utopia of architectural practice is realised therein. Not the hubris of the ideal building but rather the design-driven belief that it is worthwhile set off the break new ground: in each individual case and thus in the specific attempt to design something that has never been built before in exactly that form. The related lore of the unfinished in the profession is accessible even to interested laypeople; in his last narrative work, *Die Mappe meines Urgroßvaters* (My Great-Grandfather’s Folder)[2], written in several stages of revision, Adalbert Stifter offers an exemplary explanation: “You will always be a beginner at this, [...]

verrichten können, wahrer als beim Bauen." Daraus spricht gerade keine mangelnde Kenntnis, keine misslungene erste Ausführung. Formuliert wird stattdessen eine professionelle Haltung: Architekten beziehen aus Erfahrung das Bewusstsein, dass jede Art von Bautätigkeit auf die geübte Fähigkeit zum Umdenken des Entstehenden, ferner zum Umbauen des Bestehenden angewiesen bleibt.

Das altgewohnte Bild vom Baumeister, der aus eigener Hand entwirft und das Werk seines Einzelwillens ausführen lässt, entspricht kaum der komplexen partizipatorischen Wirklichkeit eines zeitgenössischen Architekturbüros. Dies betrifft interne Unternehmungen genauso wie die Einbindung von Auftraggebern und Nutzern in das Bauprojekt. Realitätsnah stellt sich bald heraus, dass weder Planung rein aktiv setzend funktioniert noch Rezeption von Bauten lediglich passiv aufnehmend erfolgt. Das Bemühen um reflektierte Transparenz konzentriert sich deswegen auf die Teilhabe am Werden und Wirken von Architekturen. Jene konkreten Verflechtungen erklären auch den Ideengehalt der systemischen Kontextualität. Man kann das Leitkonzept im Sinne einer Entwurfsphilosophie zuerst begrifflich, danach in praktischer Hinsicht betrachten. Zwei Seiten des Architektonischen treten indessen zutage: einmal operative Abstraktion, einmal Reichtum an konkreten Beziehungen.

and nowhere is the proverb that everyone deserves a second chance to make things right more true than in building." This does not imply a lack of knowledge or a failure at the first attempt. Rather, it formulates a professional attitude: through experience, all architects become aware that any kind of building is dependent on the skilled ability to rethink what is being constructed as well as to modify what already exists.

The well-worn image of the builder who drafts his blueprints by hand and has his own personal vision built by others could hardly be further from the complex participatory reality of a contemporary architecture office. This applies to internal activities as well as to the integration of clients and users into the project. Realistically, it soon becomes clear that planning does not work in a purely active way, and that the reception of buildings is not merely passive. The effort to achieve reflexive transparency is focused, therefore, on participation in the generation and effects of architectures. These specific interdependencies also explain the ideas involved in systemic contextuality. In terms of a design philosophy, one may view the guiding principle first conceptually and then in practical terms. Two sides of architecture become evident here: operational abstraction on the one hand and a wealth of concrete relations on the other.

Der Systemgedanke meint – der soziologischen Theorie Niklas Luhmanns zufolge – je verschiedene, in sich geschlossene Funktionslogiken bzw. Kommunikationskreisläufe. Ohne deren modern ausdifferenzierte Organisation wäre die Komplexität sozialer Umwelt gar nicht zu bewältigen. Selbstverständlich kommen Baulichkeiten in hohem Maße kontextgebunden zustande. Der Ansatz, die diversen Kontexte als systemisch zu begreifen und ihre Kontaktspannung in das polyfunktionale räumliche Design einfließen zu lassen, reicht jedoch darüber hinaus. Daran zeigt sich, wie Architektur am Gesellschaftlichen teilhat: Sie ist mit ungleichen Codes konfrontiert, konkreter ausgeführt mit ökonomischen, technischen, ästhetischen Programmen; dennoch soll sie ein stimmiges Objekt herstellen, das nicht alles, aber vieles vermittelt und vereinbart. Baukunst setzt in prägnanter Form soziale Verhältnisse zueinander ins Verhältnis, indem sie involvierten systemischen Bezügen ihren relativen Stellenwert zuweist, wenn sie diese konstruktiv gewichtet.

Was bedeutet Partizipation im Arbeitsprozess? Der Alltag der Architekten, ihrer Mitarbeiter und Partner ist davon durchdrungen, in sämtlichen Dimensionen und Entwicklungsphasen. Während das Entwerfen stattfindet, müssen etwa innerhalb des Teams die spezialisierten Planungsschritte, ob statische Berechnungen oder das Erstellen formaler Teilansichten, koordiniert werden. Um einen historischen Vergleich und Zeitsprung zu wagen:

According to Niklas Luhmann's sociological theory, a system contains many different, self-contained functional logics, or communication circuits. Without differentiating and organising them in a modern way, we would be wholly unable to cope with the complexity of our social environment. Of course, the construction of buildings is highly context-bound. The approach to understanding the various contexts as systemic and channelling the tensions between them into polyfunctional spatial design transcends this context, however. This shows what role architecture plays in society: it is confronted with dissimilar codes, e.g., economic, technical or aesthetic programmes, but is nevertheless expected to produce a coherent object that mediates between and reconciles perhaps not everything, but many things. Architecture lends incisive form to the relations between various social conditions, assigning relative importance to the systemic implications involved by giving them weight structurally.

What is the meaning of participation in the work process? The everyday routine of architects, their employees and partners is steeped in it, in all dimensions and stages of development. During the design process, the specialised planning steps, whether structural engineering calculations or formal partial views, must be coordinated within the team. To venture a historical comparison with a bygone era: medieval

Mittelalterliche Bauhütten und später moderne Bürogemeinschaften hatten nur begrenzte Möglichkeiten, die notwendige Arbeitsteilung zu überbrücken. Erst seit Neuestem erlaubt die Technologie komplette organisatorische Vernetzung: über digitale Modelle, in die alle ihre Kalkulationen, Zeichnungen etc. zum Bauvorhaben eintragen können. Dank avancierter Methoden wie BIM dürfen Optionen zur Bauästhetik koexistieren, werden systemische Informationen von Beginn an integriert. Jener Fortschritt erleichtert das Kommunizieren und befördert insofern die Ideenfindung.

Kommunikation nach außen wendet sich zunächst nicht an die breite Öffentlichkeit, sondern primär an diejenigen, von denen der Auftrag für ein Gebäude erteilt wurde, außerdem an die Gruppe derjenigen, die es schließlich in Gebrauch nehmen werden. Dem Architekturbüro obliegt im Idealfall die fachliche Betreuung des gesamten Vorgangs; dabei sollte ein partizipativer Ablauf so erwünscht wie vorteilhaft sein. Die entsprechende Einstellung möchte zur Mitgestaltung des geplanten Bauwerks einladen. Je nachdem, ob der Aufruf kleinere oder größere Kreise adressiert, kommt es darauf an, architektonische Vorstellungen bzw. bauliche Entscheidungen dialogisch mitzuteilen oder diese Stationen überhaupt erst im Austausch miteinander zu erreichen. Das schafft Zustimmung, eventuell sogar sozialen Mehrwert. Sprachliche Anschauung zum *Teil haben* erinnert daran: Jedes Element,

masons' lodges and, later, modern architecture offices only had limited possibilities for bridging the necessary division of labour. It's only recently that technology has allowed for complete organisational networking: via digital models into which everyone can input their own calculations, drawings etc. for the construction project. Thanks to advanced methods such as BIM, different aesthetic options can co-exist and systemic information can be integrated from the outset. This technological progress facilitates communication and therefore promotes ideation.

External communication is then not aimed at the general public at first, but at those who have commissioned the building and the group of people who will later use it. The architecture office is ideally responsible for professionally overseeing the entire project, but a participatory process is both desirable and beneficial. This type of attitude invites others to contribute to the design of the planned structure. Depending on whether the call is addressed to smaller or larger circles, it is important to communicate architectural ideas and/or structural decisions in a dialogue or to determine these together in the first place. This creates consent and possibly even social added value. As the expression *taking part* suggests, each element, whether visibly significant or imperceptibly installed, is a part of the whole.

ob sichtbar bedeutsam oder unmerklich eingebaut, hat Anteil am Gefüge. Die Gültigkeit von Partizipation als Schlüsselprinzip erweist sich nachdrücklich, sobald hochgradig spezialisierte Bautypen in den Blick geraten: Beispielsweise Forschungsbauten, quasi als Behausung wissenschaftlicher Institute samt ihren technischen Einrichtungen, wären ohne verstärkte Teilhabe weder denk- noch durchführbar. Das liegt zum einen daran, dass inner- und interdisziplinäre Wissensgebiete sich zunehmend vernetzt haben, was die gebauten Rahmenbedingungen mit ihren räumlichen Mitteln aufgreifen. Zum anderen hängen Durchbrüche einer Forschergruppe keineswegs nur vom Equipment ab. Die Anlage wie Ausstattung der Räumlichkeiten beeinflusst den Faktor der informellen Kommunikation, der in seiner Wirksamkeit von den Wissenschaftlern selbst anerkannt wird. Das planerische Anliegen begegnet im derartigen Umfeld offenen Gesprächspartnern.

Die Präsenz des fertig Gebauten markiert nicht das Ende des teilnehmenden Geschehens, vielmehr den Eintritt in intensive Rezeption. Architektonische Raumgestaltung wird erfahren: durch Perspektiven, die sich auftun; Wege, die begehbar sind; durch räumlich gewährte Funktionalitäten. Bauwerke können sich vielfältig mitteilen, sowohl mit ihrer offenkundigen Zweckmäßigkeit als auch über die beständig erzeugte Atmosphäre. Die ästhetische Form, das Erscheinungsbild in seinen sinnlichen Qualitäten,

The validity of participation as a key principle is strongly reinforced when looking at highly specialised types of architecture: research buildings for example, as places where scientific institutions and their technical facilities find a home, so to speak, would be neither conceivable nor feasible without strong participation. On the one hand, this is because intradisciplinary and interdisciplinary areas of knowledge are becoming increasingly connected, and the built framework conditions must take this into account using spatial means. On the other hand, the potential breakthroughs made by a group of researchers depend not only on their equipment; the layout and furnishings of their premises exercise an influence on the factor of informal communication, which the scientists themselves consider very powerful. The planning process can rely on some very open sparring partners in this sort of environment.

The presence of the finished building does not mark the end of participation but rather the beginning of an intensive reception period. Architectural design can now be experienced through the perspectives that are opened up, the paths that can be walked, and the spatially arranged functionalities. Buildings can express themselves in a variety of ways, including through their obvious purposes as well as the atmosphere they consistently generate. The aesthetic form,

wäre demnach ein weiterer statt der einzige Modus der Aufnahme von Architektur, des Zugangs zum baulichen Objekt. Im Rückgriff auf das Entwerfen erschließt sich die kontextuelle Dimension: Architektur entfaltet aufgrund ihrer Ästhetik das Potenzial, gleichzeitig mit der Bindung an systemische Beziehungen auch die Freiheit vom strukturierten Zusammenhang wahrnehmbar zu machen.

Fortgesetztes Entstehen von Architekturen zeigt sich darin, wie Bauten tatsächlich genutzt werden, nachdem sie fertiggestellt und freigegeben wurden. Vielleicht gibt es da einen Neben- oder Zwischenraum, der zum beliebten Treffpunkt wird – zugängliche Dachpartien bieten sich an. Womöglich kommt es zu dauerhaften Nutzungen, die gar nicht vorgesehen waren, obwohl die Baulichkeit sie nicht nur zulässt, sondern geradezu hervorruft. Was als Modellidee begonnen hat und plangemäß zur Ausführung gekommen ist, erfährt solchermaßen eine habituelle Belebung. Unter einem gebauten Ort versteht man mehr als den räumlichen Stand der Dinge: Die Bewegung vom Objekt über den Raum hin zum Ort, wie Pierre von Meiss sie gefasst hat[3], vollendet sich erst in der Praxis, dem Sich-Aneignen dessen, was Architektur umfassend zur Verfügung stellt.

Das Positive der Teilhabe wird durch ein negatives Szenario besonders anschaulich. Dafür sorgt literarisch der Roman über eine Architektin,

the appearance with all its sensual qualities, rather than being the only way to access and experience a building, is therefore just another way of doing so. The contextual dimension develops based on the design: architecture unfolds through its aesthetic qualities the potential to allow us to experience freedom from structural context even as it remains bound to systemic relationships.

The ongoing emergence of architectures can be observed in practice by looking at how buildings are actually used after they have been completed and put into operation. There may be a certain secondary or transitional area that unexpectedly becomes a popular meeting place – accessible roof areas for example. Perhaps spaces will be permanently used in ways that were not intended, although the layout of the building not only permits them but even encourages them. What started out as a model and was executed according to plans is enlivened through habits and customs. There is more to a built space than just the spatial conditions: the transition from an object to a room and then to a place, as Pierre von Meiss once said, becomes complete through practice[3], when the people who use the architecture make out of it something that is all their own.

The positive aspect of participation is highlighted by a negative scenario. In her novel about an

Franziska Linkerhand von Brigitte Reimann[4]. Was entsteht, wenn jede Form des Partizipierens verfehlt oder gar nicht erst gesucht wird? *Neustadt* – der Name eines fiktiven, doch realistischen Städtebauprojekts in der DDR: „Wohnungen für unsere Werktätigen zu bauen, so viele, so schnell, so billig wie möglich". Die Idealistin Franziska sieht alternativ das „Wagnis, von dem die großen Architekten geträumt haben: eine neue Stadt bauen, ein paar hundert Hektar Land, auf denen man eine städtebauliche Idee verwirklichen kann". Dazwischen schiebt sich im gesamten Erzählverlauf und darüber hinaus gedacht ein dritter Weg, der mehr verlangt als Behausung im großen Stil, der darauf ausgeht, die Bedürfnisse der Bewohner und des städtischen Lebens kennenzulernen, bevor man Pläne entwirft.

Abseits aller Ideologie steht die Herausforderung, „das Kollektiv", die zukünftig Wohnenden, als „Auftraggeber" ernst zu nehmen. „Aber haben Sie jemals in einem der hundert Gremien, Aktivs, Fachberatungen, Ausschüsse, an die wir unsere Zeit verschwenden, auch nur einen einzigen Verbraucher unserer Ware bemerkt?", fragt Büroleiter und Funktionär Schafheutlin. Dennoch, es müsste möglich sein: erforschen und einplanen, was gebraucht wird. Anders gesagt: „Wünsche und Gewohnheiten der Heutigen" berücksichtigen, um das kommende Zusammenleben mitzugestalten. Gegen die triste „Anti-Stadt", gegen das ewige Provisorium eine „ganz neue Konzeption",

architect, *Franziska Linkerhand*, Brigitte Reimann[4] provides a literary object lesson. What happens when every form of participation fails, or is not even attempted in the first place? *Neustadt* is the name the author gives to a fictitious but realistic urban planning project in former East Germany that sets out "to build housing for our workers, as much as possible, as quickly and as cheaply as possible". The idealist Franziska, on the other hand, envisages "the venture that the great architects have dreamed of: to build a new town, a few hundred acres of land on which an urban vision can be realized". A third path emerges that aspires in this story and beyond to more than just housing, aiming to first get to know the needs of the inhabitants and of urban life before designing the plans.

Beyond ideology, the challenge is to take "the collective", i.e., all those who will later live in the buildings, seriously as "clients". "But among all those hundreds of planning boards, active planners, technical consultations and committees that we waste our time with, did you ever once see a consumer of our goods?", asks the office head and official Schafheutlin. Nevertheless, it must still be possible: to research and allow for what is needed. In other words, to pay attention to the "desires and habits of the present-day inhabitants" in order to shape future life in the community. Instead of the dreary "anti-town", the eternal makeshift solution,

idealerweise „keine Kompromisse". Solch eine Stadt könnte Kommunikation fördern, statt sie mit „Wohnsilos" zu verhindern; sie wird „Lebensbereiche und Tätigkeiten" ihrer Bewohner untereinander in Berührung bringen.

Der Architektin Linkerhand ist ihre Verantwortung bewusst. Sie nimmt sich gleichwohl die Freiheit, ihre berufliche Rolle zu hinterfragen. „Städtebau als Weltproblem Nummer eins" greift demonstrativ hoch, umso mehr müsste man darüber nachdenken. Oftmals herrsche allein die „dünne Höhenluft der Ideen über Urbanität. Diktatur meiner eigenen Wünsche und Vorstellungen …". Franziska Linkerhand gibt den baulichen Gestaltungswillen keineswegs auf, gelangt aber allmählich zu der Ansicht, dass visionäre Modelle stets von den funktionalen Realitäten der Nutzung gebauter Komplexe informiert sein sollten. An diese erzählte Erkenntnis lässt sich thesenhaft anschließen: Nur wenn Baukonzepte unter Umständen zur Änderung bereit sind, wächst ihnen transformative Wirkung zu. Architektur wird maßgeblich entworfen, profitiert jedoch unermesslich, sobald sie integral gedacht und zudem gemeinschaftlich ausgehandelt wird: *Neustadt* liegt überall.

Das Bild des Architektenberufs mag verbunden sein mit gebauten Modellen, mit Szenen von Planzeichnungen und Gerätschaften. Weniger handfest scheint derweil die tätige Grundlage jener Arbeitstechniken und Darstellungsmedien: Etymologisch wurzelt *denken* im *wiegen* und *erwägen*, das

there is to be a "whole new conception", ideally "without compromises". Such a city would foster communication rather than inhibiting it through "residential silos"; it will bring the "areas of life and activities" of its inhabitants into contact with each other.

The architect Linkerhand is aware of her responsibilities, but she also feels free to question her professional role. Tackling "urban development as the world's number one problem" is demonstrably ambitious, so it requires a great deal of forethought. Often, all we get is "the thin and rarefied air of ideas about urbanity. The dictatorship of my own desires and visions…". Linkerhand by no means gives up the will to build and create, but she gradually comes to see that visionary models should always be informed by the functional realities of a built complex's actual use. We can conclude from her realisation that only when construction concepts are capable of changing in accordance with the circumstances can they have a transformative effect. Architecture is designed authoritatively but profits immeasurably when it is integrative in its thinking and is in addition negotiated within the community. *Neustadt* is everywhere.

The image of the architectural profession may be inextricably bound up with models, with scenes of plan drawings and equipment. Less well-known it seems is the actual basis for architects' working methods

zum Handlungswissen hinführt. Die erste Voraussetzung dafür, dass skizzierte Bauten nach und nach entstehen können, folgt daraus: ein gemeinsamer, interdisziplinärer Umgang mit den Aufgaben, der dazu anleitet, Prozesse zu reflektieren. Im Interesse gedanklicher Öffnung oder als Korrektiv lassen sich die Vorstufen nach Überlegung umgestalten. Der eindringlichste Akzent liegt architektonisch in mehrfacher Hinsicht auf dem Weiterdenken: z.B. prüfen und optimieren, ausbauen und fortentwickeln. Zu jeder Zeit des Planens, Entwerfens und Bauens sind Fachkundige dazu angehalten, nicht nur zu überdenken, sondern auch vorauszuschauen: Revidieren und Antizipieren gehören praktisch zusammen. Infolge dieser zeitlich einander ergänzenden Perspektiven geht es um die Zukunft von Gesellschaft und Technologie. Zum einen werden Lebens- und Arbeitsweisen quasi baulich vorweggenommen. Zum anderen geschieht diese Veränderung auf dem Stand aktueller Entwicklungen der Bau- und Materialtechnik. Wer weiterdenken will, benötigt obendrein den Zugriff mehrerer Disziplinen und Spezialisierungen. Über die Grenze üblicher Zuständigkeiten hinweg befassen sich Architekten etwa mit Recycling als Alternative zum Verbrauch, mit ökonomischer und sozialer Nachhaltigkeit oder mit der großen Frage, wie durchgreifende Digitalisierung das Leben im öffentlichen Raum verändern wird. Das Gedachte verliert sich aber nicht in Idealvorstellungen, weil es machbar bleiben muss. Einen Roman des Möglichen

and presentation media. Etymologically speaking, the word *thinking* (in German: *denken*) is rooted in *weighing* and *deliberating*, which then leads to the knowledge needed to act. The first prerequisite for buildings that have been sketched out to gradually take shape results from such deliberation: a joint, interdisciplinary approach to the task at hand that encourages reflection on processes. In the interest of being open-minded, or for correction purposes, the initial plans can be redesigned according to any new considerations that might arise. In many ways, the most crucial aspect of architecture is thinking ahead: e.g., testing and optimising, expanding and continuing to develop. At any time during planning, design and construction, the professionals may be called on not only to rethink things but also to look ahead: revision and anticipation go hand in hand. As a result of these temporally complementary perspectives, it's also about the future of society and technology. On the one hand, buildings anticipate later ways of living and working. On the other, architecture draws on the latest construction technologies and materials. And thinking ahead moreover means consulting with several different disciplines and specialisations. Beyond their usual responsibilities, architects focus on recycling, for example, as a more economically and socially sustainable alternative to consumption, or perhaps on the big question of how

hat Ernst-Wilhelm Händler mit *Sturm*[5] vorgelegt. Die Geschichte spielt in einer imaginären zukünftigen Gegenwart und bietet eingangs jene merkwürdige Innovation: Ein IT-Ingenieur arbeitet daran, originale Entwürfe des berühmten Architekten Hant nun mit einem Computerprogramm in Serie zu produzieren. Der digitale Fortschritt kann so weit bejaht werden, dass er den schöpferischen Vorgang umformatiert; die technisch erzeugten statt individuell hervorgebrachten Ideen sind trotzdem nie ersetzbar oder rein künstlich herstellbar. Händler erzählt von der ungebrochenen Strahlkraft der Einfälle des Baukünstlers, gleichzeitig suggeriert er hingegen ein Zwielicht: Leser können nicht sicher sein, ob der global agierende Hant mit seinen massenhaft reproduzierten Architekturen die Welt zum Besseren wenden will oder ob es stattdessen in seiner undurchschaubaren Absicht liegt, sie zu beherrschen. Zu gut kennt der Autor die Ambitionen der Profession, von denen zumal das zwanzigste Jahrhundert gezeichnet war. Darauf verweist der Text mit Anspielungen auf die Großarchitekten der NS-Zeit; *Sturm* fragt vergangenheitsbewusst und zukunftsorientiert zugleich: Was passiert neuerdings, wenn sich architektonisches Bewirken einerseits vollkommen entideologisiert, andererseits total technisiert? Überzeichnung verweist darauf, welche Fähigkeiten und Sichtweisen der selbsternannten genauso wie der fiktional nachgezeichneten Avantgarde bei allem Weitblick fehlen: soziale Verantwortlichkeit,

far-reaching digitalisation will change life in the public space. Any ideas they have do not become mired in idealism, however, because they must remain practicable. Ernst-Wilhelm Händler's *Sturm* is a novel of possibilities.[5] The story takes place in an imaginary future where we are introduced to a strange innovation: an IT engineer is trying to use a computer program to generate a series of original designs by the famous architect Hant. We can all embrace digital advances as long as the creative process is simply reformatted, as long as human ideas, though developed differently, are nonetheless never replaceable or able to be produced entirely artificially. Händler tells of the undeniable radiance of the architect's bright ideas, and yet at the same time he suggests a twilight realm: the reader can't be sure whether the global architect Hant is trying to make the world a better place with his mass-reproduced architectures, or whether it is his inscrutable intention to dominate it. The author knows only too well the ambitions of the profession, which left an indelible mark on the twentieth century in particular. The text refers to this with allusions to the great architects of the Nazi era; with this awareness of the past and looking toward the future, *Sturm* asks: What happens nowadays when an architectural venture is entirely devoid of ideology and yet totally based on technology? Hyperbole shows which abilities and perspectives the fictional

Kommunizieren auf Augenhöhe, Durchlässigkeit des Denkens und Handelns. Demnach dekonstruiert die hyperintellektuelle Erzählung vom Hant-Werk einen modernen Mythos, der das Baudenken begleitet hat: allmächtiges Fortschreiten als Selbstzweck.

Gerade ein kritischer Gang durch das Überlieferte macht den Weg wieder frei für progressive Vorhaben.

Anja Gerigk

1 Philippe Boudon, Der architektonische Raum. Über das Verhältnis von Bauen und Erkennen. Aus dem Französischen von Marianne Uhl, Basel u.a. 1991 [zuerst 1971].
2 Adalbert Stifter, Werke und Briefe. Historisch-kritische Gesamtausgabe. Bd. 6/2. Die Mappe meines Urgroßvaters. Lesetext, hg. v. Herwig Gottwald/ Adolf Haslinger, Stuttgart 2004.
3 Pierre von Meiss, Vom Objekt zum Raum zum Ort. Dimensionen der Architektur. Aus dem Französischen von Katja Anding, Basel u.a. 1994 [zuerst 1986].
4 Brigitte Reimann, Franziska Linkerhand. Roman, München 1974.
5 Ernst-Wilhelm Händler, Sturm. Roman, Frankfurt a. M. 1999.

avant-garde is missing, for all its purported farsightedness: social responsibility, communicating eye-to eye, transparency of thought and action. In this way, the hyper-intellectual story about the work of Hant deconstructs a modern myth that has long accompanied all thought about building: omnipotent progress as an end in itself. Taking a critical stroll through these traditions is what really paves the way for progressive projects.

Anja Gerigk

1 Philippe Boudon, Der architektonische Raum. Über das Verhältnis von Bauen und Erkennen. Translated from the French by Marianne Uhl, Basel et al. 1991 [first published in 1971].
2 Adalbert Stifter, Werke und Briefe. Historisch-kritische Gesamtausgabe. vol. 6/2. "Die Mappe meines Urgroßvaters". Reading text, edited by Herwig Gottwald/Adolf Haslinger, Stuttgart 2004.
3 Pierre von Meiss, Vom Objekt zum Raum zum Ort. Dimensionen der Architektur. Translated from the French by Katja Anding, Basel et al. 1994 [first published in 1986].
4 Brigitte Reimann, Franziska Linkerhand. Novel, Munich 1974.
5 Ernst-Wilhelm Händler, Sturm. Novel, Frankfurt a. M. 1999.

EVA HERRMANN, NATASCHA VON HERZ (HG. / ED.)

Birkhäuser, Basel

aufbrechen teilhaben weiterdenken

setting off participating thinking ahead

hammeskrause architekten

Inhalt / Contents

weiterdenken thinking ahead

Appendix 399

I.

aufbrechen
setting off

aufbrechen *Vst std.* (13. Jh.). Partikelverb zu ↗*brechen*, das früh übertragen wird auf andere inchoative Tätigkeiten, besonders den Beginn einer Reise oder eines Weges.

Friedrich Kluge, Ethymologisches Wörterbuch der deutschen Sprache. Berlin/New York 2002 [zuerst / first published in 1883]

Ein Aufbruch ist oft ein Wechsel in etwas positives Neues, ein Sprung ins Ungewisse, sei es das Verlassen eines physischen Ortes, eines Standards oder eines veralteten Denkmodells. Aufbrechen kann schmerzhaft sein, durch das (gewaltsame) Öffnen von verschlossenen Elementen und dem Zersplittern von Oberflächen bis zu tieferen Schichten, um bis auf den Kern vorzudringen. Es kann aber auch das Suchen von Bruchstellen und Mustern bedeuten und das Finden von Freiheiten in Systemen. Die Bedeutung des Worts *aufbrechen* ist komplex, folgt jedoch einer Intention: Grenzen zu überwinden – physisch, intellektuell, kulturell, sozial und formal. Vielleicht passt das Wort deshalb so gut zu Markus Hammes und Nils Krause, da beide Freude an der Vielschichtigkeit und Subtilität von Sprache haben. In deren Repertoire die Nutzung sprachlicher Axiome liegt, um aus der Metaphorik des zunächst in Worten fixierten Konzepts eine architektonische Entsprechung zu entwickeln. Die aber auch immer auf der Suche nach dem Kern und damit dem Wesen der Aufgabe sind und das Aufbrechen von *Gewohnheiten* in ihren Entwurfsprozessen kultiviert haben, um erst die verschiedenen Kontexte zu durchdringen und im nächsten Schritt Entscheidungen abzuwägen. Zu dieser Spurensuche gehört eine Portion Neugier, Empathie ebenso wie Mut. Neugier darauf, das Typische herauszuarbeiten und eine neue Identität zu schaffen.

Setting off often means a change toward something new and positive, a leap into the unknown, whether it is a case of leaving behind a physical place, a standard or an outmoded way of thinking. Setting off can be painful, involving the (violent) opening up of closed elements, breaking through surfaces to penetrate down to deeper layers, down to the very core. But it can also mean searching for fractures and patterns and finding the freedoms inherent in systems. The meaning of the expression *setting off* is complex, and yet it follows a single intention: to overcome limitations – whether physical, intellectual, cultural, social or formal. Perhaps that is why this concept is such a good fit for the work of Markus Hammes and Nils Krause, who both enjoy playing with the complexity and subtlety of language. Their repertoire is rife with the use of linguistic axioms in the form of metaphors with which they pin down a concept in words in order to then seek the architectural equivalent. But they are at the same time always looking for the core and thus the essence of the task at hand. So they have cultivated a way of breaking with *old habits* in their design processes in order to first get to the heart of the relevant contexts and then weigh their decisions accordingly. This search for clues calls for a good portion of curiosity, empathy and also courage. Curiosity to tease out

Empathie, sich in die Motive und Wünsche der anderen hineinzuversetzen und diese gemeinsam weiterzudenken. Mut, neue Antworten zuzulassen und in der Konsequenz die angemessene architektonische Aussage bis ins Detail umzusetzen.

„Zuhören statt zutexten" beschrieb Markus Hammes in einem unserer Gespräche überraschend kurz und knapp, aber treffend ein sehr wichtiges Detail: In Ihren Projekten geht es weniger um die fertige Lösung, sondern vielmehr um den Diskurs und dessen Moderation. Die daraus entstehenden offenen Denkprozesse erlauben vorurteilsfreie, sachliche Bewertungen von prozessualen und räumlichen Lösungen, bei denen neben der Ästhetik auch der gesellschaftliche Aspekt der Architektur im Fokus steht. Freiheit entsteht aus dem Zulassen von Entwicklungen und durch neue Wege, die anregen, auf unterschiedliche Orte und Aufgaben verschiedene Antworten geben zu können.

Es gibt einige Situationen, in denen man während der Reise eine Abkürzung nehmen würde anstelle des Umwegs, wenn man sie vorher erkannt hätte. „Umwege verbessern die Ortskenntnis" bringt Nils Krause einen weiteren Punkt zur Sprache, „aus Herausforderungen und dem Scheitern lernt man, denn das wohnt jedem empirischen Prozess inne." Geistiger und räumlicher Erkenntnisgewinn entsteht auf dem schmalen

what is typical in the given situation and use it to craft a new identity. Empathy that lets them see things through others' eyes so they can think hard about clients' motives and desires. And the courage to make allowance for new answers that lead to just the right architectural statement, down to the last detail.

"Listening instead of overwhelming clients with text": This is how Markus Hammes described surprisingly succinctly in one of our conversations a crucial element in the architects' way of working. Their projects are less about the finished solution than facilitating a discourse. The open ideation process allows for unbiased, objective evaluation of procedural and spatial solutions, with a focus not only on aesthetics but on the social aspect of architecture. Freedom comes from making room for new developments, for new paths that lead to different answers for each individual setting and project.

There are some situations where the architects wish they could have taken a shortcut instead of a long detour if they had only known how. But "detours improve knowledge on the ground," points out Nils Krause, because "you learn from the challenges and failures that are inherent in every empirical process". Intellectual and spatial knowledge is gained along the narrow road between an analytical, systematic

Pfad zwischen einem analytischen, systematischen Prozess und dem Vertrauen in die richtige Intuition. Neben den kontextuellen, spezifischen Ebenen, die für die architektonische Konzeptfindung wichtig sind, spielen die politische, gesellschaftliche, soziale, budgetäre Dimension etc. ebenfalls eine Rolle, die es zu verhandeln gilt. Handschrift und Sprache kommt zum Einsatz, nicht im Sinne der stetigen Repetition, sondern in Form immer neuer Architektursprachen, Variationen, dem Ort und der Aufgabe angemessen.

Auch unser erstes Treffen zu diesem Buchprojekt Anfang 2018 stand im Zeichen des Aufbruchs. Sieben Jahre waren seit der Arbeit an dem 2011 erschienenen Titel *reflexionen | reflections* vergangen, das als reflektorischer Akt aus internen und externen Blickwinkeln auf die Arbeiten des Büros konzipiert war. Noch immer ist sie da, die Neugier auf Veränderung und darauf, wie sich die Dinge wandeln. Aber auch die Erkenntnis, dass das Aufbrechen nie aufhört, das erreichte immer die Plattform für den nächsten Schritt und zugleich Ansporn ist. In diesem Sinne ist das vorliegende Buch zu lesen, die gewählten Begriffe und Themen als Inspiration wirken zu lassen. Denn Architektur hört nicht auf zu sein, nur weil sie gebaut ist, im Gegenteil, hier fängt sie erst richtig an.

Natascha von Herz, Eva Herrmann

process and trusting in one's own intuition. Together with the specific contextual levels that are vital to arriving at an architectural concept, there are also political, social and budgetary dimensions, etc. that need to be negotiated. The architects' own "handwriting and language" is of course always evident – not by way of constant repetition, however, but in the form of ever-new architectural idioms and variations appropriate to the respective location and project.

Our first meeting for this book project at the beginning of 2018 was also marked by a feeling of setting off. Seven years had passed since the book *reflexionen | reflections* was published in 2011, a book conceived as an act of reflecting on the office's work from both internal and external viewpoints. It is still just as strong as ever, the architects' curiosity about new developments and their eagerness to see how things evolve. But there is also the realisation now that setting off is a process that never ends, that what has been achieved always creates a platform for the next step while also providing fresh incentive. This book is meant to be read with this notion in mind, and the terms and themes that have been chosen are designed to act as inspiration. Because architecture does not end once it is built; on the contrary, that is where it really starts.

Natascha von Herz, Eva Herrmann

Wettbewerb
Hochschule für Musik Carl Maria von Weber Dresden, Dresden
Wettbewerb für einen Neubau mit Proben- und Konzertsaal, 2004, 1. Preis

Der Wettbewerb für die Hochschule für Musik Carl Maria von Weber Dresden steht in mehrerlei Hinsicht für einen Aufbruch. Zum einen, weil er die ersten Jahre der Zusammenarbeit von Markus Hammes und Nils Krause markiert. Und zum anderen, weil sich ein Fenster für eine andere formale Sprache aufgetan hat, die stark im Wesen der Aufgabe, der Musik, verankert ist. Die Aufgabe mit einer im Sinne der Musik extrem expressiven Gestalt zu verbinden, folgt der Suche, für die spezifische Aufgabe einen angemessenen, metaphorischen Beitrag zu entwickeln.

Competition
Dresden College of Music Carl Maria von Weber, Dresden
Competition for a new building with practice rooms and concert hall
2004, 1st prize

The competition for the Dresden College of Music Carl Maria von Weber stands forsetting off in many different senses. On the one hand, because it marks the first years of collaboration between Markus Hammes and Nils Krause. And on the other, because it opened up a window for a different formal language that is strongly anchored in the essence of the project, in music. The task of creating an extremely expressive form designed in the spirit of music involved searching for an appropriate metaphor for the specific requirements at hand.

Grüner Hof
Bestand
Konzertsaal
"Musische Plattform"

Wettbewerb
Württembergische Staatstheater Stuttgart
Wettbewerb Neubau John Cranko Schule, Stuttgart
2011

See it. Learn it. Live it.
Für den Neubau der John Cranko Schule als Teil der Württembergischen Staatstheater Stuttgart wurde eine expressive Formulierung des Konzepts weiterverfolgt. Die unmittelbare visuelle Präsenz aller Facetten des Balletts im Tagesablauf ist Kern der Entwurfs, die funktionale und inhaltliche Dichte über eine punktuelle Entwicklung in die Höhe tanzen zu lassen. Die hohe Auslastung des Balletts hätte in der Symbolhaftigkeit der Architektur eine gute Entsprechung gefunden.

Competition
Württembergische Staatstheater Stuttgart
Competition for a new building for the John Cranko School, Stuttgart
2011

See it. Learn it. Live it.
For the new building for the John Cranko School at the Württemberg State Theatre in Stuttgart, the idea of an expressive formulation of the concept idea was pursued further. The immediate visual presence of all facets of the daily routine of the ballet is at the core of the concept of letting the functional and substantive density of the elements *dance* upwards through a point-by-point development. The architecture would have strikingly symbolised the high demands of the ballet.

Susanne Hanke, Richard Cragun
Probe / Rehearsal
Metropolitan Opera, 1969

Wettbewerb
Deutsches Zentrum für Neurodegenerative Erkrankungen e. V. (DZNE), Bonn
2011, 2. Preis

In diesem Entwurf kulminierten alle Erkenntnisse – aus bis dato unbekannten Wegen in Realisierungen, deren Lernkurven und aus aktuellen Entwicklungen – als logische Schlussfolgerung in einem Gebäude.

Competition
German Center for Neurodegenerative Diseases (DZNE), Bonn
2011, 2nd prize

In this design, all the knowledge gathered from previously unknown paths taken in various realisations, their learning curves as well as current developments, culminated as a logical conclusion in a single building.

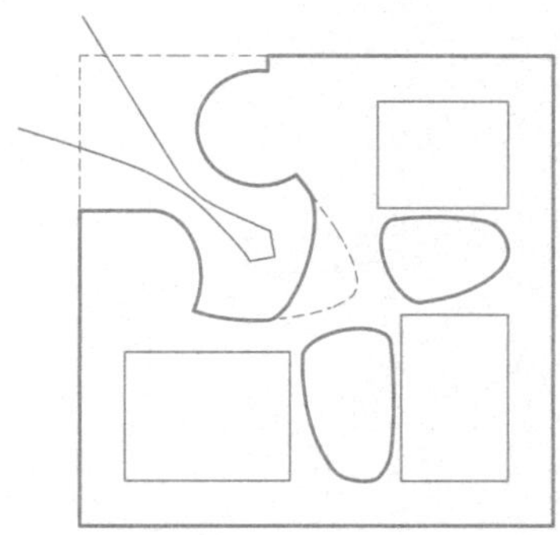

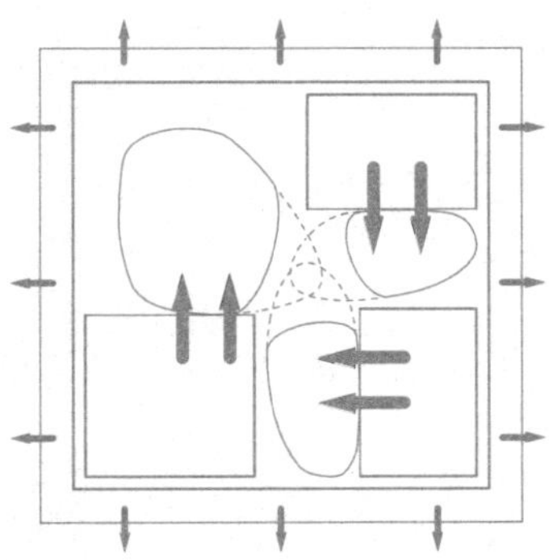

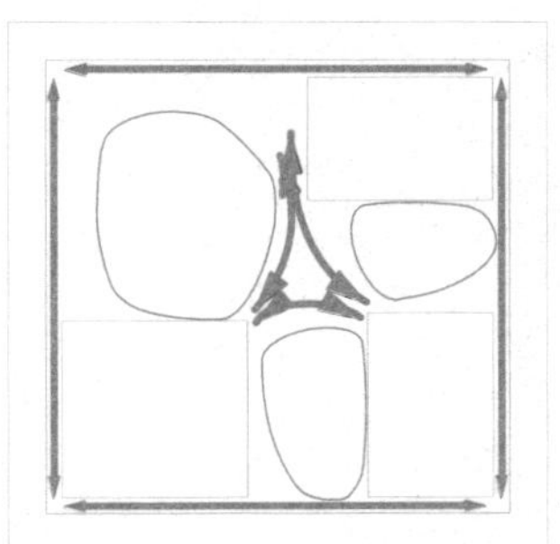

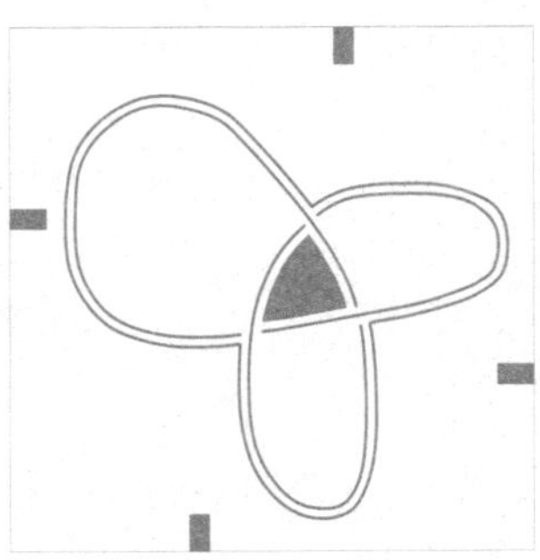

Zum Aufbruch gehö
Neugierde, Teamgei

Setting off calls fo
of curiosity, team s
courage.

:eine Portion
t ebenso wie Mut.
a good portion
pirit and also

Wie die Schichten de
die durch äußere Um
und Verborgenes fre
Like layers in nat
through external
is hidden beneat

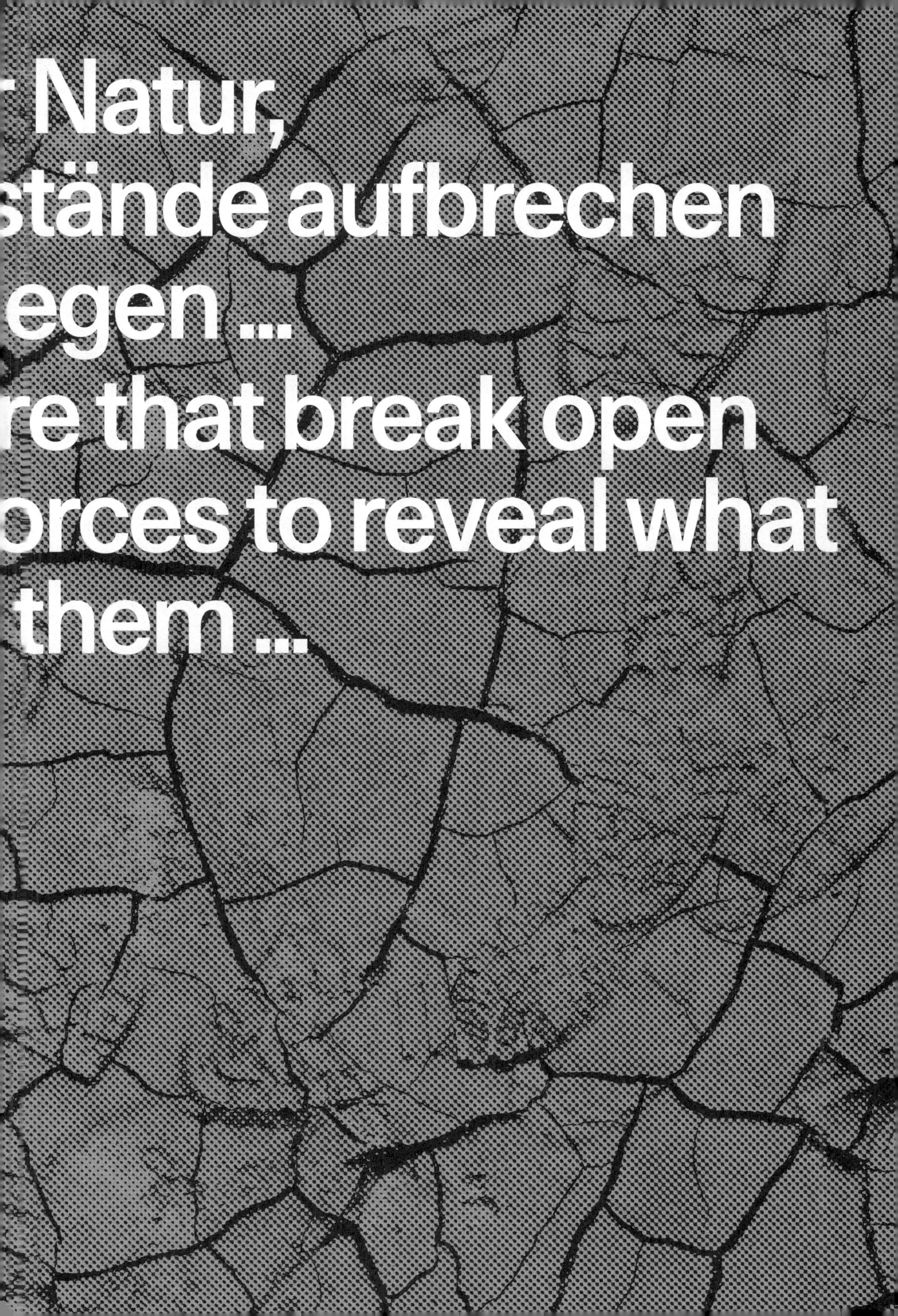

r Natur,
stände aufbrechen
egen …
re that break open
orces to reveal what
them …

... werden Gebäudes
aufgebrochen und G
neu geschrieben.

... building layers
and histories are

chichten
eschichten

re broken open
ewritten.

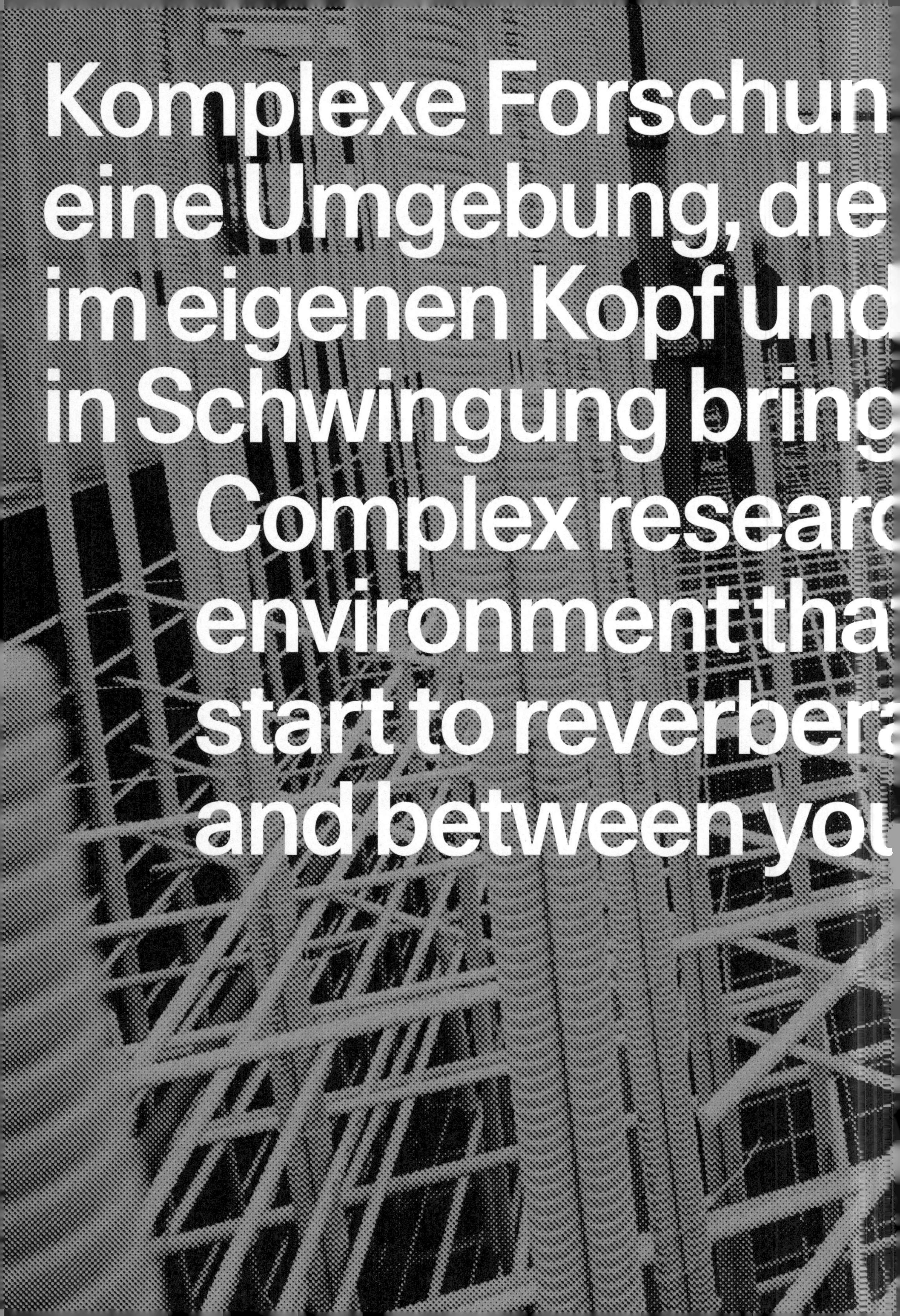

Komplexe Forschun
eine Umgebung, die
im eigenen Kopf und
in Schwingung bring

Complex researc
environment tha
start to reverbera
and between you

benötigt
deen
zwischen Menschen

n requires an
makes ideas
e in your own mind
and others.

Die Zukunft vor Auge
The future unfold

n ...
ng before our eyes ...

II.

teilhaben
participating

1 GESCHICHTE: Die Besonderheiten eines Ortes liegen wie Schichten von Zeit und Zusammenhängen übereinander, die als ein Vermächtnis der Vergangenheit sowie Quelle und Potenzial für die Zukunft zu lesen sind.

1 HISTORY: The characteristic features of a place are made up of layers of time and relationships that can be read as a legacy of the past and a source as well as potential for the future.

BAUAUFGABE BESTAND

Ökologisch und ökonomisch ist es nicht sinnvoll, alle 30 bis 50 Jahre den vorhandenen Gebäudebestand zu erneuern – angefangen vom Abriss noch tragfähiger Strukturen, dem Verbrauch wertvoller Ressourcen bis zum Verlust von Identität und manchmal auch Tradition. Der Bestand – zum Großteil Alltagsarchitektur, die das Gesicht von Stadt und Land für einen bestimmten Zeitraum prägt – ist durch seine Bestimmung und der darin lebenden und arbeitenden Menschen verwurzelt mit dem Ort. Eingebettet in ein Beziehungsgeflecht aus städtebaulichen und räumlichen Strukturen sowie atmosphärischer Wahrnehmung geht es nicht nur um ein konstruktives oder materielles Weiterbauen, sondern vorrangig auch um strukturelle Maßnahmen. Dazu gehört ein Erhalt von Baurecht, gegebenenfalls mit Freiheiten in Dichte, Höhe und Abstandsflächen, ebenso wie die Neuordnung von sozialer und technischer Infrastruktur, Aufenthaltsqualität und identitätsstiftender Elemente.

Kluge, tragfähige Konzepte für aktuelle und zukünftige Nutzungen sind gefragt, die ganzheitlich eine gezielte Umnutzung und Anpassung des Bestands in eine neue Zukunft begleiten. Robust und flexibel zugleich, für die kommende Generation.

CONSTRUCTION PROJECTS FOR EXISTING BUILDINGS

Ecologically and economically it does not make sense to replace existing buildings every 30 to 50 years – because the demolition of still viable structures comes at the price of consuming valuable resources as well as the loss of identity and sometimes also tradition. The building inventory – for the most part everyday architecture that shapes the face of the city and country for a certain period of time – is rooted in a specific place through its purpose and the people living and working in it. Embedded in a network of relationships made up of urban planning, spatial structures and atmospheric perception, this building stock can be enhanced not only through further material construction but primarily through structural measures. This includes observing the prevailing building regulations, with some leeway in terms of density, height and spacing, while reorganising social and technical infrastructure, the quality of the spatial experience and identity-lending elements.

Clever, viable concepts for current and future uses are in demand, which can holistically accompany a targeted conversion and adaptation of the building stock as it transitions to a new future. At once robust and flexible, for the next generation.

ZWEITES LEBEN
Von der Hemdenfabrik zu einem hochinstallierten Forschungsbau für Biomedizin

SECOND LIFE
From shirt factory to high-tech biomedical research building

Seit 1994 unterhält das Fraunhofer-Institut für Biomedizinische Technik IBMT diverse Räumlichkeiten im Gebäude der ehemaligen Hemdenfabrik Becker am Standort Sulzbach/Neuweiler. Als Technologieentwickler und technischer Gerätehersteller im internationalen Wachstumsmarkt der Life Sciences bearbeitet das Fraunhofer-IBMT Forschungs- und Entwicklungsaufträge von privaten und öffentlichen Auftraggebern – von der Prototypenentwicklung über Feldtests bis hin zur Konstruktion und Fertigung. Einen wesentlichen Schwerpunkt des Fraunhofer-IBMT bildet die Kryotechnologie zur Lagerung lebender Zellproben bei tiefen Temperaturen. Bereits 2002 wurden die ersten Teilbereiche saniert, mit dem zweiten Bauabschnitt ab 2009 wurden die restlichen Hallenbereiche auf 65 Metern Länge überplant. Entstehen sollte ein Institutsbau, der die technischen und funktionalen Anforderungen mit Flächen für Besprechungs- und Seminarräume erfüllt sowie den für die Labor- und Institute spezifischen Hallenflächen für die Kryobank entspricht.

Eine Vorgabe für die Projektskizze innerhalb des vorangegangen Verhandlungsverfahrens war die Einbindung des Bestands in das Konzept. Zu Beginn gab es keine Vorstellung davon, was möglich sein könnte – so ungewöhnlich erschien die Integration einer hochkomplexen Forschungstechnologie in eine Hemdenfabrik aus dem Jahr 1969. Aber genau diese

Since 1994, the Fraunhofer Institute for Biomedical Engineering IBMT has maintained various premises in a building that formerly housed the Becker shirt factory in Sulzbach/Neuweiler. As a technology developer and technical device manufacturer in the growing international life sciences market, Fraunhofer IBMT takes on research and development contracts for private and public clients – from prototype development and field tests to design and production. A key focus of IBMT is cryotechnology for storing living specimens at low temperatures. The first sections of the building were renovated in 2002, with the second construction phase beginning in 2009, involving extending the remaining hall areas to 65 meters in length. The aim was to create a building that would meet the institute's technical and functional requirements while also including meeting and seminar rooms as well as the hall spaces needed for the laboratory and cryobank.

One specification for the project outline that was worked out in the advance negotiations was the integration of the existing building into the concept. At the beginning, it was hard to imagine what might be possible here, as the integration of such complex research facilities into a shirt factory from 1969 was highly unusual. However, it was precisely this exciting challenge and the heterogeneous urban planning

reizvolle Aufgabenstellung sowie das heterogene städtebauliche Umfeld des in die Jahre gekommenen Industriegebiets ließ die Freiheit für eine selbstbewusste, eigenständige Lösung für das Institut.

Im Zuge der Planung fanden die Architekten einen für das Baujahr typischen, zweigeschossigen Funktionsbau vor. Weil Baumaterial in der Entstehungszeit teuer war, wurde das Gebäude damals in einer schlanken, aber effizienten Bauweise erstellt. Zugunsten einer stützenfreien Lagerfläche in der oberen Eingangsebene wurde eine leichte Stahlkonstruktion gewählt, während das Untergeschoss – zum Teil in den Hang gebaut – eine Stahlbetonkonstruktion ist. Die strukturellen Gegebenheiten des vorhandenen Hallenkomplexes mit einer Gebäudetiefe von 54 Metern blieben in ihrer Primärkonstruktion unverändert und wurden für die neuen Strukturen mit minimalen Eingriffen ergänzt. Unter anderem, um die notwendige Installation der Haustechnik zu integrieren oder den Einbau einer zusätzlichen Stützenreihe, welche die veränderten Lasten der neuen Nutzung abfängt. Eine Überlagerung von einem einfachen Erschließungsprinzip, der notwendigen technischen Infrastruktur und den Flächen für die Büro- und Laborbereiche gliedert den vorhandenen Baukörper in flexible modulare Strukturen. So ordnet sich das Raumprogramm den vorhandenen Bedingungen unter: die kleinteiligen

environment of the aging industrial area that offered the freedom for a self-confident, independent solution for the institute.

The architects thus embarked on the planning process on the basis of the existing functional two-storey building, which was typical for its year of construction. As building materials were expensive at the time the factory was built, it was constructed in a streamlined but efficient manner. A lightweight steel framework was chosen in order to create a support-free storage area on the upper entrance level, while the basement, which is partly built into the slope, is made of reinforced concrete. The basic structure of the existing hall complex with its depth of 54 meters remained unchanged and was merely supplemented by way of minimal interventions to accommodate the new facilities. This involved, among other things, the necessary installation of building services and the integration of an additional row of supports to take up the changed loads brought about by the building's new use.

A combination of a simple circulation principle, the necessary technical infrastructure, and office and laboratory areas articulates the existing building into flexible modular structures. The room programme is thus organised to fit into the existing conditions: the small-scale office spaces with a ceiling height of

Büroflächen mit einer Raumhöhe von 3,05 Metern lagern sich im Hanggeschoss an, während Raumhöhen von 3,8 Metern bzw. 5 Metern unter den Trägern optimale Installationshöhen für die großflächigen Laborbereiche im Erdgeschoss ergeben. Diese räumliche Ordnung ist mit den Nutzungsanforderungen gefüllt, lässt aber auch Raum für Optionen künftiger Ausbaustufen, Erweiterungen oder Vermietungen. Drei neu eingestellte Lichthöfe, die im Dachbereich thermisch geschlossen sind, sorgen für die maximale Ausnutzung des Tageslichts und verbinden über eingestellte Treppen die Labor- und Büroebenen auf kurzem Weg. Die vorhandenen Dach- und Fassadenflächen wurden baukonstruktiv an die heutigen Standards angepasst und energetisch saniert.

Verbindendes Element zwischen den verschiedenen Raumschichten ist ein im Süden vorgelagerter Erschließungsweg hinter einer Membran, der einerseits als Verteiler für die verschiedenen Bereiche genutzt wird und zugleich ein Ort der Kommunikation und Präsentation ist. Neben dem Nachhaltigkeitsgedanken des Instituts, die graue Energie des Bestands weiter zu nutzen, standen die im Entwurf eingesetzten Prozesse, Gebäudetechnologien und Materialien als Beitrag zum sinnvollen Lebenszyklus des Gebäudes im Fokus. Der regenerative Baustoff Stahl und eine zu 100 Prozent recycelbare ETFE-Folie für den Erschließungsanbau entsprechen als technische

3.05 meters are located on the storey that is built into the slope, while a room height of 5 meters or 3.80 meters below the girders provides optimal installation heights for the large-scale laboratory areas on the ground floor. This spatial arrangement now accommodates the present usage requirements but also leaves room for options for future expansion phases, extensions or lettings. Three newly inserted atriums, which are thermally sealed in the roof area, ensure maximum utilisation of daylight and connect the laboratory and office levels via inserted stairs. The existing roof and façade surfaces have been structurally adapted to today's standards and refurbished to be energy efficient.

The connecting element between the different spatial layers is a circulation passage attached on the south side, behind a membrane, which distributes traffic to the different areas while at the same time serving as a place of communication and presentation. In addition to the institute's sustainable use of the grey energy of the existing stock, another focus of the project was for the processes, building technology and materials used in the design to contribute to the meaningful life cycle of the building. Steel as a regenerative building material, along with a 100 percent recyclable ETFE foil for the circulation passage that was added on, are technical materials that fulfil the

Werkstoffe der Cradle-to-Cradle-Strategie für Nachhaltigkeit und tragen so zu einer ganzheitlichen Lösung bei. Die über die einzelnen spezifischen Forschungstätigkeiten hinausgehende Klammer an diesem Standort ist die Kryobank, als Lebendsammlung über das Wissen der Natur. Hier handelt es sich um einen Rückgriff auf die historische Traditionsfolge der sogenannten Wunderkammern der Renaissance, den Naturkundemuseen und den zoologischen Gärten. Die Kryosammlung wiederum bezieht sich dabei auf einzelne Zellen und ihre Archivierung. Die Gestaltung und Materialität der ETFE-Hülle bringt somit subtil und zugleich prägnant die Fassade zum Sprechen – die Zellmembran als Baustoff versinnbildlicht auf symbolischer Ebene die Arbeit des Instituts. Das Stimulieren von Assoziation, die Anregung der Fantasie durch das Gebäude ist Teil des Entwurfskonzept, ebenso wie die konzeptuelle Verbindung der organisatorisch-funktional-konstruktiven Bedingungen als auch die atmosphärischen Ansprüche zugunsten einer angemessenen Lösung. Architektonische Form, Material und eingesetzte Technologie werden zum Sinnbild für die Innovationskraft der biomedizinischen Forschung und der einzigartigen Lebendsammlung von Zellen an diesem Standort. Der für den Besucher und Nutzer sichtbare Umgang mit dem Bestand ist Teil des Konzepts und schafft somit eine eigene Identität, die eine eigene Qualität ermöglicht und zudem in Erinnerung bleibt.

cradle-to-cradle strategy for sustainability and thus contribute to a holistic solution.

The element of this site that is particularly unique and important beyond the specific individual research activities is the cryobank, a living collection representing man's knowledge of nature. The cryobank takes up the historical tradition of the so-called "curiosity cabinets" of the Renaissance period, which were followed by natural history museums and zoological gardens. The cryobank consists for its part of an archive of individual cells. The design and materiality of the ETFE screen as façade can thus be equated with a kind of "cell membrane", a subtle and concise symbol of the work of the institute.

Evoking such associations and enticing the imagination through the building's qualities is part of the design concept, as is conceptually connecting the organisational-functional-constructive conditions and finding an adequate solution for meeting the atmospheric demands. Architectural form, material and applied technology become symbols for the innovative power of biomedical research and the unique collection of living cells at this location. Making the handling of the existing building stock visible for both visitors and users is part of this concept, lending the building an identity of its own that ensures a unique and memorable experience.

Thierleben
von A. E. Brehm.

LERNEN AUS DER VERGANGENHEIT

Als Institutsleiter des Fraunhofer-IBMT von 2001 bis 2012 war Prof. Dr. Günter R. Fuhr maßgeblich am Umbau der Bestandsimmobilie beteiligt. Nicht nur für das Bauen im Bestand lohnt sich ein Blick in die Geschichte, auch sein aktuelles Forschungsprojekt lernt aus der Vergangenheit.

LEARNING FROM THE PAST

As director of the Fraunhofer IBMT from 2001 to 2012, Prof. Dr. Günter R. Fuhr played a key role in the conversion of the existing property. Learning from what went before is useful for such building projects, just as it is for his current research project.

NATASCHA VON HERZ IM GESPRÄCH MIT / IN CONVERSATION WITH
PROF. DR. GÜNTER R. FUHR

Wenn man über das Fraunhofer-Institut für Biomedizinische Technik IBMT recherchiert, ist schnell von *Cryo-Brehm* die Rede. Was verbirgt sich hinter diesem Begriff?

Cryo leitet sich aus dem griechischen Wort *kryos* für *kalt* ab. Die zweite Silbe bezieht sich auf Alfred Brehm, den für sein Kompendium der Tiere berühmten deutschen Zoologen. Der *Cryo-Brehm* ist eine Sammlung tiefgefrorener Stammzellen, eine Biobank lebend konservierter Zellisolate aus allen möglichen Wildtieren. Die gering differenzierten Zellen, sogenannte Stammzellen, aller Organismen sind mikroskopisch klein, etwa ein Zehntel des Durchmessers eines Haares. Jede Zelle enthält aber die gesamte Information über das Tier. Wir legen diese Information also in dieser Sammlung millionenfach für jede Art ab. Der Vorteil, ob Maus oder Elefant, jedes Tier benötigt den gleichen geringen Lagerplatz. In etwa einem Kubikzentimeter Nährstofflösung lässt sich diese enorme Zellzahl mittels spezieller Einfrierlösungen und -prozeduren ohne Schaden auf bis zu minus 196 ° Grad, die Temperatur des flüssigen Stickstoffs, abkühlen. Die Kryokonservierung ist derzeit die einzige Möglichkeit, das Leben für Jahrzehnte und vermutlich auch Jahrhunderte anzuhalten und bei Bedarf wieder zu starten.

When researching your institute, one quickly comes across the term *Cryo-Brehm*. What does this mean?

Cryo is derived from the Greek word *kryos*, meaning cold. The second syllable refers to Alfred Brehm, the German zoologist who is famous for his scientific compendium of animals, *Brehms Tierleben* (Brehm's Life of Animals). The *Cryo-Brehm* is a collection of deep-frozen stem cells, a biobank of living conserved cell isolates from all sorts of wild animals. The slightly differentiated cells, so-called stem cells, of all organisms are microscopically small, about one tenth the diameter of a hair. And yet each cell contains the complete information about the animal. We are storing this information million-fold for each species in this collection. The advantage is that, no matter whether mouse or elephant, each animal requires the same small amount of storage space. Using special freezing solutions and procedures, this enormous cell count can be stored without damage in only about one cubic centimeter of nutrient solution, cooled down to minus 196 degrees Celcius, the temperature of liquid nitrogen. Cryoconservation is currently the only way to suspend life for decades, and probably even centuries, and restart it when needed.

In analogy to Brehm's zoological compendium of animal life, the idea arose in 2004 to install such a

Abb. Seite 056
Brehms Tierleben (1886), ein zoologisches Nachschlagewerk von Alfred Brehm, Illustrationen von Fedor Flinzer

Fig. page 056
Alfred Edmund Brehm, Brehms Tierleben (1886). With illustrations by Fedor Flinzer.

In Analogie zu Brehms Zoologie-Kompendium der Tiere entstand 2004 die Idee, eine solche Sammlung, ein materielles Kompendium, ein „Backup der Natur“, am Fraunhofer-IBMT und parallel an der Fraunhofer-Einrichtung für Marine Biotechnologie und Zelltechnik EMB in Lübeck zu installieren. Daher der Name. Die Sammlung vergrößert sich jährlich und ich halte die Anlage solcher Lebend-Kryobanken nach wie vor für eine der wichtigsten Aufgaben, die wir für die uns nachfolgenden Generationen zu erledigen haben. Bedenkt man, wie viele Tiere jährlich aussterben und damit unwiederbringlich verloren gehen, in welchem Maße wir die Umwelt verändern, so wird die Bedeutung des *Cryo-Brehms* deutlich. Was tiefgefroren vorliegt, ist nicht verloren, es ist die letzte mögliche Rückversicherung über die jeweilige Art. Natürlich ist die Bewahrung von Proben aller uns verfügbaren Lebewesen dieser Erde eine generationsübergreifende Aufgabe, die nicht einmal von der Fraunhofer- oder Max-Planck-Gesellschaft allein bewältigt werden kann, aber es ist unsere vornehmste Pflicht und ein in allen Punkten positiv besetztes Jahrhundertprojekt, mit dem wir und einige Kryobanken in anderen Ländern um 2000 begonnen haben.

Konzentriert man sich einmal nur auf die Kryokonservierung aller Säugerarten, dann liegt deren Zahl nicht so hoch, wie mancher

collection, a material compendium, a “backup of nature”, at the Fraunhofer Institute for Biomedical Engineering IBMT and in parallel at the Fraunhofer Research Institution for Marine Biotechnology and Cell Technology EMB in Lübeck. So that’s what the name is all about. The collection grows every year, and I still consider assembling living cryobanks like this one to be one of our most important duties to future generations. Considering how many animals become extinct every year and are thus irretrievably lost, and in view of the extent to which we are transforming the natural environment, the importance of the Cryo-Brehm is clear. Anything that is frozen is not lost, so this is the last possible resort for saving the respective species. Of course, the preservation of samples of all life forms available to us on this earth is a cross-generational mission that cannot be mastered by the Fraunhofer or Max Planck institutes alone; and yet it is our noblest duty and a “project of the century” with positive connotations in all respects, which we launched together with a few cryobanks in other countries around the year 2000.

Focusing solely on the cryoconservation of all mammalian species, it turns out that their number is not as great as one might assume. Currently, we know of about 6 400 species, and in total there will

vermuten wird. Derzeit sind uns ca. 6 400 Arten bekannt, insgesamt werden es, wenn man überhaupt noch so viele unbekannte Säuger findet, deutlich weniger als 7 000 sein. Nimmt man einmal 20 bis 100 solcher Zellproben von einem Kubikzentimeter pro Tierart an, was eine sehr umfassende Ablage vieler Organismen einer Spezies darstellt, dann ergibt das 20 000 bis 700 000 etwa fingergroße Plastikröhrchen. Die haben in wenigen, etwa zwei Kubikmeter großen Kryobehältern Platz, wie sie in den medizinischen Tieftemperaturbanken seit 50 Jahren eingesetzt werden. Ist das nicht das Minimum, was wir für die Erhaltung der Natur, für unsere Kinder und Kindeskinder tun können, natürlich parallel zu den weltweiten Naturschutzprojekten?

Sie erwähnten bereits auch andere Institute – wie arbeiten Sie? Bzw. wie hat man sich die Kooperationen vorzustellen?

Dass wir eine solche gemeinnützige Sammlung installieren konnten, wurde durch mehrere Faktoren und Kooperationen begünstigt. Das Fraunhofer-IBMT hat sich über Jahrzehnte mit der Verbesserung und Automatisierung der medizinischen Kryotechnologie beschäftigt und ist international führend auf diesem Gebiet. Entsprechend dem Fraunhofer-Forschungsmodell erfolgte das in enger Zusammenarbeit

presumably be fewer than 7 000 different mammals, if there are indeed so many that are still unknown. If we were to take 20 to 100 such cell samples of one cubic centimeter each per animal species, which represents a very comprehensive storage sample of many organisms of a species, the result would be 20 000 to 700 000 finger-sized plastic tubes. These can be stored in just a few cryogenic containers measuring about 2 cubic meter like the ones that have been used in medical cryogenic banks for 50 years. Isn’t that the least we can do for the conservation of nature, for our children and our children’s children, in parallel of course to the worldwide nature conservation projects?

How do you carry out your work on this project? Who do you collaborate with?

We have been able to install a not-for-profit collection like this one thanks to several different factors and collaborations. Fraunhofer IBMT has been working for decades on improving and automating medical cryotechnology and is an international leader in this field. In accordance with the Fraunhofer research model, this has been done in close cooperation with industry, so that we have also been fortunate in having industrial-scale infrastructure at our disposal. More than 15 years of cooperation with and financial

mit der Industrie, sodass wir auch über eine industrielle Skalierung der Infrastruktur verfügen konnten. Eine inzwischen mehr als 15-jährige Zusammenarbeit und Finanzzuwendung der Bill & Melinda Gates Foundation, europäische Forschungsförderungen und Vorhaben des Bundesministerium für Bildung und Forschung (BMBF), aber auch viele Industrieprojekte, haben am Fraunhofer-IBMT zur Installation hallengroßer Kryobanken für medizinisch-biotechnologische Zwecke geführt. Mehr als 50 000 Liter flüssigen Stickstoffs werden zur Kühlung der automatisch arbeitenden Kryobehälter jährlich verbraucht. Da fällt der Kühlbetrieb einer Kryobank wie des *Cryo-Brehms* problemlos mit ab. Hinzu kam, und das ist ein ganz besonderer Vorteil gewesen, dass die Lübecker Arbeitsgruppe Methoden entwickelt hatte, die es gestatten, Stammzellen aus Fischen, Reptilien, Vögeln und Säugern in hoher Qualität und standardisiert zu isolieren. Für die Gründung des *Cryo-Brehms* ausschlaggebend war dann, dass die Gewebeentnahme nicht am lebenden Tier durchgeführt werden muss, sondern bis zu 24 Stunden nach dem Tod eines Tieres erfolgen kann. Denn tot bedeutet nicht, dass alle Zellen des Körpers augenblicklich absterben. Kein Tier leidet also wegen der Anlage einer Biobank. Durch die Kooperation mit mehreren Zoos sind insbesondere Proben aus exotischen und vom Aussterben

support from the Bill & Melinda Gates Foundation, European research grants, and German Federal Ministry of Education and Research (BMBF) projects, as well as many industrial projects, have led to the installation of hall-sized cryobanks for medical and biotechnological purposes at Fraunhofer IBMT. More than 50 000 litres of liquid nitrogen are used annually to cool the cryogenic containers, which operate automatically. It is no problem to cool a cryobank like the *Cryo-Brehm* alongside them. In addition, and this has been a particular advantage, the Lübeck research group has developed methods for the isolation of high-quality standardised stem cells from fish, reptiles, birds and mammals. The decisive factor for founding the *Cryo-Brehm* was that the tissue does not have to be removed from a living animal but can be recovered up to 24 hours after an animal's death, because death does not mean that all cells of the body die immediately. So no animal must suffer for the sake of a biobank. Through cooperation with several zoos, samples from exotic and endangered mammals, birds and reptiles have been added to the *Cryo-Brehm,* the advantage here being a clear and unproblematic legal status. After 15 years of existence and constant growth, the valuable collection is now managed in Lübeck, while Fraunhofer IBMT in Saarland houses the backup inventory in its cryo-halls.

bedrohten Säugern, Vögeln und Reptilien in den *Cryo-Brehm* eingeflossen. Vorteil bei der Zusammenarbeit mit Zoos ist auch, dass die Tiere hier einen in jedem Fall geklärten und problemfreien Rechtsstatus haben.

Nach 15 Jahren des Bestehens und permanenten Wachstums wird die wertvolle Sammlung nun in Lübeck federführend betrieben, während das Fraunhofer-IBMT im Saarland den backup-Bestand der Sammlung in seinen Kryohallen beherbergt.

Welche Chancen ergeben sich durch die moderne Kryobiotechnologie?

Da wäre so viel zu nennen, dass der Platz, den diese Antwort im Rahmen dieses Interviews beanspruchen darf, nicht ausreichen würde. Die Bedeutung für die Arterhaltung, den Naturschutz und die Wissenschaft ist bereits deutlich geworden. Die Kryotechnologie erlebt jedoch ihre größte Blüte und Verbreitung gerade gegenwärtig in der Medizin und Biotechnologie. In Zukunft können lebend kryokonservierte Zellproben aller Menschen, die das möchten, entnommen und eingefroren werden. Das ist kein dramatischer Eingriff. In diesen Zellproben ist weit mehr als nur die genetische Information enthalten – alles über das

Für die EXPO 2010 in Shanghai entwickelte Heatherwick Studio die *Seed Cathedral*, ein Pavillon bestehend aus 60 000 transparenten, 7,50 Meter langen Acrylstäben, an deren Ende unterschiedliche Pflanzensamen eingelassen sind. Das Projekt ist Teil des Millenium Seed Bank Project/Kew Royal Botanic Garden, eine Kampagne zur Erhaltung der Artenvielfalt.

For EXPO 2010 in Shanghai, Heatherwick Studio developed the *Seed Cathedral,* a pavilion made up of 60 000 transparent 7.5-meter acrylic rods with plant seeds embedded in their ends. The pavilion is part of the Millennium Seed Bank Project/ Kew Royal Botanic Gardens, a campaign to preserve biodiversity.

What opportunities are offered by modern cryobiotechnology?

There are so many that mentioning them all would exceed the bounds of this interview. The significance for the preservation of species, nature conservation and science has already become clear. Furthermore, cryotechnology is currently experiencing a heyday particularly in medicine and biotechnology. In future, living cryoconserved cell samples of anyone willing can be taken and frozen. This is not a drastic procedure. These cell samples contain much more than just genetic information, including everything about the proteome, the metabolome, physiological peculiarities and even epigenetic data. After thawing, the cells can be made to multiply almost indefinitely and can be differentiated into many, or even all, the different cell types that make up our organs. This has not yet been achieved, but there are visions of using this cell material to produce transplant organs that are immunologically fully compatible with the patient should the donor later fall ill, as they would consist of his own cells, which the body would not attack like foreign transplants. We can say with a clear conscience that medicine, pharmaceutical development and biotechnology will in future not be able to get by without large, automated cryobanks. Even if only to have

Proteom, das Metabolom, physiologische Besonderheiten bis hin zu den epigenetischen Daten. Die Zellen lassen sich nach dem Auftauen nahezu unbegrenzt vermehren und in viele, einige Zelltypen sogar in alle, Zellarten differenzieren, aus denen unsere Organe bestehen. Noch ist es nicht erreicht, doch träumt man davon, aus diesem Zellmaterial bei späterer Erkrankung des Spenders Implantatorgane zu erzeugen, die immunologisch völlig kompatibel zum Patienten sind, da sie aus seinen eigenen Zellen bestehen, die der Körper nicht wie die Fremdimplantate angreifen wird. Man kann mit gutem Gewissen sagen, die zukünftige Medizin, Pharmaentwicklung und Biotechnologie wird nicht ohne große, automatisierte Kryobanken auskommen. Allein deshalb, um immer wieder zurückgreifen und nachvollziehen zu können, was sich in den vielen Prozessschritten und über die Jahre verändert hat.

Welche Räume brauchen Sie dafür?

Biobanken sind nur dann logistisch wie finanziell effektiv zu betreiben, wenn sie zu größeren Einheiten und störsicher zusammengefasst werden. Bereits gegenwärtig handelt es sich um Millionen von Proben, wenn man z.B. die gerade begonnene Helmholtz-Patientenkohorte mit 200 000 Patienten, die über Jahrzehnte regelmäßig beprobt werden,

something to draw on at any time in order to understand what has changed in the many different process steps and over the course of the years.

What kind of spaces do you need for this purpose?

Biobanks can only be operated effectively from a logistical and financial standpoint if they are combined into larger units that are fail-safe. Already today there are millions of samples – considering, for example, the recently launched Helmholtz patient cohort with 200 000 patients who are being regularly sampled over decades. This requires special halls where the samples can be monitored and recorded by computer and can be stored and removed automatically. It is to the credit of the Fraunhofer-Gesellschaft and its Fraunhofer Institute for Biomedical Engineering IBMT to have recognised the importance of this field early on and to have promoted it in close cooperation between industry and science.

Twenty years ago, what was for others an unfortunate circumstance turned out to be a stroke of luck for us: the collapse of certain branches of industry freed up land and buildings in the Sulzbach industrial park, for example the former shirt factory next door with its large production halls, that we

betrachtet. Dafür braucht man spezielle Hallen, in denen sich die Proben computerkontrolliert und -erfasst befinden sowie automatisch eingebracht und entnommen werden können. Dieses Gebiet frühzeitig erkannt und in enger Industrie- wie Wissenschaftskooperation vorangetrieben zu haben, ist das Verdienst der Fraunhofer-Gesellschaft und in ihr der des Fraunhofer-Instituts für Biomedizinische Technik IBMT.

Für uns war es vor zwanzig Jahren ein Glücksumstand, was für andere – die benachbarte Hemdenfabrik mit großen Fertigungshallen z.B. – ein Problem war. Im Industriegebiet in Sulzbach wurden durch den Zusammenbruch bestimmter Industriezweige Gebäude und Flächen frei, wie wir sie für unsere Großexperimente, Entwicklungen und den Aufbau von Biobanken gerade zu diesem Zeitpunkt benötigten. Mit Hilfe der saarländischen Landesregierung, des Bundes und der Fraunhofer-Gesellschaft konnten die Gebäude kurzfristig erworben und umgebaut werden.

Wie konnten Sie sich als Forscher bei dem Umbau in den Planungsprozess einbringen?

Wir haben uns in erheblichem Maße eingebracht, überwiegend willkommen aber bisweilen auch unerwünscht, zumindest unerwartet. Was wir

required at exactly that point in time for our large-scale experiments, developments and the establishment of biobanks. With the help of the Saarland state government, the federal government and the Fraunhofer-Gesellschaft, we were able to quickly acquire these buildings and convert them.

How were you as a researcher able to contribute to the plannig process?

We were extremely involved, and our input was for the most part welcome but sometimes rather undesirable, or at least unexpected. What we needed was rarely something from the standard solutions kit, because we were breaking new ground on a large scale in the field of automated cryotechnology. For the architects, this was a pleasure and a challenge, but for some technical planners an unusual task and naturally one associated with additional effort and creativity. After what was in some cases a spirited brainstorming process – I remember some loud and insistent demands we made at the presentation of the first planning drafts – all went smoothly. As scientists, we greatly enjoyed and benefited from contemplating and solving architectural and structural problems in consultation with all the trades, especially the architects. I think I can be safe in saying that the other side felt the same way. It's true

brauchten, war selten etwas aus dem Baukasten der Standardlösungen, denn wir betraten gerade auf dem Gebiet der automatisierten Kryotechnologie in großem Maßstab Neuland. Für die Architekten eine Freude und Herausforderung, für manchen technischen Planer ungewohnt und natürlich mit Mehraufwand und Kreativität verbunden. Nach einem zum Teil temperamentvollen Prozess der Findung, ich erinnere mich an lautstarke und deutliche Forderungen unsererseits bei der Präsentation der ersten Planungsentwürfe, lief es sehr gut. Wir als Wissenschaftler haben das gemeinsame Denken und Lösen architektonischer und bautechnischer Probleme mit allen Gewerken, insbesondere aber den Architekten, sehr genossen und davon profitiert. Ich behaupte hier einmal, die andere Seite auch! Eine gewisse Erschöpfung tritt allerdings ein, wenn der Bau dann endlich übergeben ist, man aber noch nicht vergessen hat, was alles an Regeln, Gesetzen und Bestimmungen, Zulassungen, Kontrollen und Abnahmen durchlaufen werden musste. Mit der Forschung zieht dann Gott sei Dank Stück für Stück wieder die Freude am Entdecken, das Glücksgefühl des Wissenschaftlers, in das neue Gebäude ein.

that a feeling of exhaustion certainly sets in when the building is finally handed over and all the rules, laws and regulations, licensing, inspections and approvals that have been mastered are still very fresh in everyone's mind. As soon as research recommences, though, the joy of discovery, the rush of excitement felt by the scientist, gradually pervades the new building as well.

Which criteria played a role in the decision to expand the Sulzbach site?

The rationale behind the expansion included the Fraunhofer IBMT institute building that already existed there, the size and suitability of the vacated buildings in the immediate vicinity, and also our industrial and scientific neighbours (the university is not far away). And we also knew that construction had to proceed quickly, because the international competition never sleeps. The small state of Saarland is very innovative, having been compelled to embrace structural change due to the collapse of coal production. We have done our part by creating many highly skilled jobs and start-ups. We are very grateful to Saarland's state government for its biotechnology initiative, which includes support for Fraunhofer IBMT.

Welche Kriterien haben bei der Entscheidung für den Ausbau des Standorts in Sulzbach eine Rolle gespielt?

Das dort bereits vorhandene Institutsgebäude des Fraunhofer-IBMT, die unmittelbare Nachbarschaft der frei werdenden Gebäude, deren Größe und Eignung als auch die industriellen wie wissenschaftlichen Nachbarn – die Universität befindet sich nicht weit vom Fraunhofer-IBMT entfernt. Darüber hinaus musste es schnell gehen, die internationale Konkurrenz schläft nicht. Das kleine Saarland ist sehr innovativ, weil der Zusammenbruch der Kohleförderung zur strukturellen Umgestaltung zwingt. Dazu haben wir mit der Schaffung vieler hochqualifizierter Arbeitsplätze und Firmengründungen beigetragen. Der saarländischen Landesregierung sind wir für ihre Biotechnologie-Initiative und in ihrem Rahmen auch die Unterstützung des Fraunhofer-IBMT sehr dankbar.

Wie wichtig ist Flexibilität im Gebäude? Was wird in Zukunft wichtig sein?

Auch hier scheint mir, sind Fraunhofer-Institute die Vorreiter. Entsprechend unserem Auftrag der angewandten Forschung, im Unterschied zur Grundlagenforschung der Universitäten und der

How important is flexibility in the building? What will be vital for the future?

Here, too, it seems to me that the Fraunhofer institutes are pioneers. In accordance with our mission of applied research in contrast to the basic research carried out at universities and by the Max Planck Society, for us, industrial contracts and long-term (but externally financed) technological developments are mandatory, including of course a considerable share of basic research. This means that we never know which research fields we will be engaging with in five to ten years' time, because it depends on our government and industrial clients. This requires first of all above average and exceptional flexibility in the conversion of rooms, the installation and de-installation of large-scale equipment, and the rapid accommodation of new workgroups under the excellent office and laboratory conditions that we are veritably spoiled with here in Germany. International partners, industrial enterprises and science sponsors in particular demand that equipment be set up and research work they have commissioned be commenced almost on the spot. What we do not need, therefore, are buildings conceived for eternity and technical installations that cannot be quickly trimmed back, reduced or extended.

Max-Planck-Gesellschaft, sind Industrieaufträge und langfristige – aber extern finanzierte – Technologieentwicklungen, natürlich auch mit einem erheblichen Grundlagenforschungsanteil, verpflichtend für jedes Institut. Das bedeutet, dass man nicht weiß, welche Forschungsfelder man in fünf bis zehn Jahren betreiben wird, denn es hängt von den staatlichen und industriellen Auftraggebern ab. In erster Linie erfordert das eine überdurchschnittliche und ungewöhnliche Flexibilität in der Umrüstung von Räumen, der Installation und Deinstallation von Großgeräten sowie der raschen Unterbringung neuer Arbeitsgruppen unter den in Deutschland üblichen, schon beinahe verwöhnt exzellenten Büro- und Laborbedingungen. Gerade internationale Partner, Industrieunternehmen und Wissenschaftsförderer fordern die Unterbringung von Geräten und den Beginn der von ihnen in Auftrag gegebenen Forschungsarbeiten möglichst auf der Stelle. Was wir daher nicht brauchen, sind Gebäude für die Ewigkeit und technische Installationen, die nicht gekappt, verkleinert oder erweitert werden können. Uns nützt keine noch so effizient arbeitende Klimaanlage für das ganze Institut, wenn sie nicht verändert werden kann. Viel besser sind drei kleinere Anlagen, die man miteinander koppelt, abschaltet und wieder trennt. Unsinnig sind auch gern verordnete Überdimensionierungen mit der

A climate control system for the entire institute, no matter how efficient, is of no use to us if it cannot be modified. Much better are three smaller systems that can be coupled, switched off and separated again. Nor do the outsized spaces that are so often foreseen, with the argument that they can then be expanded at will, make any sense. Experience, at least my own, has shown that they were then not sufficient for later needs or could not be expanded in a fitting way. What we do need at the institute are areas that can be operated for decades without interruption, with multiple technical safeguards and in isolation from the rest. The perfect example of such an area is the one accommodating the biobanks being discussed here, because, in contrast to short-term project work, they have to function incident-free for decades. As is evident from the contrasting demands placed on them, this is sometimes difficult to achieve. There is still much work to be done, especially with respect to technology, approval regulations and administration, and also in terms of the public authorities. Nevertheless, this kind of flexibility, which has already been attained to a large extent, is one of the main advantages of Germany as a location for research and industry, an advantage we must build on if we are to maintain our

Begründung, man könne dann wie gewünscht erweitern. Die Erfahrung war stets, zumindest meine, dass gerade das, was später gebraucht wurde, nicht ausreichte oder nicht erweitert werden konnte. Andererseits benötigen wir Raumteile im Institut, die über Jahrzehnte ohne Ausfall, mit mehrfacher technischer Absicherung und in sich isoliert, also unabhängig vom Rest, betrieben werden können. Solch einen Bereich stellen beispielhaft die hier besprochenen Biobanken dar, denn sie müssen im Gegensatz zur Kurzzeitprojektarbeit über Dekaden havariefrei arbeiten. Das ist, wie man an dem Gegensatz der Forderungen erkennt, manchmal kaum zu lösen. Da ist noch einiges zu tun, insbesondere auf Seiten der Technik, Zulassungsregelungen und Administration bis hin zu den Behörden. Diese schon in weiten Teilen erreichte Flexibilität macht jedoch einen der wesentlichen Vorteile des Standorts Deutschland für die Forschung und Industrie aus, den wir ausbauen müssen, wollen wir international unsere Position behalten. Forschung ist daher in Zukunft mehr denn je eine intelligente Symbiose zwischen Architekten, Wissenschaftlern und Forschungsförderern.

international standing. Research will therefore in future involve more than ever an intelligent symbiosis between architects, scientists and research sponsors.

Fraunhofer-Institut für Biomedizinische Technik IBMT / Fraunhofer Institute for Biomedical Engineering IBMT, Sulzbach

Bauherr / Client: Fraunhofer-Gesellschaft zur Förderung der angewandten Forschung e. V.

Hauptnutzfläche / Primary floor space: 4900 m^2

Bruttogrundfläche / Gross floor area: 6426 m^2

Bruttorauminhalt / Gross cubic volume: 29973 m^2

Fertigstellung / Completion: 2014

Auszeichnung / Award: industriebaupreis 2018, Auszeichnung

Das Fraunhofer-Institut für Biomedizinische Technik IBMT unterhält seit 1994 eine Außenstelle in der ehemaligen Hemdenfabrik Becker am Standort Sulzbach/Neuweiler.

The Fraunhofer Institute for Biomedical Engineering IBMT has maintained a branch since 1994 in the former Becker shirt factory in Sulzbach/Neuweiler.

Im Zuge der Planung fanden die Architekten einen für das Baujahr typischen, zweigeschossigen Funktionsbau vor.

The architects embarked on the planning process on the basis of the existing functional two-storey building, which was typical for its year of construction.

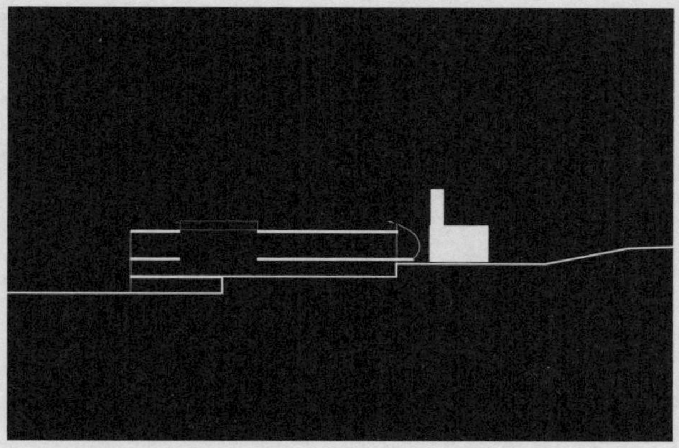

Das Raumprogramm ordnet sich den vorhandenen Bedingungen unter: während die Laborbereiche im Erdgeschoss liegen, folgen die Bürogeschosse der Topografie des Hangs.

The spatial programme was conceived to fit the site: the offices are set along the slope, while the laboratory areas are located on the ground floor.

Übergreifender Entwurfsgedanke ist die Kryobank als Lebendzellsammlung über das Wissen der Natur.

The dominant design metaphor for the building is the cryobank as a collection of living cells that convey knowledge of nature.

Die Zellmembran als Baustoff illustriert die Arbeit des Instituts. ETFE ist zu 100 Prozent recycelbar und entspricht als technischer Werkstoff der Cradle-to-Cradle Strategie für Nachhaltigkeit.

The “cell membrane” as building material illustrates the work of the institute. ETFE is 100 percent recyclable and, as a technological material, fulfills the cradle-to-cradle strategy for sustainability.

Die neue Struktur soll Assoziationen stimulieren – der ETFE-Screen ist Identität stiftendes Element und bringt die Fassade zum Sprechen.

The new structure is designed to evoke associations, with the ETFE screen façade as an identity-lending element that speaks of what goes on within.

Die architektonische Form, das gewählte Material und die eingesetzte Technologie werden zum Sinnbild für die Innovationskraft der biomedizinischen Forschung und der einzigartigen Lebendsammlung von Zellen an diesem Standort.

The architectural form, the chosen material and the technology used for the building become a symbol for the innovative power of biomedical research and the unique collection of living cells at this site.

Durch die städtebaulich selbstbewusste Erweiterungslösung des Hallenkomplexes ist die Spitzenforschung des Instituts in dem baulich heterogenen Industriegebiet nach außen ablesbar.

The urban extension of the hall complex with its assertive architecture now gives the top-level research facility a more prominent standing in the industrial area with its heterogeneous development.

PRAXAIR

Fraunhofer-Institut für Biomedizinische Technik IBMT /
Fraunhofer Institute for Biomedical Engineering IBMT,
Sulzbach

2 ZWISCHENRAUM: Inszeniert oder zufällig – der Zwischenraum ermöglicht räumliche, zeitliche oder gedankliche Freiräume, deren Lesbarkeit im Auge des Betrachters liegen.

2 IN-BETWEEN SPACE: Whether deliberately staged or accidental – in-between spaces offer spatial, temporal or mental freedom, the legibility of which lies in the eye of the beholder.

KONTEXT

Architektur kann nur in ihrem jeweiligen Kontext wahrgenommen (und beurteilt) werden. Waren früher der Schutz vor Umwelteinflüssen und die Nutzung natürlicher Ressourcen ausschlaggebend für die baulichen Strukturen und der daraus entstandenen spezifischen kulturellen Identität, müssen heute die relevanten Parameter stets neu an die sich verändernden Anforderungen angepasst werden. Technisch ist vieles möglich, die Komplexität der Architektur und des städtischen Maßstabs kann nicht mehr allein in baulich-räumlichen Zusammenhängen gelesen werden. Die Kontexte werden vielschichtiger, haben verschiedene Lesarten und verborgene Schichten in ihrem kulturellen, materiellen, globalen und sozialen Beziehungsgeflecht. Wie muss Architektur auf das sich verändernde Umfeld reagieren und kann trotzdem Relevanz behalten? Ist es legitim, den Kontext neu zu lesen – zugunsten anderer, zeitgemäßer Lösungen? Wie kann ein Nucleus geschaffen werden, der als Funke neue Entwicklungsschichten zündet?

CONTEXT

Architecture can only be experienced (and judged) in its respective context. Whereas in the past, protection from environmental influences and the use of natural resources were the decisive factors for buildings and the specific cultural identity they generated, today the relevant parameters must continually be adapted to changing requirements. So much is possible technically that the complexity of the architecture and the urban dimension can no longer be read in terms of structural-spatial relationships alone. The contexts are becoming increasingly multifaceted, offering different readings and concealing hidden layers in their cultural, material, global and social network of relations. How must architecture respond to this changing climate, while still remaining relevant? Is it legitimate to reinterpret the context in order to come up with new and more contemporary solutions? How can a nucleus be created that sparks new layers of development?

ZWISCHENRAUM
Forschung im Grenzbereich

IN BETWEEN
Research at the frontier

Als einer von 20 nationalen Forschungsstandorten des Deutschen Zentrums für Luft- und Raumfahrt (DLR) ist das Institut für Raumfahrtantriebe in Lampoldshausen für die Forschung und den Versuchsbetrieb von Raketenprüfständen zuständig. Seit Anfang der 1960er-Jahre werden hier im Auftrag der europäischen Raumfahrtorganisation Raketentriebwerke getestet, aktuell für die Ariane-6-Mission. Insgesamt sieben Prüfstände verteilen sich auf dem 35 Hektar großen Waldstück, in denen die Entwicklung zukunftsfähiger Antriebstechnologien getestet wird. Raumfahrt ist heute mehr als wissenschaftliche Mission, die kommerziellen Satelliten ermöglichen die GPS-Ortung moderner Navigationssysteme, Fernsehübertragungen oder auch langfristige Erd- und Wetterbeobachtungen. Um den interessierten Besuchern einen Einblick in die Raumfahrtgeschichte, das europäische Testzentrum und aktuelle Entwicklungen am Standort Lampoldshausen geben zu können, wurde im Jahr 2010 mit den Planungen für ein Besucherzentrum begonnen. Auf rund 2600 Quadratmetern bietet das DLR-Forum für Raumfahrtantriebe Raum für Ausstellungen, Konferenzbereiche und Labore für die Schulung von Studierenden und Schülern. Eingebettet in die Topografie des Ortes, am Übergang zwischen Natur und Technik, Öffentlichkeit und Sicherheitsbereich, bildet eine konkav gekrümmte Glasfassade eine einladende Geste für die

As one of 20 national research sites operated by the German Aerospace Center (DLR), the Institute of Space Propulsion in Lampoldshausen is responsible for research and experimentation with rocket test benches. Since the early 1960s, rocket engines have been tested here on behalf of the European Space Agency, currently for the Ariane 6 mission. A total of seven test benches are distributed across the 35 hectares of forested grounds, where the development of future-ready propulsion technologies is tested. Today, space travel is more than just a scientific mission; commercial satellites enable everything from GPS tracking by modern navigation systems to television broadcasts and long-term earth and weather observations. Planning was launched in 2010 for a visitor centre in Lampoldshausen where visitors can learn about the history of space travel and gain insights into the work being done at the European test centre and the latest developments there. Across approximately 2600 square meters, the DLR-Forum for Space Propulsion offers space for an exhibition, conference areas and laboratories for teaching students and schoolchildren. Embedded in the topography of the site, on the crossroads between nature and technology, public space and secure area, a concave curved glass façade invites visitors to come inside and explore. The new building

Besucher. Der Neubau steht für vielschichtige Übergänge, die nicht nur räumlich, sondern auch atmosphärisch zu fassen sind:

Geheimnis + Neugier

50 Jahre nach der ersten Mondlandung ist die Begeisterung für den Weltraum ungebrochen. Einige Errungenschaften des Alltags ebenso wirtschaftlicher und humanitärer Nutzen sind Ergebnisse der Raumfahrtmissionen und der Forschung hierzu. Doch im Vordergrund steht vor allem die Frage nach der Entstehung des Universums, kurz gesagt: der menschliche Wissensdrang. Daher werden hier am Institut für Raumfahrtantriebe des Deutschen Zentrums für Luft- und Raumfahrt (DLR) die Antriebe heutiger und zukünftiger Raumtransportsysteme getestet. Vieles davon geschieht lautlos und in Simulationen von Umgebungsbedingungen, aus denen die Wissenschaftler wichtige Erkenntnisse für neue Entwicklungen ziehen. Damit rücken die Visionen von einer Besiedelung fremder Galaxien näher – fernab von Science-Fiction-Utopien. Auch an der nahen Zukunft wird geforscht. Die Erkenntnisse aus der Weiterentwicklung fortschrittlicher Technologien für zukünftige Raumfahrtantriebe verknüpfen sich über Kooperationen und industrienahe Forschungsprojekte mit aktuellen Fragen wie zu Mobilitätskonzepten der

embodies multi-layered transitions that can be grasped not only spatially but also atmospherically.

Mystery + Curiosity

Fifty years after the first moon landing, space travel is still as thrilling as ever. And the space missions and attending research have also brought a number of achievements that make our everyday lives easier, as well as economic and humanitarian benefits. But the main focus has always been on the question of the origin of the universe, in short: the human thirst for knowledge. Here at the Institute for Space Propulsion of the German Aerospace Center, propulsion systems for the space transport systems of today and tomorrow are tested. Much of this happens silently in simulations of environmental conditions, from which scientists draw important conclusions for new developments. This brings the vision of colonising foreign galaxies that much closer – much more realistically than in utopian science fiction. Research is also being conducted into what will be possible in the near future. Through collaborations and industry-oriented research projects, the findings derived from the development of advanced technologies for future space propulsion systems can be directly applied to present-day challenges, for example mobility concepts for the future. One example is hydrogen cars that run on fuel cells.

Zukunft – z.B. für Wasserstoffautos, die mit Brennstoffzellen betrieben werden.

Natur + Hightech

Der Standort ist gekennzeichnet von seiner abgelegenen Lage – ein verwunschener Ort mitten im Wald im Landkreis Heilbronn. Die ausgeprägte Topographie und die Dichte des Waldes mit seinen 30 bis 40 Meter hohen Baumkronen sind die raumbestimmenden Elemente. Dass dieser Landstrich so unscheinbar geblieben ist, liegt an der Autobahn A81, die seit den 1970er-Jahren durch das Terrain führt.

Im krassen Gegensatz dazu steht der Hightech-Standort des DLR und seiner Forschungspartner, der sich auf dem Areal ausbreitet. Unauffällig ragen diverse Bauten mit Höhen von bis zu 65 Metern aus dem hermetisch abgeriegelten Waldstück. Lediglich ein sanftes Grollen ab und an verrät, dass im Harthäuser Wald nicht nur Flora und Fauna zuhause sind. Bis zu 600 000 Liter flüssigen Wasserstoff, gekühlt auf minus 253 Grad, und 200 000 Liter Sauerstoff bei minus 183 Grad fassen die Tanks eines Prüfstands, die für die Tests der Raketenantriebe unter Bodenbedingungen bereitstehen. Einmalig ist auch der weltweit modernste Höhensimulationsprüfstand für kryogene Oberstufentriebwerke, in dem

Nature + High Tech

The test site is set in a remote location – an enchanted forest in the district of Heilbronn. The distinctive topography and the density of the forest with its 30 to 40-meter-high treetops are the elements dominating this setting. The area has remained largely inconspicuous due to the A81 motorway, which has traversed the terrain since the 1970s.

In stark contrast to this woodland setting is the high-tech site run by DLR and its research partners, which sprawls across the terrain. Various buildings with heights up to 65 meters rise up unobtrusively from the hermetically sealed woodland site. Only a gentle rumbling reveals from time to time that the Harthäuser Forest is home to more than just flora and fauna. Up to 600 000 litres of liquid hydrogen, cooled to minus 253 degrees Celsius, and 200 000 litres of oxygen at minus 183 degrees Celsius can be stored in the tanks of each of the test benches, which are used for testing the rocket engines under ground conditions. Also unique here is the world's most advanced high-altitude simulation test rig for cryogenic upper-stage engines, used to test under vacuum conditions engines that first ignite at an altitude of 100 kilometers. But the days of seclusion are now over, as a visitor centre is being built at the site to open it up to the public and underscore its role in civil society.

Triebwerke, die erst in 100 Kilometern Höhe zünden, unter Vakuum bedingungen erforscht werden. Doch die Zeit der Abschottung ist vorbei, mit dem Bau eines Besucherzentrums will sich der Standort öffnen und seine Verankerung in der zivilen Gesellschaft deutlich machen.

Topografie + Gestalt

Ein ursprünglich von der DLR angedachtes Konzept sah für die Erweiterung des Areals zwei punktförmige Neubauten im Duktus der Forschungseinrichtungen vor. Mit der Überarbeitung des Entwurfskonzepts wurden in einem interdisziplinären Workshop gemeinsam mit den Nutzern verschiedene Lösungen für die räumliche Struktur diskutiert, die dem Wunsch nach einer Außendarstellung in einer architektonischen Umsetzung mehr entsprach. Die Hanglage des Grundstücks ermöglichte es, ein neues, großzügiges Plateau zu schaffen. Dieser städtebauliche Ansatz schafft eine Lichtung im Wald, in die sich der Neubau als Schnittstelle zwischen Topografie und Bebauung einfügt. Eine großzügige Glasfassade, die Einblicke ermöglicht und Neugierde weckt, markiert die symbolische Öffnung und lässt durch die konkave Form einen Ort des Ankommens und Verweilens entstehen. Dahinter gruppieren sich um den zentralen, zweigeschossigen Ausstellungsbereich offene Galerien, die

Topography + Design

The original concept developed by other partners provided for extending the complex by adding two nodal new buildings in the style of the research facilities. When the design concept was subsequently revised, various solutions for the spatial structure were discussed with the users in an interdisciplinary workshop, and the desire was expressed for a more distinctive architecture to project the facility's image to the outside world. The hillside location of the property made it possible to create a new, generously sized plateau. This approach, borrowed from urban planning, creates a new clearing in the forest, into which the new building is inserted as an interface between the topography and the built environment. A broad glass façade, which provides glimpses within to arouse visitors' curiosity, symbolises the opening up of the test site to the public, its concave shape creating a welcoming gesture that invites visitors to linger. Behind it are open galleries grouped around the central two-storey exhibition area, along with the laboratories and event rooms. The intersection of the different geometric forms mirrors the various functions of the building as well as the symbolic intersection of the public space and the research institution.

Labore und die Veranstaltungsräume. Die Verschneidung der geometrischen Formen spiegelt die verschiedenen Funktionen des Gebäudes wider, ebenso wie die symbolische Überschneidung von Öffentlichkeit und Forschungseinrichtung.

Schaufenster + Sprachrohr

Das übergroße Schaufenster am Waldrand gewährt Einblicke in 50 Jahre Raumfahrtgeschichte. Mit dem Neubau des DLR-Forums wird das europäische Testzentrum des DLR am Standort Lampoldshausen weiter ausgebaut und der wissenschaftliche Austausch unter den Partnern der europäischen Raumfahrt gestärkt. Das Gebäude schafft mit seinem Angebot optimale Bedingungen für eine praxisorientierte Ausbildung der Wissenschaftler. In Zeiten des Fachkräftemangels und des Ungleichgewicht zwischen Stadt und Land hat das DLR-Forum über die eigentliche Funktion hinaus eine überregionale Signalwirkung. Der Nachwuchs in der Region soll für die Forschung begeistert werden, um sie nach einer Ausbildung oder Studium an den Standort zu binden. Denn ohne Wissenschaftler und Mitarbeiter, die hier eine Heimat finden, nützen die besten technischen Infrastrukturen nichts. Dass ein großes Interesse besteht, zeigten die 22 000 Besucher, die sich allein

Display Window + Mouthpiece

The oversized display window set at the edge of the woods gives visitors a look at 50 years of aerospace history. The new building for the DLR Forum represents a further phase in the expansion of the DLR's European test centre at the Lampoldshausen site, designed to strengthen scientific exchange amongst the partners in the European aerospace sector. The building with its various facilities creates optimal conditions for the practical training of young scientists. In days marked by a shortage of skilled workers and an imbalance between urban and rural areas, the DLR Forum acts as a supra-regional beacon whose impact goes beyond its nominal function. The aim is to get young people in the region interested in scientific research so that they will want to work here after completing their training or studies. Because without scientists and staff who find a home here, the best technical infrastructure is useless. The 22 000 visitors who were able to form their own impressions on the first open-house day at the DLR Forum showed that there is already a great deal of interest.

Public Space + High-security Area

Although the security precautions on the site are extremely rigorous, the new building still has to have

am ersten Tag der offenen Tür zur Eröffnung des DLR-Forums ein eigenes Bild machten.

Öffentlichkeit + Hochsicherheit

Einerseits sind die Sicherheitsvorkehrungen auf dem Gelände enorm hoch, andererseits sollte der Neubau gut einsehbar sein, um anschaulich zu vermitteln, was am Standort gemacht wird. Das Zentrum des elliptischen Grundkörpers bilden der Haupteingang und das anschließende Foyer sowie die öffentlich zugänglichen Ausstellungsflächen, die die Kommunikation und den Austausch der Mitarbeiter und der Besucher untereinander fördern. Die DLR-Pforte ist ebenfalls in den Bau integriert, so dass Mitarbeiter und Besucher gleichermaßen das Gelände über das neue DLR-Forum für Raumfahrtantriebe erreichen. Neben den Zugängen für den Wareneingang – die nun ebenfalls angedient werden können, ohne den Sicherheitsbereich betreten zu müssen – entstanden auch Büroflächen und Besprechungsbereiche für die Standortleitung. Der Büroriegel schiebt sich hierzu über dem Ausstellungsbereich in den öffentlichen Raum hinein. Der Freiraum vor dem Gebäude, der ebenfalls für Exponate und Experimentierflächen für die Außenversuche der School-Labs zur Verfügung steht, wird im nächsten Schritt vom Autoverkehr befreit und in die Gestaltung des Areals einbezogen.

a certain transparency in order to communicate the activities taking place at this location. The main entrance and the adjoining foyer form the centre of the elliptical basic volume, together with the publicly accessible exhibition areas, which are designed to promote communication and exchange between staff and visitors. The DLR gate is also integrated into the complex, so that employees and visitors can reach the site in future via the new DLR Space Propulsion Forum. In addition to access routes for incoming goods, which can now also be reached without having to enter the high-security sector, offices and conference rooms for the site management were also created. The office wing extends above the exhibition area to become part of the public space. The outdoor area in front of the building, which is also available for exhibits and outdoor experiments by the School Labs, will in a next step be blocked for vehicle traffic and integrated into the design of the overall complex.

DLR-Forum für Raumfahrtantriebe, Schulungs- und Ausstellungsgebäude / DLR-Forum of Space Propulsion, Training and exhibition building, Lampoldshausen

Bauherr / Client:	Hauptnutzfläche / Primary floor space:	Bruttogrund-fläche / Gross floor area:	Bruttorauminhalt / Gross cubic volume:	Fertigstellung / Completion:
Deutsches Zentrum für Luft- und Raumfahrt e. V. (DLR) / German Aerospace Center (DLR)	2545 m²	3302 m²	16800 m³	2013

Mit dem Neubau des DLR-Forums für Raumfahrtantriebe wird das europäische Testzentrum des DLR am Standort Lampoldshausen weiter ausgebaut und der wissenschaftliche Austausch unter den Partnern der europäischen Raumfahrt gestärkt. Der Standort ist gekennzeichnet von seiner abgelegenen Lage – ein verwunschener Ort mitten im Wald.

The new building for the DLR-Forum represents a further expansion of DLR's Lampoldshausen site in an effort to strengthen scientific exchange among the partners in the European aerospace sector. The site is set in a remote location – in the middle of an enchanted forest.

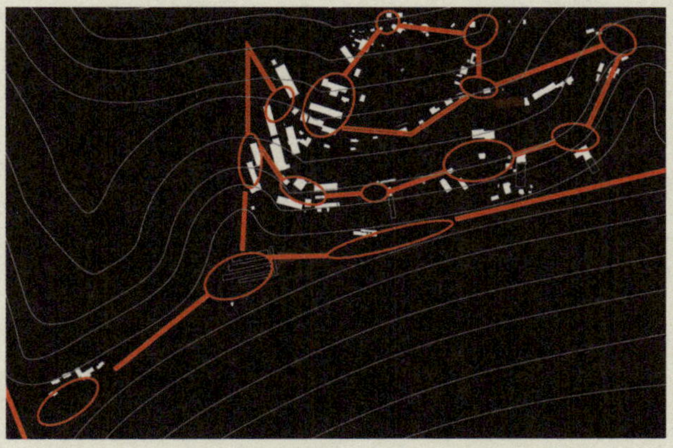

Die ausgeprägte Topographie und die Dichte des Waldes sind die entwurfsbestimmenden Elemente. Der Hang wird aufgeschnitten und in der Lichtung im Wald ein Ort des Ankommens und Verweilens geschaffen.

The distinctive topography and the density of the forest dictated the spatial constellation chosen for the structure. The slope was cut into to create a forest clearing that welcomes visitors and invites them to linger.

Entlang der Schnittkante wird eine offen gestaltete Glasfassade eingestellt, die Einblicke ermöglicht und Neugierde weckt.

An open façade is set along the cut edge, providing glimpses within to arouse visitors' curiosity.

Hinter der Fassade gruppieren sich um den zentralen, zweigeschossigen Ausstellungsbereich offene Galerien, Schülerlabore und Veranstaltungsräume.

Behind it are open galleries grouped around the central two-storey exhibition area, as well as laboratories and event rooms.

Das Gebäude schafft mit seiner Raumfahrt- und Technikausstellung, Konferenzräumen, Werkstätten und Laboren optimale Bedingungen für eine praxisorientierte Ausbildung junger Wissenschaftler.

The building with its aerospace and technology exhibition, conference rooms and labs creates optimal conditions for the practice-oriented training of young scientists.

Institutsgebäude für Technische Thermodynamik und für Technische Physik / Institute of Engineering Thermodynamics and of Technical Physics, Stuttgart

Bauherr / Client:	Hauptnutzfläche / Primary floor space:	Bruttogrundfläche / Gross floor area:	Bruttorauminhalt / Gross cubic volume:	Fertigstellung / Completion:
Deutsches Zentrum für Luft- und Raumfahrt e. V. (DLR) / German Aerospace Center (DLR)	5100 m²	10 782 m²	50 915 m³	2016

Das Deutsche Zentrum für Luft- und Raumfahrt (DLR) wird am DLR-Standort Stuttgart um einen Forschungsneubau für die beiden Institute Technische Thermodynamik und Technische Physik erweitert.
Das Gebäude markiert durch seine Lage und Volumetrie den Eingangsbereich in das DLR-Areal in besonderer Weise.

The German Aerospace Center (DLR) is adding a new research building at its Stuttgart site to house the Institute of Engineering Thermodynamics and the Institute of Technical Physics. With its positioning and volumes, the building distinctively marks the entrance to the DLR grounds, its transparent façade opening onto the central square of the institute campus.

Die experimentellen Messungen mit Lasern erfolgen ohne Tageslicht. So entstand die Sehnsucht nach einem Ort, an dem das Tageslicht sozusagen in die Tiefe des Raumes fällt: also wählten wir metallisch reflektierendes Goldgelb.

The experimental measurements with lasers are carried out without daylight. The people working there thus naturally long for daylight that penetrates into the depths of the room, so we chose a metallic reflective golden yellow.

Markus Hammes

Über ein Atriumoberlicht fällt Tageslicht in das Innere des Gebäudes. Entlang der Galerien in diesem Atrium staffelt sich eine Treppe, an deren Schnittstelle sich die Besprechungsbereiche und Teeküchen befinden. Diese Orte tragen zur Förderung der internen und externen Kommunikation bei und geben dem Raum Aufenthaltsqualität und eine eigene Identität.

An atrium skylight lets daylight into the interior. Along the galleries in this atrium runs a graduated staircase leading to conference areas and kitchenettes. These areas promote internal and external communication, inviting people to linger while lending the space a congenial identity.

Der Typus der Lochfassade mit Klapp-Schiebeläden wird gestalterisch anspruchsvoll umgesetzt und führt zu einem unverwechselbaren äußeren Erscheinungsbild. Es wirkt identitätsstiftend und stärkt die Adressbildung des DLR auf dem Universitätscampus.

A sophisticated version of the perforated façade type, featuring folding and sliding shutters, gives the building a striking appearance. This look lends an individual identity to the facility and gives the DLR a high profile on the university campus.

TechLab für die Institute Robotik und Mechatronik und für Hochfrequenztechnik und Radarsysteme / TechLab, Microwaves and Radar Institute and Robotics and Mechatronics Center, Oberpfaffenhofen

Bauherr / Client:	Hauptnutzfläche / Primary floor space:	Bruttogrundfläche / Gross floor area:	Fertigstellung / Completion:	Auszeichnung / Award:
Deutsches Zentrum für Luft- und Raumfahrt e. V. (DLR) / German Aerospace Center (DLR)	3116 m^2	4626 m^2	2009	7. DOMICO Baupreis 2010 „Metall in der Architektur, 4. Preis“

Im Forschungsgebäude arbeiten die Institute Robotik und Mechatronik sowie Hochfrequenztechnik und Radarsysteme am Standort Oberpfaffenhofen unter einem Dach zusammen. Die Fügung und das Zusammenspiel der unterschiedlichen Funktionsbereiche und Volumina spiegeln sich in der formalen Gliederung der Fassade wider.

The new research building at the DLR’s Oberpfaffenhofen site brings together the Institute of Robotics and Mechatronics with the Microwaves and Radar Institute under one roof. The layout and interplay between the different functional areas and volumes are reflected in the formal articulation of the façade.

DLR-Forum für Raumfahrtantriebe, Schulungs- und Ausstellungsgebäude / DLR-Forum of Space Propulsion, Training and exhibition building, Lampoldshausen

Institutsgebäude für Technische Thermodynamik und für Technische Physik / Institute of Engineering Thermodynamics and of Technical Physics, Stuttgart

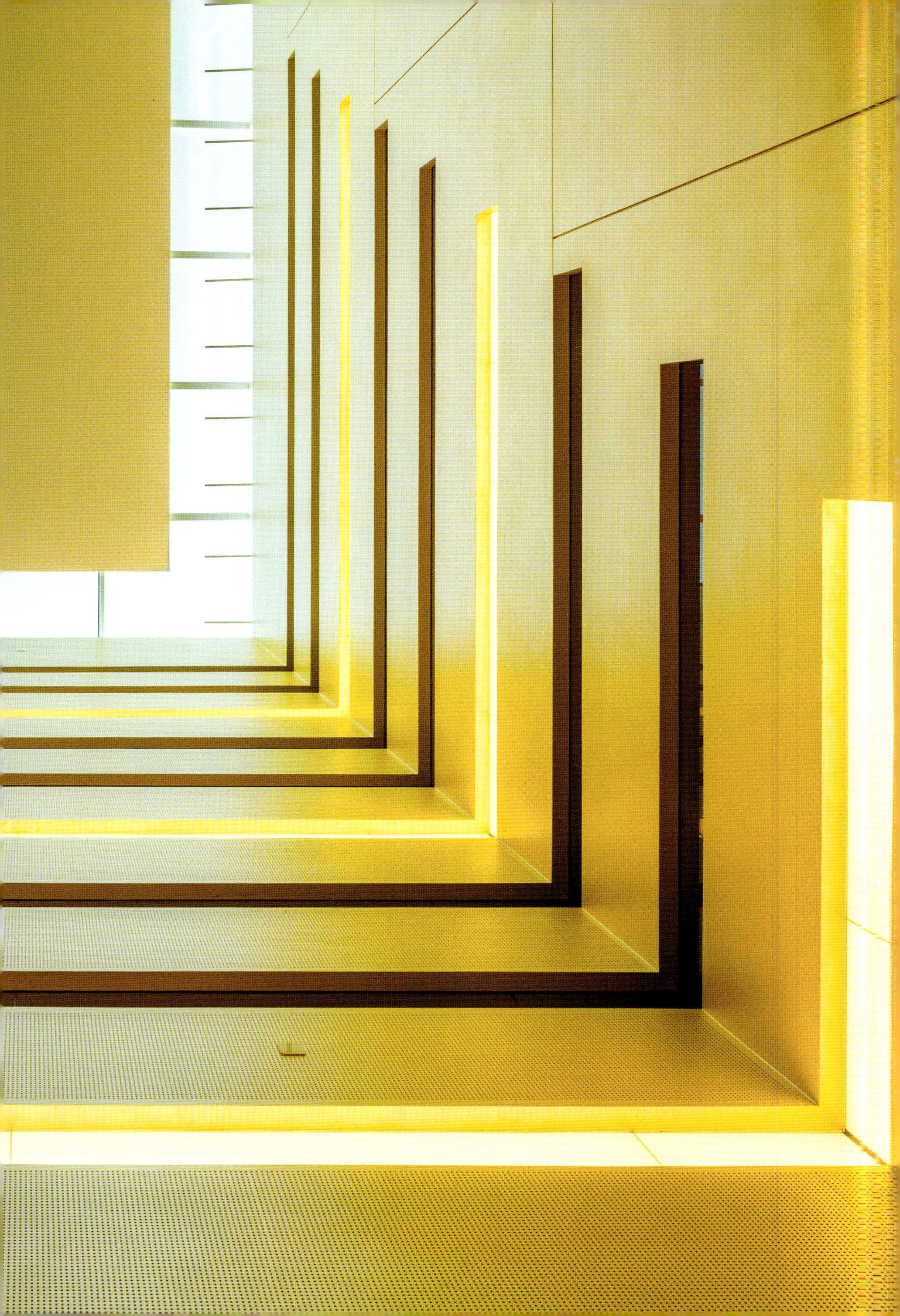

FP1
H003
NN

TechLab für die Institute Robotik und Mechatronik und für Hochfrequenztechnik und Radarsysteme /
TechLab, Microwaves and Radar Institute and Institute of Robotics and Mechatronics,
Oberpfaffenhofen

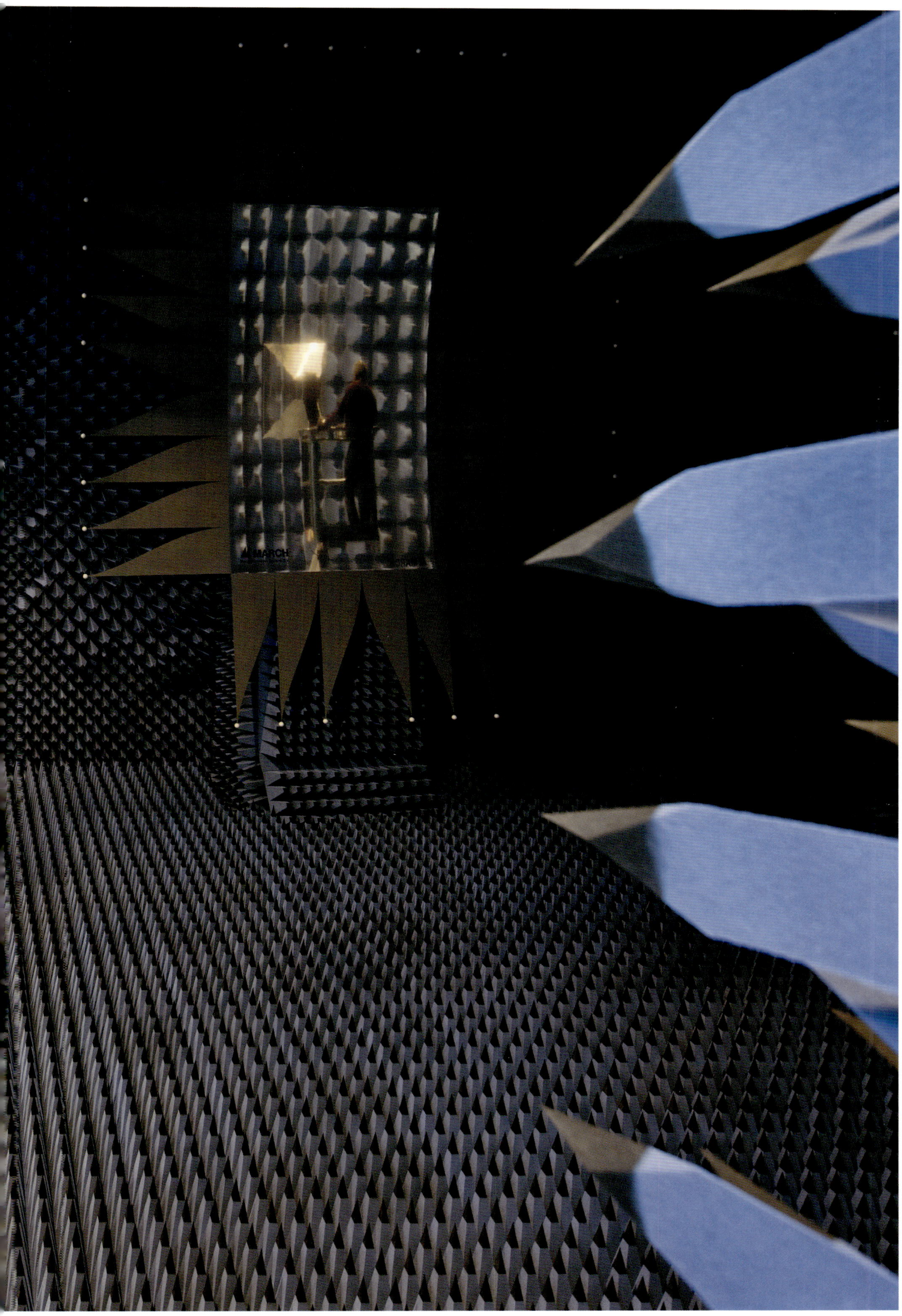
MARCH

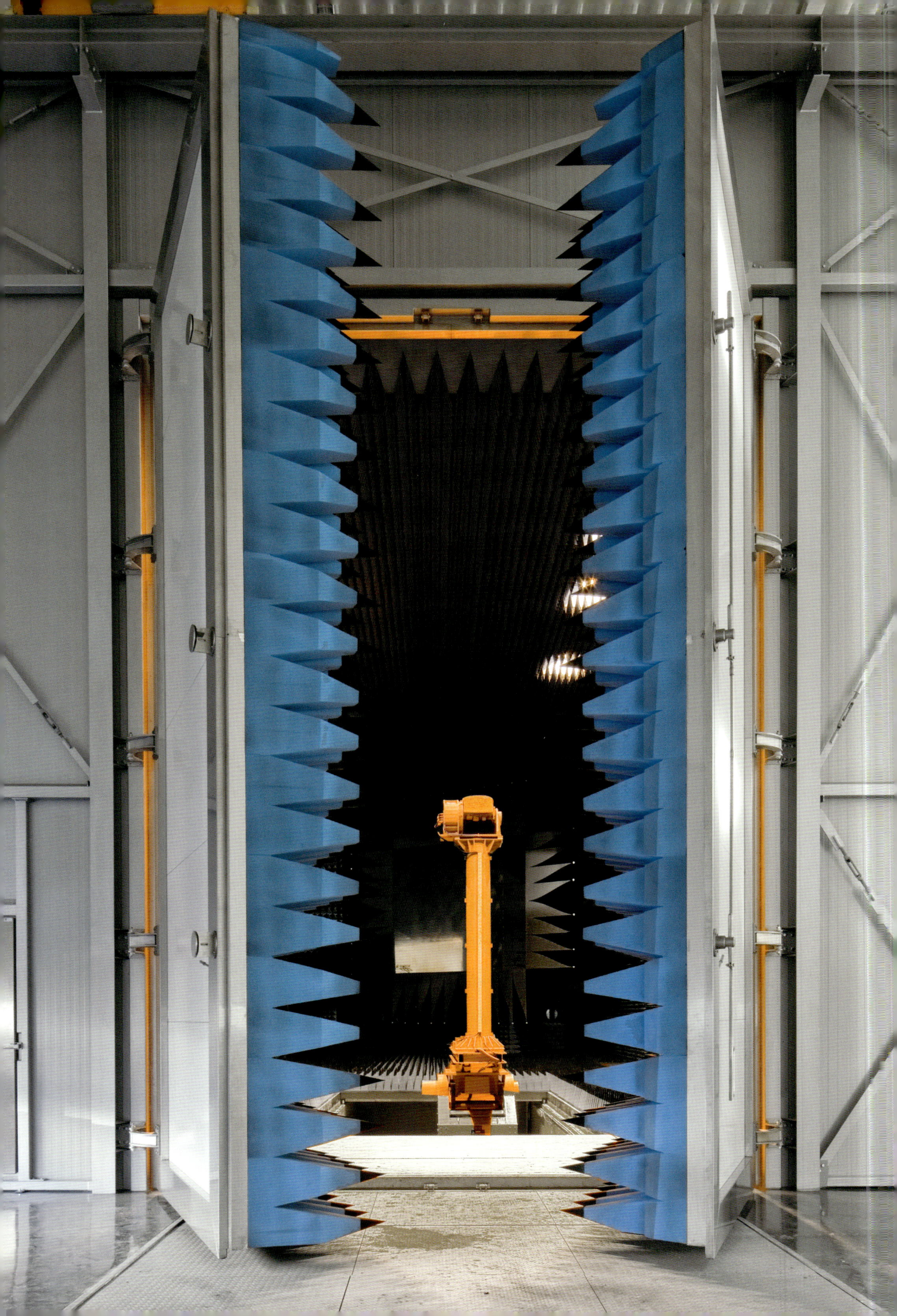

3 EXPERIMENT: Im Gegensatz zum wissenschaftlichen Experiment, das entweder durch den Beweis einer theoretischen Annahme oder über die praktische Erkenntnis und deren Rückführung seine Legitimation erlangt, lebt die Architektur von Prototypen, aus denen sich wiederum neue Prinzipien ableiten lassen.

3 EXPERIMENT: In contrast to a scientific experiment, which gains its legitimacy either by proving a hypothesis or through acquiring practical knowledge that enables the results to be recapitulated, architecture takes its life from prototypes from which new principles can be derived.

VON DER GROSSFORM ZUR BAUKULTUR

Wenn von Baukultur die Rede ist, denkt man sofort an prachtvolle Kirchen und Paläste, Kultur- und Bildungsbauten oder ikonenhafte Stadtbausteine, die als Zeitzeugen einer bestimmten Epoche verehrt oder abgelehnt werden. Der Philosoph Julian Nida-Rümelin geht noch einen Schritt weiter, indem er in einem Aufsatz zur Baukultur die Architektur als Höchste der Künste erhebt, in der alle Dimensionen, wie sie im ersten Buch der Nikomachischen Ethik von Aristoteles beschrieben sind, zusammenfließen: Wissen und Wissenschaft (Episteme), Kunst, Kunstfertigkeit und Technik (Techne) und die Fähigkeit, zukünftige Entwicklungen entscheidend vorweg zu nehmen (Praxis und Prohairesis). Doch ist Baukultur nicht vielmehr auch ein Abbild und Ausdruck gesellschaftlicher Wertvorstellungen? Darf sich im Laufe der Zeit die Rezeption von Architektur nicht auch Veränderungsprozessen unterziehen und die Diskussion um Intension und Wahrnehmung aus den reinen Fachkreisen in einen breiten gesellschaftlichen Dialog treten? Nicht nur gegenüber außergewöhnlichen Bauprojekten, sondern auch gegenüber dem Alltäglichen, der Gebrauchsarchitekturen, die einer Vielzahl von komplexen Notwendigkeiten unterworfen sind.

FROM LARGE FORM TO BUILDING CULTURE

When we talk about building culture, we immediately think of magnificent churches and palaces, cultural and educational buildings, or iconic urban building blocks that are revered – or else rejected – as contemporary witnesses of a certain epoch. The philosopher Julian Nida-Rümelin goes one step further in an essay on building culture, elevating architecture to the status of the highest art, one that brings together all the dimensions described in Aristotle's first book of Nicomachean ethics: knowledge and science ("episteme"), art, craftsmanship and technology ("techne"), practical judgement and intellect ("prohairesis") – the ability to anticipate future developments decisively. But isn't building culture also a reflection and expression of social values? Shouldn't the reception of architecture undergo processes of change over the course of time? Mustn't the discussion of intention and perception extend beyond narrow professional circles to become part of a broader social dialogue? Not only in relation to unusual building projects but also with respect to normal everyday functional architecture, which is subject to a multitude of complex demands.

FORM FOLLOWS FUNCTION

Wer Strukturen von wenigen Nanometern vermessen will, braucht vor allem eines: eine völlig störungsfreie Umgebung. Die Umsetzung in der Größe einer Sporthalle ist bislang weltweit einzigartig.

FORM FOLLOWS FUNCTION

A completely interference-free environment is needed to measure structures just a few nanometers in size. Creating such an environment in the dimensions of a sports hall is an achievement that is thus far unique worldwide.

Die Forscher im Max-Planck-Institut (MPI) für Festkörperforschung in Stuttgart untersuchen den Einfluss der Strukturen von Atomen und Molekülen auf ihre elektrischen, magnetischen und mechanischen Eigenschaften. Damit schaffen sie die „Grundlagen der Informationstechnologie für übermorgen“, wie es der Bauherr formuliert. Im eigens hierfür gebauten Präzisionslabor werden die Oberflächen von Atomen, Molekülen und künstlichen Quantenstrukturen untersucht. Wesentliche Bedingung dafür ist eine Umgebung, die frei von akustischen, elektromagnetischen und baudynamischen Störungen bleibt.

Funktion

Die Anforderung an die elf Laborboxen, die in der neuen Halle auf dem Campus des MPI in Stuttgart-Büsnau entstanden sind, waren hoch: hermetische Abschirmung und störungsfreie Atmosphären im Inneren, die bislang weltweit unerreicht waren. Denn hier kommen unter anderem Mikroskope zum Einsatz, die Oberflächen auf der Nanoebene sichtbar machen, für manche Experimente werden starke Magnetfelder und extrem tiefe Temperaturen benötigt. Dass in diesem Maßstab schon kleine Abweichungen durch Erschütterungen, elektromagnetische, akustische oder klimatische Einflüsse – ein vorbeifahrender Bus, Abstrahlungen von

AUSZUG AUS / EXCERPT FROM
DAGMAR RUHNAU, HERMETISCH GESCHÜTZT.
DB 7/8-2013

Scientists at the Max Planck Institute (MPI) for Solid State Research in Stuttgart are investigating the influence of the structures of atoms and molecules on their electrical, magnetic and mechanical properties. They are thus laying the “groundwork for the information technology of tomorrow and beyond”. The surfaces of atoms, molecules and artificial quantum structures are studied in precision laboratories specially built for this purpose. An essential condition for the research therein is an environment that remains free at all times of acoustic and electromagnetic disturbances and any disruptions due to the dynamics of the building.

Function

The specifications for the eleven lab boxes that were built in the new hall on the MPI campus in Stuttgart-Büsnau were highly demanding: hermetic shielding and interference-free interiors of a quality previously unattained anywhere in the world. These conditions are necessary due to the equipment used here, including microscopes that make surfaces visible down to the nano level. Some experiments also require strong magnetic fields and extremely low temperatures. It is obvious that on this scale even small atmospheric deviations due to vibrations or electromagnetic, acoustic or climatic influences – a passing bus or radiation from computer servers or ventilation lines, for example –

Computerservern oder Lüftungsleitungen – die Experimente stören oder gar unmöglich machen, liegt auf der Hand.

Die drei entstandenen Gebäudeteile sind durch Fugen über alle Geschosse komplett voneinander getrennt. Sogar auf unterschiedlichen Böden wurde gegründet, um die Übertragung von seismischen Bewegungen auszuschließen. Um die richtige Lage für die Baukörper zu ermitteln, wurde der Baugrund mit Sonden und Schwingungsproben untersucht. So steht die Halle tiefer als der Bürotrakt und anders als dieser auf felsigem Grund. Die Bodenplatte ist 100 Zentimeter dick und besteht aus WU-Beton. Durch die rundum geschlossene Hülle der Halle werden bereits klimatische Einflüsse wie Sonneneinstrahlung, Kälte oder Luftbewegungen minimiert. Tageslicht ist nicht notwendig, denn die Experimente werden in den 40 bis 60 Quadratmeter großen, haushohen Laborboxen durchgeführt, die jeweils für ein einzelnes Experiment eine abgeschlossene Umgebung bilden. Sowohl die akustische und elektromagnetische Abschirmung als auch der Schutz gegen Erschütterungen wurde hier auf die Spitze getrieben.

Jede Box ist von einem faradayschen Käfig aus verschweißten Stahlblechplatten bzw. Trapezblechen umgeben, der gegen elektrische und elektromagnetische Felder abschirmt. Diese Hülle steht auf einer Bitumenbahn auf der Bodenplatte. Darauf steht ein rund 100 Tonnen schweres

can interfere with the experiments or even make them impossible.

The three building sections that were constructed are completely separated from each other by joints that extend across all storeys. They were even built on a different type of ground to rule out the possibility of seismic movements being transmitted. To determine the correct position for the building volumes, probes were taken of the subsoil and vibration tests carried out. The hall is therefore set lower than the office wing and, unlike the latter, stands on rocky ground. The foundation slab is 100 centimeter thick and is made of waterproof concrete. The completely closed shell of the hall already minimises climatic influences such as sun rays, cold and air movements. Daylight is not necessary, because the experiments are carried out in 40 to 60 square meter lab boxes as tall as a house, each of which forms a closed environment for a single experiment. Both acoustic and electromagnetic shielding as well as protection against shocks and vibrations were taken to extremes here.

Each box is surrounded by a Faraday cage made of welded sheet steel or trapezoidal sheet metal that shields against electric and electromagnetic fields. This shell stands on a bitumen sheet atop the foundation slab. Atop the bitumen sheet is a separate

Einzelfundament, das wiederum das Versuchsfundament trägt. Zur Verhinderung weiterer Schwingungen sind Luftdämpfer zwischen den beiden Fundamentarten positioniert. Aktive Schwingungsdämpfer können bei Bedarf zugeschaltet werden. Die Bewehrung konnte nicht wie üblich in Stahl – auch nicht in Edelstahl, was vorübergehend erwogen wurde – ausgeführt werden, denn beides hätte zu elektromagnetischen Störungen geführt. Stattdessen schlugen die Tragwerksplaner eine Glasfaserbewehrung vor, denn dieses Material leitet weder elektrisch noch magnetisch.

Die Wände und die Decke jeder Laborbox bestehen aus 40 Zentimeter dicken Stahlbeton-Halbfertigteilen innerhalb der abschirmenden Metallkonstruktion. Die Wände sind von verschiedenen Zu- und Ableitungen durchdrungen, deren Abschirmung ebenfalls große Aufmerksamkeit erforderte. So benötigt das Klima im Innern eine entsprechende Belüftung und Temperierung. Daten- und Stromleitungen dürfen die Experimente nicht beeinflussen. Zur Herstellung eines Vakuums im Experiment werden außerdem Ultrahochvakuumpumpen eingesetzt, die außerhalb der Boxen positioniert sind. Die Rohrdurchführungen der Abluft- und Druckentlastungsanschlüsse sind durch einen Lüftungswabenkanal und Kulissenschalldämpfer mit 100 bzw. 40 Dezibel Schirmdämpfung entkoppelt. Auch die Kühlwasserleitung für das Umluftkühlgerät und die Metallkühldecke

Die Versuchsaufbauten stehen auf massiven Einzelfundamenten, deren Bewehrung zur elektromagnetischen Entkopplung aus Glasfaserstäben besteht.

The buildings where experiments are conducted are set on solid individual foundations that are reinforced with glass fibre rods for electromagnetic decoupling.

foundation weighing around 100 tons, which in turn carries the foundation for the lab box. Air dampers are positioned between the two foundations to further prevent vibrations. Active vibration dampers can also be switched on as needed. The concrete reinforcements could not be made of steel as is customary, nor even stainless steel, which was temporarily considered, as both would have led to electromagnetic interference. Instead, the structural engineers proposed glass fibre reinforcement because this material conducts neither electricity nor magnetic waves. The walls and ceiling of each lab box are made of 40 centimeter thick reinforced concrete semi-finished parts installed within the shielding metal construction. Penetrating the walls are various supply and discharge

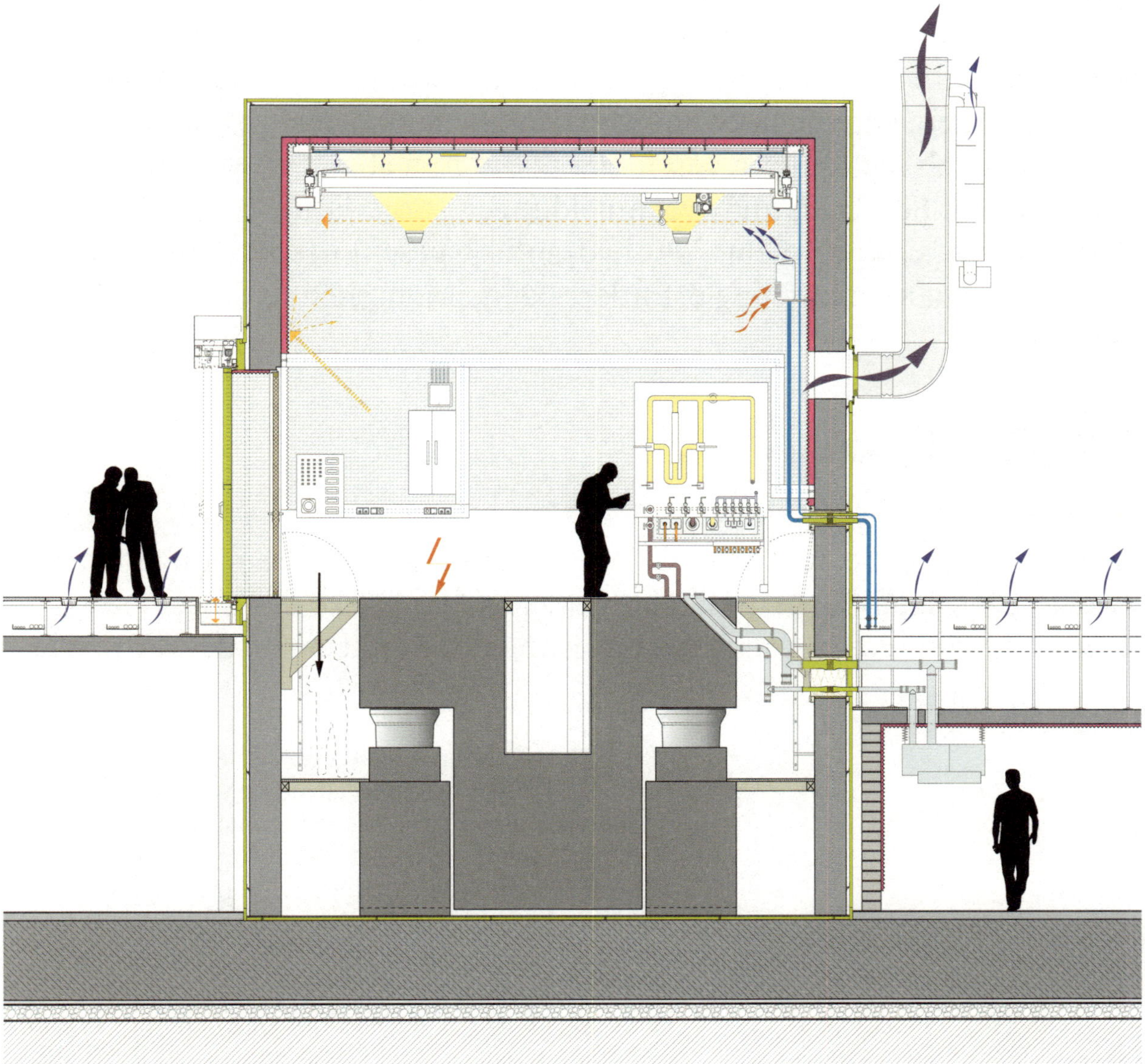

Elf störungsfreie Versuchslabore bieten optimale Voraussetzungen für die Forschung im Nanobereich.

Eleven interference-free laboratories offer optimum conditions for research on the nano-scale.

sowie die Vakuumleitungen werden durch Wabenkanäle mit einer Schirmdämpfung von 100 Dezibel EMV-geschirmt (EMV= elektromagnetische Verträglichkeit).

Besonders anspruchsvoll war die Ausführung des Zugangs in die Laborbox: Innen ist eine zweiflüglige Schallschutztür mit einem Schallschutzwert von 45 Dezibel eingesetzt. Außen führt eine Stahlschiebetür die Metallhülle fort, deren Fugen zusätzlich durch Kupferbänder überbrückt werden. Um die notwendige Dichtigkeit zu erreichen, wird die Tür motorisch-hydraulisch geschlossen. Ein fein abgestuftes Sicherheitskonzept über Sensoren und Warnmeldungen sorgt dafür, dass sich während eines Experiments, das hydraulisch geschlossene Türen und eine ausgeschaltete Lüftung erfordert, keine Menschen in der Laborbox befinden.

WÜRDIGUNG DER JURY, HUGO-HÄRING-AUSZEICHNUNG 2014:

Form

Eine 15 Meter hohe, fensterlose Halle, zweiseitig umgriffen von einem zweigeschossigen Büro- und Laborgebäude. Die Stärke des Ensembles liegt in der äußerst klaren Strukturierung der Funktionen; der ordnende

lines, the shielding of which likewise required a great deal of care. For example, adequate ventilation and temperature control is needed to maintain the correct interior climate. And data and power lines must not interfere with the experiments. When an experiment is to be conducted in a vacuum, ultra-high-vacuum pumps are used, which are positioned outside the boxes. The openings of the exhaust air and pressure relief pipes are decoupled through a honeycomb-grid ventilation duct and splitter attenuator with 100 and 40 decibel shielding attenuation respectively. The cold water pipe for the circulating air cooling unit and the metal ceiling cooling system as well as the vacuum pipes are also EMC shielded by honeycomb ducts with a shielding attenuation of 100 decibel (EMC = electromagnetic compatibility).

Designing access to the lab boxes was particularly tricky: a double-wing sound-insulating door was used inside, with a sound insulation value of 45 decibel. On the outside, a steel sliding door coordinates with the metal shell, its joints additionally bridged by copper strips. In order to achieve the necessary air-tightness, the door is closed with a hydraulic motor. A finely gradated safety concept using sensors and warnings ensures that there are no people in the lab box during an experiment that requires hydraulically closed doors and switched-off ventilation.

Geist wird äußerlich sichtbar in den klaren geometrischen Formen und den angenehm zueinander proportionierten Gebäudeteilen. Im Innern herrscht Übersichtlichkeit, alles andere als selbstverständlich bei derart hohem Installationsgrad. Die außerordentlich anspruchsvolle Aufgabe, Versuchsboxen herzustellen, die weitestgehend abgeschirmt sind von allen äußeren seismischen, akustischen und elektromagnetischen Störungen, wird mit scheinbar „leichter Hand" gelöst.

An der Hallenfassade leisten sich Architekt und Bauherr mit einer ornamentierten Hülle auf industrialisiertem Niveau ein Schmuckelement, das dem Standort des Gebäudes innerhalb der Parkanlage gerecht wird: senkrechte, schmale Aluminiumprofile, die in zwei Ebenen mit unterschiedlichen Winkeln montiert sind, überdecken sämtliche Durchdringungen und erzeugen damit ein homogenes Fassadenbild, das wie ein Interferenzmuster je nach Blickwinkel des Betrachters changiert und das an sich profane Hallenbauwerk zu einem Blickfang werden lässt. Einziger Wermutstropfen ist allerdings, dass aus wirtschaftlichen Gründen eine Teilfläche dieser changierenden Fassade zur wenig einsichtigen Waldseite ausgespart wurde.

JURY STATEMENT, HUGO HÄRING AWARD 2014:

Form

A 15-meter-high, windowless hall, surrounded on two sides by a two-storey office and laboratory building. The strength of the ensemble lies in the extremely clear organisation of functions, a spirit of order that is rendered visible on the outside in the clear-cut geometric forms and harmoniously proportioned building elements. Inside, a feeling of transparency reigns – an impression that is not easy to achieve in an installation on this high level. The extraordinarily demanding task of producing lab boxes that are shielded to the greatest possible extent from all external seismic, acoustic and electromagnetic interference is solved here with an apparently "light hand". On the façade of the hall, the architect and client achieve a decorative effect with an industrial yet ornamental skin that responds to the building's location in a park. Narrow vertical aluminium strips mounted at different angles in two planes cover all openings, generating a homogeneous façade that oscillates like an interference pattern depending on the viewing angle, turning the profane hall structure into an attractive eye-catcher. The only unfortunate note is that for budget reasons this iridescent façade was omitted on part of the less visible forest side of the building.

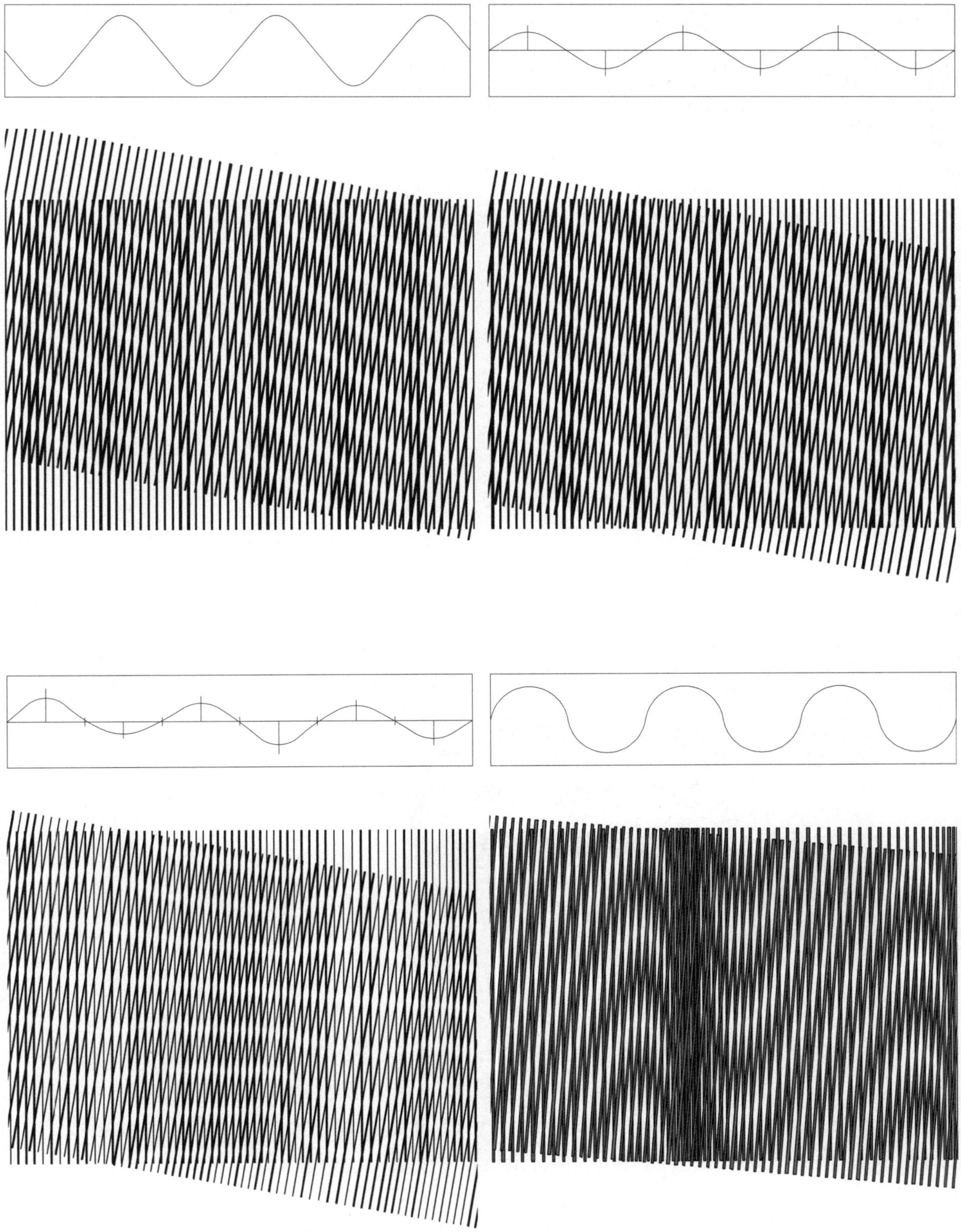

Präzisionslabor für das Max-Planck-Institut für Festkörperforschung / Precision Laboratory Max Planck Institute for Solid State Research, Stuttgart

Bauherr / Client:	Hauptnutzfläche / Primary floor space:	Bruttogrundfläche / Gross floor area:	Bruttorauminhalt / Gross cubic volume:	Fertigstellung / Completion:	Auszeichnung / Award:
Max-Planck-Gesellschaft zur Förderung der Wissenschaften e. V.	2164 m²	5251 m²	30833 m³	2012	Hugo-Häring-Preis 2014, Hugo-Häring-Auszeichnung Deutscher Fassadenpreis 2014, 1. Preis Sonderpreis GEPLANT +AUSGEFÜHRT 2015, Auszeichnung

Das Präzisionslabor erweitert das Institut für Festkörperforschung auf dem Campus der Max-Planck-Gesellschaft in Büsnau. Im Neubau finden Versuche zur gezielten Herstellung und Manipulation von Materialien und einzelner Strukturen mit atomarer Präzision statt.

The Precision Laboratory is a new addition to the Institute for Solid State Research on the Max Planck campus in Büsnau. The new building provides a setting for experiments in the systematic production and manipulation of materials and individual structures with atomic precision.

Aus den Versuchen ergeben sich höchste Anforderungen an die Planung und Ausführung des Gebäudes. Insbesondere Akustik, Elektromagnetismus und Baudynamik beeinflussen die Konstruktion maßgeblich.

This function placed high demands on the architectural planning and execution, above all in terms of acoustics, electromagnetism and structural dynamics as factors influencing the design.

Die Gestaltung der Hülle mit Interferenzmustern reflektiert unser neu gewonnenes Verständnis für die Experimente an der Grenze des technisch Machbaren und verweist auf ihren Inhalt.

The interference patterns in the façade design reflect our newly gained understanding of the experiments taking place within at the frontiers of what is technically feasible, making reference to their content.

Markus Hammes

In enger Abstimmung mit den jeweiligen Wissenschaftlern galten die ersten planerischen Überlegungen den baukonstruktiven Ansprüchen an das Umfeld der Experimente.

The structural standards required for the experiments were the first subject of our planning deliberations in close cooperation with the respective scientists.

WindLab – Forschungslabor für Turbulenz- und Windenergiesysteme / WindLab – Research Laboratory for Turbulence and Wind Energy Systems, Oldenburg

Bauherr / Client:	Bruttogrundfläche / Gross floor area:	Bruttorauminhalt / Gross cubic volume:	Fertigstellung / Completion:	Auszeichnung / Award:
Land Niedersachsen, Staatliches Baumanagement Lüneburger Heide	4400 m²	20875 m³	2016	German Design Award 2019, Special Mention

Auf dem Campus Wechloy der Carl-von-Ossietzky Universität Oldenburg ist ein interdisziplinäres Forschungsgebäude der besonderen Art entstanden. Das WindLab mit seinem außergewöhnlich langen Windkanal ist eine nationale und internationale einzigartige wissenschaftliche Einrichtung für die Erforschung der Windenergie.

At the Wechloy campus of Carl von Ossietzky University in Oldenburg an interdisciplinary research building of a unique variety has been completed. The WindLab, featuring an exceptionally long wind tunnel, provides a facility for wind energy research that is unmatched both nationally and internationally.

Das WindLab gliedert sich in einen viergeschossigen Forschungsbau mit integrierter Laborhalle, eine eingeschossige rund acht Meter hohe Experimentierhalle und in den daran gekoppelten Windkanal als zentrales Forschungsgroßgerät.

The WindLab is divided into a four-storey research building with integrated laboratory hall, a one-storey, eight-meter-high experimentation hall, and the connected wind tunnel as central large-scale research facility.

Unsere Arbeitsweise ist von einem intensiven Diskurs mit Bauherr und Nutzer durchdrungen. Mit großer Transparenz in den inhaltlichen Prozessen wurde in gemeinsamen Workshops ein Gebäude-Prototyp entwickelt, der auch international Maßstäbe setzt für die Erforschung der Windenergie.

An intensive discourse with client and users is an indispensable part of our approach. Here, we developed a building prototype in joint workshops by discussing in detail the requirements for the processes it would house. The resulting prototype sets international benchmarks for research into wind energy.

Markus Hammes

Im Innern des Gebäudes gruppieren sich Büro- und Laborflächen über vier Geschosse um einen zentralen Treppenraum mit Glasüberdachung. Kommunikationsorte wie Seminar- und Besprechungsräume, Meeting-Points und Teeküchen sind rund um das lichtdurchflutete Zentrum angeordnet.

Inside, office and laboratory spaces are grouped on four floors around a central staircase with a glass roof. Spaces for communication, such as seminar and conference rooms, meeting points and kitchenettes, are arranged around the light-flooded core.

Der verwendete Klinker stellt einen ortstypischen Bezug her und fügt das Gebäude in den Kontext der bisherigen Universitätsbauten ein. Im Kontrast zu dem rauen Material Klinker stehen die präzise gefassten Fensterbänder mit außenliegendem Sonnenschutz aus Falt- und Schiebeläden.

The bricks were chosen to relate to the typical local architecture, serving to blend the new structure into the university campus. Contrasting with the rough brick are precisely contoured window bands with exterior folding and sliding shutters.

Zentrum für Angewandte Quantentechnologie (ZAQuant), Universität Stuttgart / Center for Applied Quantum Technology (ZAQuant), University of Stuttgart, Stuttgart

Bauherr / Client:	Bruttogrundfläche / Gross floor area:	Bruttorauminhalt / Gross cubic volume:	Fertigstellung / Completion:
Vermögen und Bau Baden-Württemberg, Universitätsbauamt Stuttgart und Hohenheim	8560 m^2	46000 m^3	2020

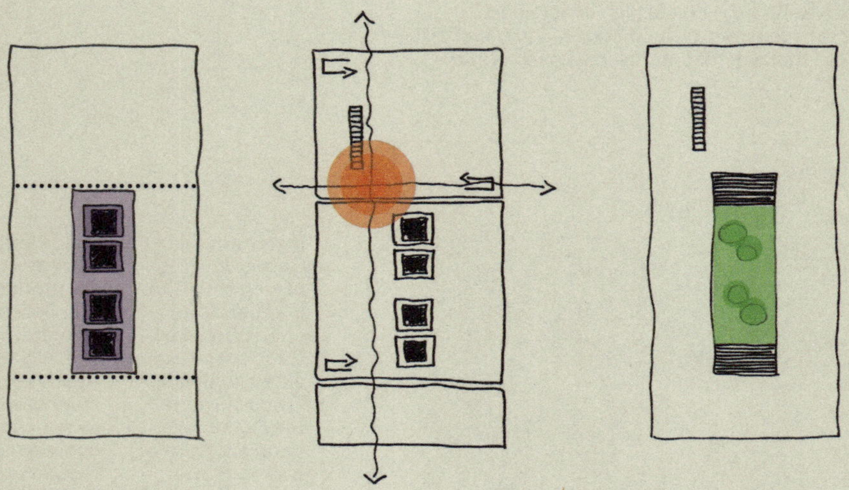

Das Zentrum für Angewandte Quantentechnologie (ZAQuant) und der Neubau der Physik bündeln die internationale Spitzenforschung der Universität Stuttgart auf dem Campus Vaihingen. Der Neubau des ZAQuant bietet auf einer Grundfläche von 36 auf 72 Meter Hochpräzisionslabore, Reinräume, Laserlabore, physikalische, chemische und bio-chemische Labore sowie Büros und Kommunikationsflächen. Rund 70 Wissenschaftler aus 15 Arbeitsgruppen werden hier ab 2021 hervorragende Voraussetzungen für Grundlagenforschung und Lehre vorfinden.

The Center for Applied Quantum Technology (ZAQuant) and the new physics building will bring together the University of Stuttgart's international cutting-edge research on the Vaihingen campus. The new ZAQuant building will provide high-precision laboratories, clean rooms, laser laboratories, physical, chemical and biochemical laboratories, offices and communication areas and has a base area of 36 by 72 meters. From 2021 onwards, about 70 scientists from 15 working groups will find excellent conditions here for basic research and teaching.

Präzisionslabor für das Max-Planck-Institut für Festkörperforschung /
Precision Laboratory Max Planck Institute for Solid State Research,
Stuttgart

WindLab – Forschungslabor für Turbulenz- und Windenergiesysteme /
WindLab – Research Laboratory for Turbulence and Wind Energy Systems,
Oldenburg

101

4 SYSTEM: Ein System bezeichnet ein Gebilde zusammenhängender Einzelteile, die in Wechselwirkung und in Interaktion stehen, und das auf die Veränderung des Einzelnen immer im Verbund mit den übrigen Teilen reagiert.

4 SYSTEM: A system is a fabric of interconnected individual parts that interact with each other, whereby a change in any one part always has an effect on the others.

GANZHEITLICH DENKEN

Immer öfter wird unser Denken und Handeln in hohem Maß durch Informationen, Impulse und Zufälle bestimmt, die auf den ersten Blick in keinem großen Zusammenhang stehen. Die Welt dreht sich schneller, komplexe, vernetzte Systeme lösen lineare Prozesse ab. Einzeldisziplinen können nicht mehr getrennt voneinander betrachtet, sondern müssen in größeren Zusammenhängen gedacht werden. Dann steht das System als großes Ganzes vieler verschiedener Einzelteile im Fokus, die in einer Wechselwirkung zueinander stehen und aus der sich die weiteren Schritte generieren können. Schon kleine Verschiebungen eines Elements haben Auswirkungen auf die ganzheitliche Betrachtung – positiv wie negativ. Mit der Annahme, dass jeder unterschiedliche Perspektiven und Bedürfnisse wahrnimmt, öffnet die systemische Betrachtungsweise eine Vielzahl von alternativen Denk-, Wahrnehmungs- und Interaktionsmustern, die Grundvoraussetzung für Veränderung und ungeahnte Sichtweisen sind. In einer ausgewogenen Balance aus Intuition, Erfahrungsschatz und analytischer Schärfe.

HOLISTIC THINKING

More and more often, our thinking and actions are determined to a great degree by information, impulses and coincidences that may at first not appear to be connected. The world is turning faster and faster, and complex, networked systems are replacing linear processes. Individual disciplines can no longer be considered separately from one another but must be thought of in terms of larger contexts. The focus is then on the system as a whole, which is made up of many different individual parts that interact with each other to generate further steps. Even small shifts in any one element have an impact on the whole – either positive or negative. Assuming that every person has a different point of view and needs, the systemic approach opens up a multitude of alternative patterns of thought, perception and interaction. These then lay the groundwork for change and for as yet undreamt-of ways of seeing things – all the while maintaining a balance between intuition, the experience gathered thus far, and analytical acuity.

SYSTEMISCHE KONTEXTUALITÄT

Wir nutzen unser Verständnis der systemischen Kontextualität, um zunächst die verschiedenen Zusammenhänge, in denen die Aufgabe, das Objekt, das Bauteil etc. in seinen unterschiedlichen Wirkweisen steht, zu untersuchen und stellen diese Analyse beschreibend zur Diskussion.

SYSTEMIC CONTEXTUALITY

We take advantage of our understanding of systemic contextuality to first examine the different contexts in which the project, the property, the component, etc., is situated in its various modes of action and then describe and present this analysis for discussion.

1 Analyse der Kontexte
Untersuchung der Kontexte

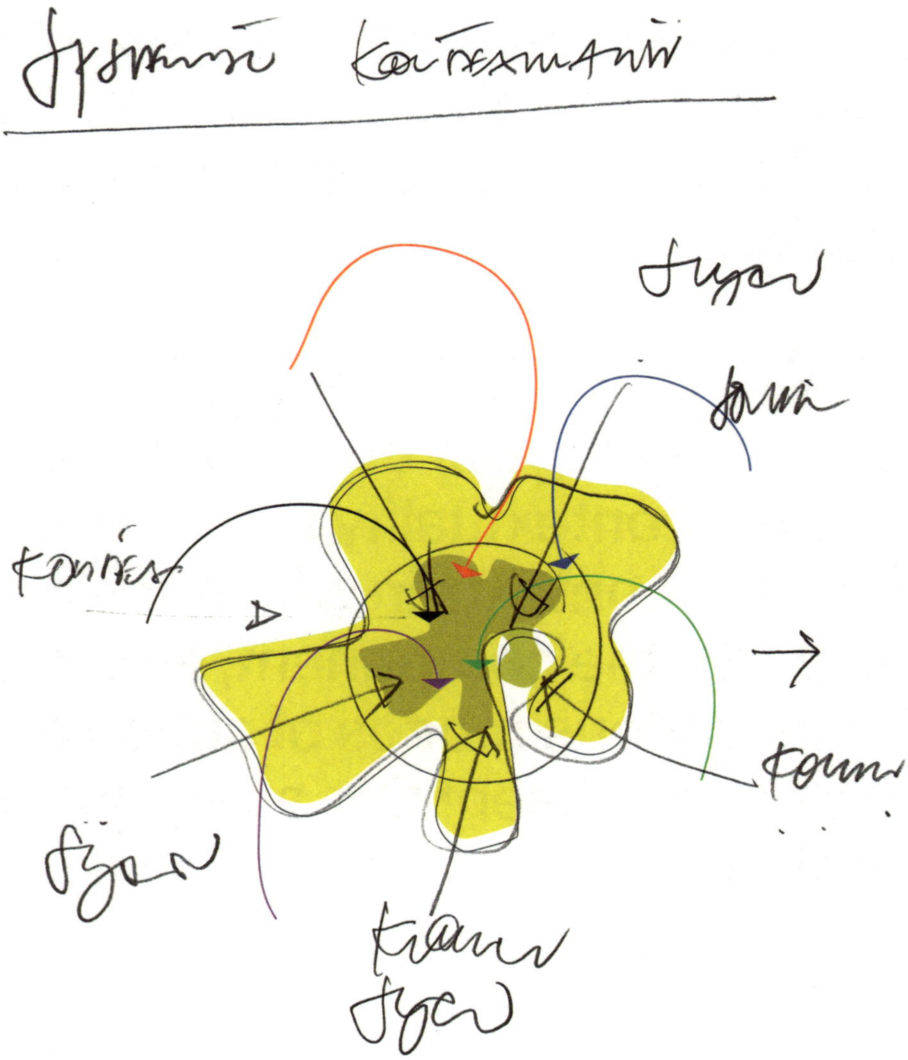

Analysis of the Contexts
Investigation of the Contexts

Die Analyse ist eine erste Ebene im Entwerfen. Hier sind es kontextuelle, spezifische Ebenen, die für die architektonische Konzeptfindung wichtig sind und die die Bauherren nicht im Blick haben. Das umfasst den Kontext des Ortes, der Landschaft, der Topografie, der Geografie, der Bedeutung, der Funktion, die es zu untersuchen gilt; des Weiteren die Ebene der Politik, die Ebene des Geldes, die die materiellen Mittel determinieren. Zusammen ergibt das viele verschiedene Ebenen, aus denen ein Bild von funktionaler, architektonischer und materieller Angemessenheit entwickelt wird. Es geht darum, vom Abstrakten in das Detail zu kommen, vom großen Zusammenhang ins Kleine, vom weiten Horizont in den lokalen, den situativen, vom großen Maßstab in den kleinen. Dieser Weg ist zwingend zu beschreiben, damit man ihn gegebenenfalls auch wieder rückwärts begehen kann, wenn ein Ziel nicht erreicht oder aus den Augen verloren wurde.

Aus dem Diskurs ergeben sich Lösungswege, die untersucht werden, die sich aus einer systemischen Konsequenz heraus ergeben. Es entwickelt sich eine Art Dreisprung: beginnend in der sprachlich analytischen Formulierung der Aufgaben in ein metaphorisches Konzept und daraus in eine kongruente Umsetzung in die Physis. Ist das Thema (also das metaphorische Bild) gefunden, geht es in die ästhetische

Analysis is one of the first stages in design. This includes specific contextual levels that are important for finding the right architectural concept and which the client may not consider. There is the context of the setting, the landscape, the topography, the geography, the significance, the function, which all have to be examined, and then there is the level of politics, the level of money, which determine the material means available. Altogether, this results in many different levels, from which we develop a picture of functional, architectural and material appropriateness. It is about going from the abstract picture down to the details, from the larger context to the smaller one, from the broad horizon to the local situation, from the large scale to the small one. This path must be described, so that it can also be traced backwards again if necessary, in case a goal cannot be achieved or has been lost from view.

The discourse leads to potential solutions to be examined, which result from a systemic logic. A kind of triple jump develops, beginning in the analytical linguistic formulation of the tasks, continuing with a metaphorical concept and then culminating in a congruent material implementation. The aesthetic refinement and the details as well as the final evaluation come afterwards, if necessary, after the main theme seems to have been arrived at. The

2 Analyse der Kontexte Überlagerung der Kontexte

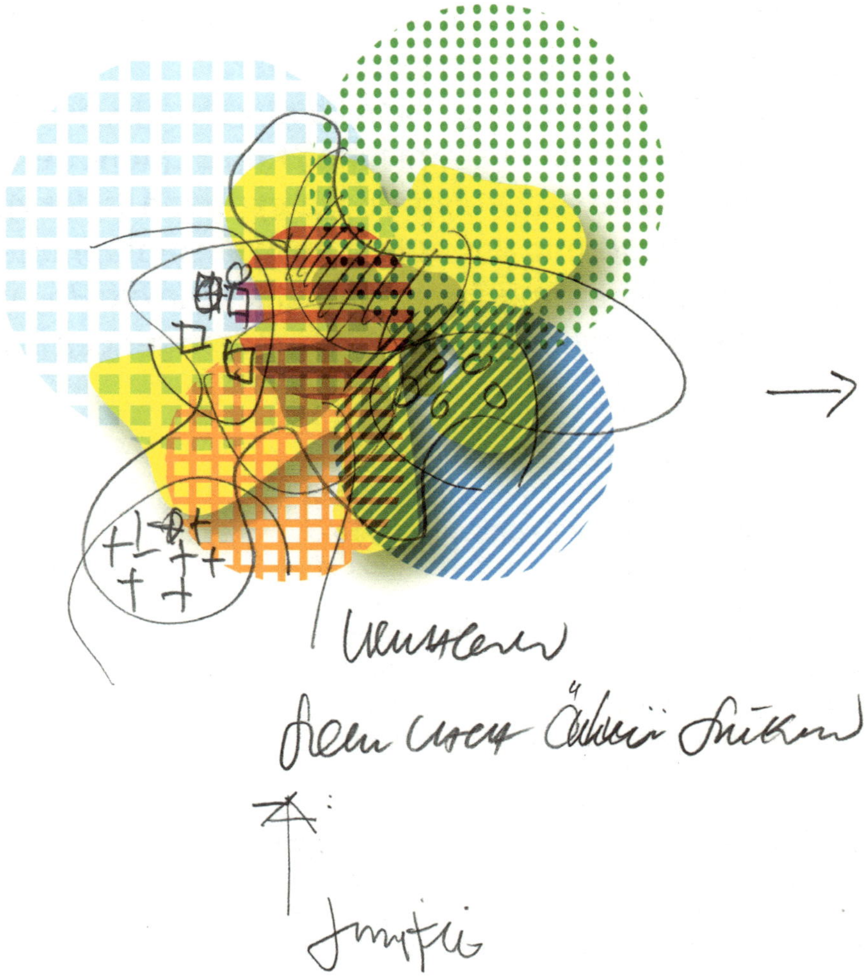

Analysis of the Contexts
Overlapping of the Contexts

Bearbeitung, ins Detail, und später in eine abschließende Wertung. Die Untersuchung der physischen Lösung beschreibt die gleichen iterativen Stationen wie die kontextuelle Annäherung an die Aufgabenstellung. Die Metaphorik erzeugt den *stream of consciousness*, den roten Faden der architektonischen Bearbeitung. Diesem Ansatz liegt der Zauber zugrunde, dass die frühzeitige Analyse, bzw. das sich wohlwollend und würdigend in Kontakt bringen mit einer möglichst großen Anzahl von Systemen, die an der Aufgabe anliegen, bzw. ihr innewohnen, eine auf welcher Ebene auch immer gelagerte, intrinsische Verbindung, einen systemisch integrierenden Kontakt zwischen dem Vorhandenen (dem Alten) und dem Neuen entstehen lässt. Diesen Prozess ernst nehmend wird er immer eine formale Lösung der Physis erzeugen, die sich angemessen in das Bestehende integriert. Die Dinge, mit denen wir uns umgeben, mit denen wir uns in Schwingung bringen, sie werden unser Tun beeinflussen.

Das Konzept für den Konzertsaal der Hochschule für Musik Carl Maria von Weber Dresden ist an der heterogenen Situation des Ortes und an der Bedeutung von Musik für diesen Ort orientiert. Neben dem alten Konservatorium bzw. dem alten Realgymnasium existieren teilweise Abbruchgebäude. Auf die Anmutung jenes Neorenaissancebaus

investigation of the physical solution follows the same iterative stages as the contextual approach to the task. The metaphor creates a *stream of consciousness,* the common thread to be pursued in the architecture. The magic to this approach is that early analysis, i.e., voluntarily and respectfully bringing yourself into contact with as many systems as possible that are involved in or inherent to the task creates an intrinsic connection, no matter at which level – a systemically integrated contact between what exists (the old) and the new. If this process is taken seriously, it will always result in a formal solution that integrates itself in an appropriate way into the existing building stock. The things we surround ourselves with, which then reverberate within us, will influence our actions.

The concept for the concert hall at the Dresden College of Music Carl Maria von Weber takes its cue from the heterogeneous nature of the setting and the significance of music for this place. Apart from the old conservatory, actually an old secondary school, there were also other buildings here, some of them quite dilapidated. We responded to the Neo-Renaissance building and its place in society by adding a positive pluralistic extension and enhancement. In political terms, the formal apparatus of the secondary school expressed the aspirations of

3 Kommunikation der Kontexte Herausarbeiten des Kerns

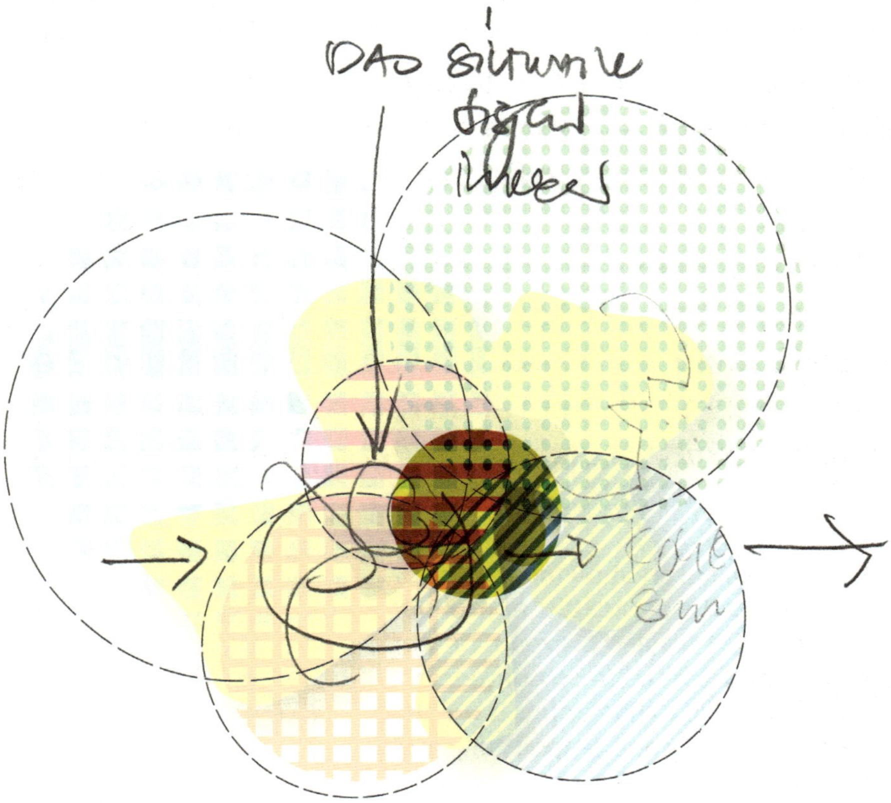

Communication of the Contexts Teasing out the Core

und seiner gesellschaftlichen Rezeption wurde mit einer positiven pluralistischen Ergänzung und Bereicherung geantwortet. Politisch gesehen gab der formale Apparat des Realgymnasiums dem Selbstverständnis eines erstarkten Bürgertums am Ende des 19. Jahrhunderts Ausdruck, das seine Söhne und Töchter zu strammen und loyalen Bürgern erziehen wollte. Heute, in einer pluralistischen Gesellschaft, ist in dieser Erziehungsanstalt eine renommierte Hochschule für Musik untergebracht. Aus dieser Dialektik entstand das formale Konzept für den Konzertsaal. Die baukörperliche Fügung im städtischen Raum ist geprägt von dem Wunsch, die benachbarten Abbruchbauten auszublenden und den Konzertsaal solitär als Protagonisten dem machtvoll ausgestatteten formalen Apparat der ehemaligen Erziehungsanstalt als wohlwollende Antithese gegenüberzustellen. Wenn der eine pathetisch und hierarchisch ist, könnte der andere leicht und vielfältig komponiert sein. Und genau hier entsteht die formale, architektonische Etüde, bis eine Form von Vielfalt gefunden wurde, die dieser Dialektik Ausdruck verleiht. Das Ziel, die Musiker, die Individualisten, im Zentrum und das Publikum um sie herum zu platzieren, hatte Priorität.

a burgeoning bourgeoisie in the late nineteenth century that wanted to raise its sons and daughters to be upstanding and loyal citizens. Today, in our pluralistic society, a renowned music academy is housed in this former educational institution. The formal concept for the concert hall emerged from this dialectic. The new volume is thus integrated into the urban space in a way that is designed to hide the condemned buildings next door while juxtaposing the solitary concert hall as protagonist with the powerful formal apparatus of the former school as a well-meaning antithesis. With the old building exerting such a dramatic and hierarchical presence, the new one could be composed in a light and varied way. And this was the exact starting point for the formal architectural study, until we found a form of multiplicity that lent expression to this dialectic. The goal of putting the musicians, the individuals, at the centre, and the audience all around them took priority here.

4 Von der Analyse zum Entwurf Diskurs und Reflexion

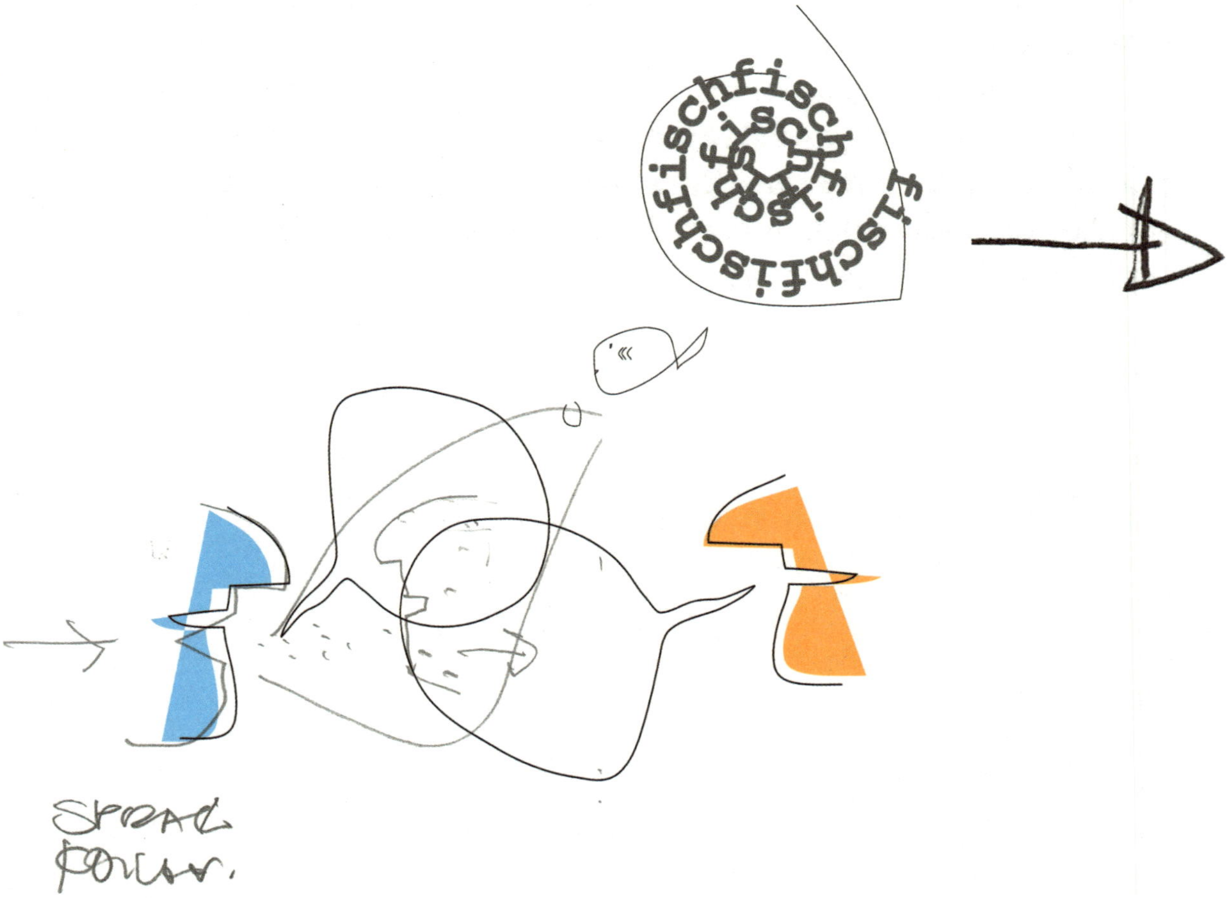

From Analysis to Design Discourse and Reflection

5 Von der Analyse zum Entwurf Konzept + Stream of Consciousness

6 Vom Entwurf zur Konstruktion Direkte Umsetzung in die Physis

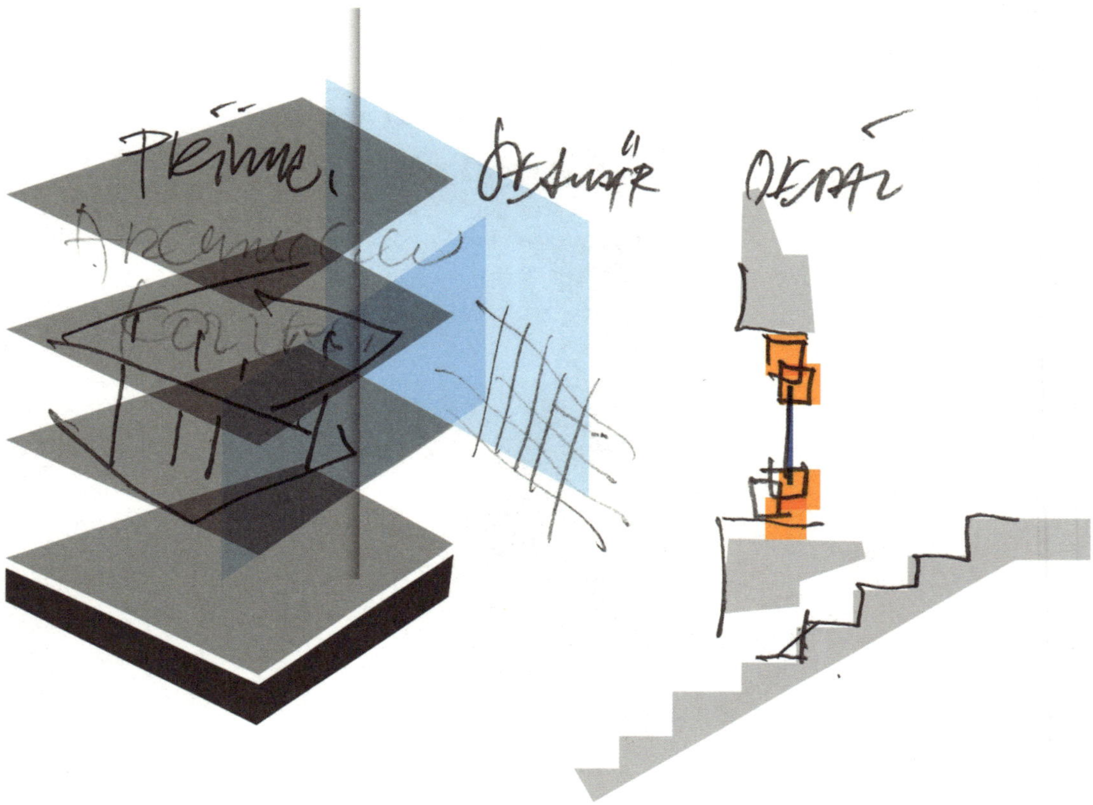

From Design to Construction Direct Physical Conversion

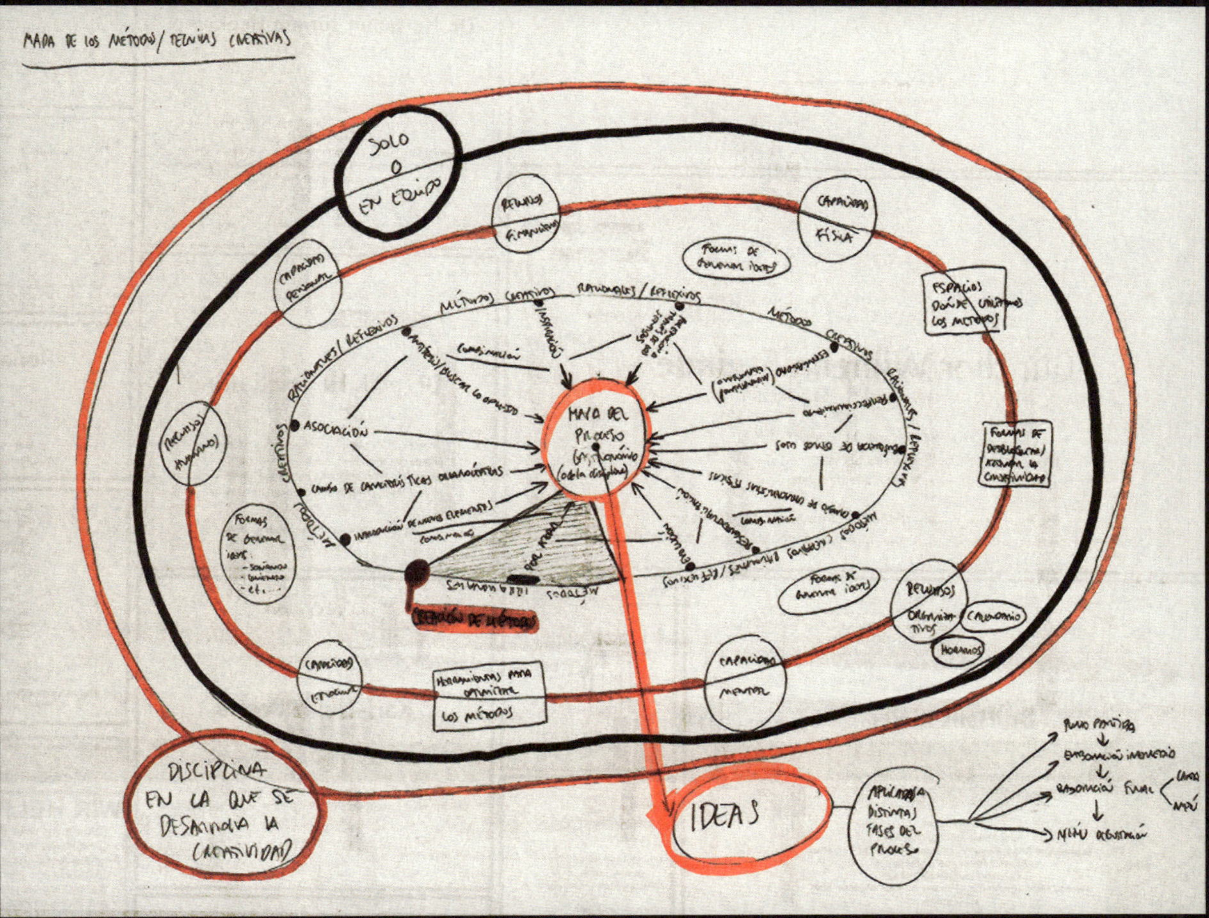

Die Menükompositionen von Ferran Adrià entstehen nicht am Herd, sondern durch einen akribisch abgestimmten Prozess. Welche Ressourcen – finanziell, physisch, personell – stehen zur Verfügung? Welche Form der Ideengewinnung wird gewählt: irrational oder rational/reflexiv? Zufallsprinzip oder Perfektionierung des Bestehenden? Eine Art Mindmap ordnet das System als Basis für den kreativen Prozess.

Auszug aus der SZ vom 26.03.2016
Mit freundlicher Genehmigung von © Ferran Adrià

Ferran Adrià devises his culinary compositions not at the cooker but through a carefully coordinated process. Which resources – financial, physical, human – are at his disposal? What is the best way to come up with an idea: irrationally or through rational reflection? Is it better to allow for chance or to perfect what already exists? A kind of mind map organises the system as basis for the creative process.

Excerpt from the SZ, 26 March 2016
Courtesy of © Ferran Adrià

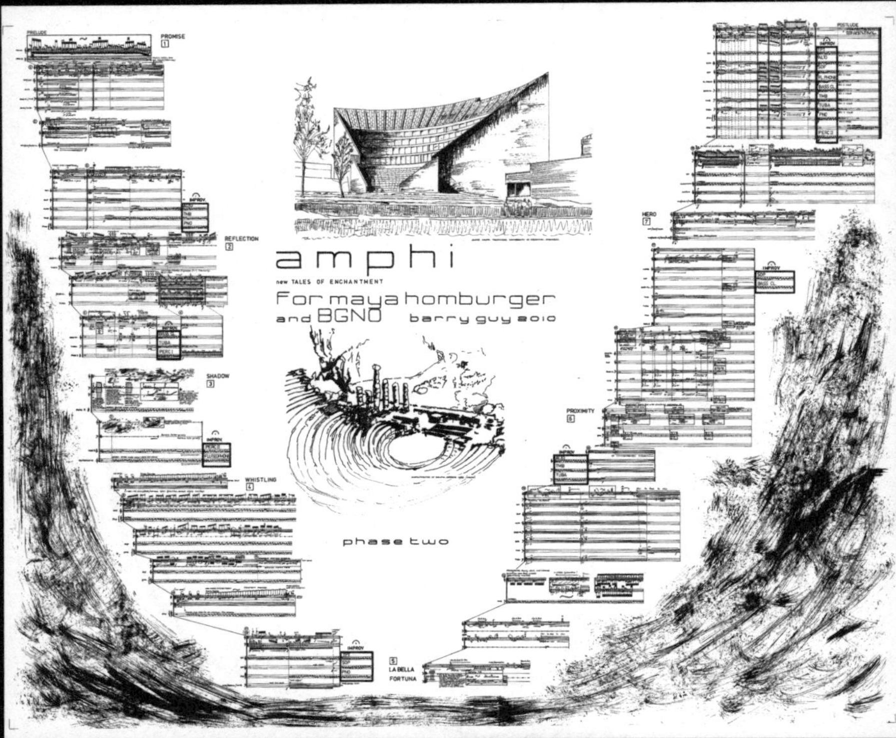

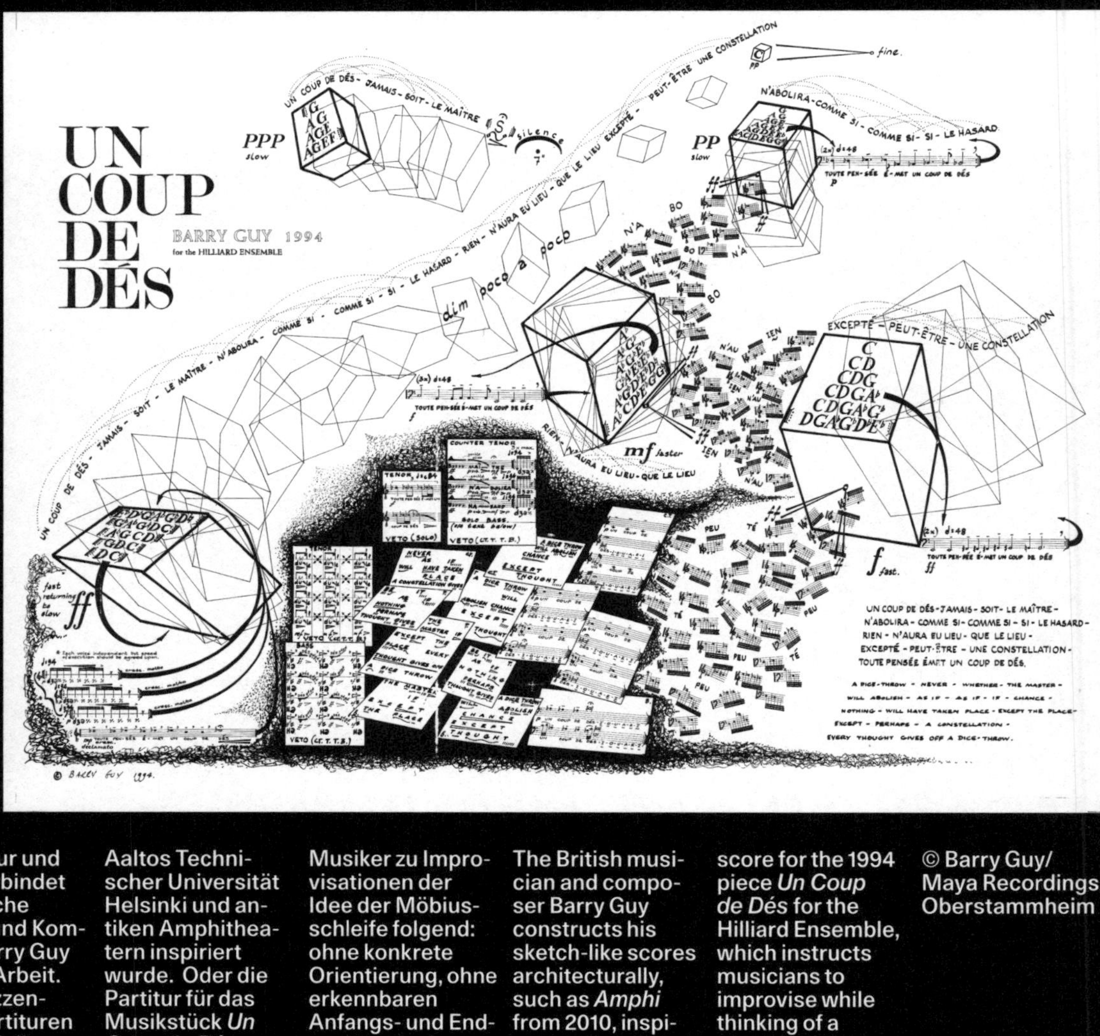

Architektur und Musik verbindet der britische Musiker und Komponist Barry Guy in seiner Arbeit. Seine skizzenhaften Partituren haben Anleihen in der Architektur, wie das Werk *Amphi* von 2010, das von Alvar Aaltos Technischer Universität Helsinki und antiken Amphitheatern inspiriert wurde. Oder die Partitur für das Musikstück *Un Coup de Dés* von 1994 für das Hilliard Ensemble – eine Anleitung für die Musiker zu Improvisationen der Idee der Möbiusschleife folgend: ohne konkrete Orientierung, ohne erkennbaren Anfangs- und Endpunkt aufgebaut.

The British musician and composer Barry Guy constructs his sketch-like scores architecturally, such as *Amphi* from 2010, inspired by Alvar Aalto's Technical University in Helsinki and ancient amphitheatres. Or the score for the 1994 piece *Un Coup de Dés* for the Hilliard Ensemble, which instructs musicians to improvise while thinking of a Möbius strip, a figure that has no discernible start or end point.

Hochschule für Musik Carl Maria von Weber Dresden / Dresden College of Music Carl Maria von Weber, Dresden

Bauherr / Client:	Hauptnutzfläche / Primary floor space:	Bruttogrundfläche / Gross floor area:	Bruttorauminhalt / Gross cubic volume:	Fertigstellung / Completion:	Auszeichnung / Award:
Freistaat Sachsen, Sächsisches Staatsministerium der Finanzen	2300 m^2	4800 m^2	25600 m^3	2008	1. Preis Realisierungswettbewerb 2004 Erlweinpreis 2012, Besondere Anerkennung

Bei der Erweiterung der Hochschule für Musik Carl Maria von Weber Dresden handelt es sich um die Ergänzung von Übe- und Einspielräumen, einem Bewegungsraum, einer Bibliothek, einem Studio für die Opernklasse und einem Konzertsaal für 450 Personen.

The goal of the extension to the Dresden College of Music Carl Maria von Weber was to add more practice and rehearsal rooms, a movement room, a library, a studio for the opera class and a concert hall with 450 seats.

Durch die Ergänzung des Neubaus entsteht ein Ensemble, das der Hochschule eine besondere Identität gibt und der Musik einen zeitgemäßen architektonischen Ausdruck verleiht.

The addition of a new building created an ensemble that lends the university a distinctive identity while expressing through a contemporary architectural idiom the theme of music-making.

Die Hülle des Konzertsaals entwickelt sich antithetisch zum historischen Bestand und löst sich aus den baukonstruktiven Bedingungen.

The skin of the concert hall develops antithetically to the historical building fabric, thus emancipating itself from the pre-existing structural conditions.

Durch diese räumliche Gegenüberstellung setzt sich die klassizistisch gefügte Altbaufassade formal mit der frei gefügten des Neubaus auseinander.

Through the juxtaposition of the two volumes, the old neoclassical façade formally confronts the freeform exterior of the new volume.

Innen verdichten sich um das Auditorium herum dynamische Flächen zu einem zentralen Raum für Musik mit großer akustischer Klarheit.

Inside, dynamic surfaces condense around the auditorium to create a central space where music can be experienced with stunning acoustic clarity.

Hochschule für Musik Carl Maria von Weber Dresden /
Dresden College of Music Carl Maria von Weber,
Dresden

5 NUTZER: User Experience und Usability – nicht erst seit der Erfindung des Internets ist die Zufriedenheit der Nutzer Indikator und Zielsetzung für eine qualitätsvolle bauliche Lösung.

5 USERS: User experience and usability – it is not only since the invention of the internet that user satisfaction has been an indicator and goal for a high-quality structural solution.

VOM NUTZEN UND BENUTZEN

Die heutigen Nutzungen von Raum haben vielfältige Anforderungen an Technologie, Funktionalität, Gestaltung und damit auch an die gewünschte Atmosphäre. Auf der einen Seite steht das seit Jahrhunderten unveränderte ureigene Bedürfnis nach Schutz, andererseits beeinflussen gesellschaftlicher Wandel und Veränderungen durch Digitalisierung die Aneignung von Raum und dessen Nutzen. Aber ist der reine Zweck, dem ein Bauwerk durch seine Typologie dient, ausreichend für die Definition einer Nutzungsqualität? Und liegt es nicht im Auge des Betrachters zu definieren, was *von Nutzen* für ihn, für seine Bedürfnisse ist? Gleichzeitig sind die Investitionen in ein Gebäude und dessen Betrieb so hoch, dass sich die Frage stellt, ob die Erfüllung einer monostrukturellen Nutzung heute noch zeitgemäß ist. Vielmehr werden Offenheit und Diversität im Raumangebot und zeitliche und räumliche Überlagerung von Nutzungen den wahren Nutzen eines Gebäudes bestimmen.

ON BENEFITS AND USAGE

Users place diverse demands on spaces today in terms of technology, functionality and design – including the desired atmosphere. The way space is appropriated and used today is still influenced by the age-old need for protection from the elements but also by the transformation of society brought about by rampant digitalisation. But is the purpose that a building serves because of its particular typology still sufficient for defining its quality of use? And is it not up to every user to define what is *beneficial* for them and their needs? At the same time, the investments required for a building and its operation are so high today that the question arises as to whether merely fulfilling a monostructural use is even still enough. Instead, openness and diversity in the available spaces as well as the temporal and spatial overlapping of uses will in future determine the true benefit afforded by a building.

Welchen Herausforderungen muss sich Architektur für die Forschung in Zukunft stellen?

What challenges will architecture for research be facing in the future?

„Gute Architektur will den Wissenschaftlern beste Arbeitsmöglichkeiten und ein anregendes Umfeld schaffen. Sie verzichtet darauf, den Wissenschaftlern die aus der eigenen Architektentätigkeit gewachsenen Vorstellungen aufzudrängen."

Prof. Dr. Jochen R. Schneider
Deutsches Elektronen-Synchrotron DESY
Center for Free-Electron Laser Science CFEL

"Good architecture seeks to provide scientists with the best possible workspaces and inspiring surroundings. I doesn't try to impose on them entrenched ideas developed over years of architectural practice."

„Architekten sollten sich viel Zeit nehmen, das Umfeld und die Arbeitsweise des Kunden zu verstehen, bevor mit der Planung begonnen wird. Wichtig für den Wissenschaftler ist die Kommunikation mit Kollegen und Kolleginnen – in einem ansprechenden Umfeld, in dem man sich wohlfühlt. Es ist toll, wenn man aus dem Büro geht und eine solche Umgebung vorfindet. Denn nicht nur gute Arbeitsmöglichkeiten in exzellenten Labors sind entscheidend für Erfolg und Wohlbefinden eines Experimentators."

"Before beginning a design project architects should take the time to understand the client's field and ways of working. An important aspect for scientists is the communication with colleagues in a friendly environment, where they feel at ease. For it is not only good workspaces in excellent laboratories that are decisive for the experimenters' success and wellbeing."

Prof. Dr. Jochen R. Schneider
Deutsches Elektronen-Synchrotron DESY
Center for Free-Electron Laser Science
CFEL

„Spielt informelle Kommunikation wirklich so eine große Rolle? Ja. Sie ist unerlässlich.“

Prof. Dr. Adam Antebi
Max-Planck-Institut
für Biologie des Alterns
Auszug aus /
Excerpt from
Competitionline,
01-03/2014

“Does informal communication really play such an important role?
Yes. It is essential.”

„Trotz aller Technisierung und Automatisierung auf dem globalen Markt der Wissenschaft, der unabhängig von Zeit und Ort Arbeiten ermöglicht, verliert der gebaute Lebensraum von Forschern und Forscherteams nicht an Bedeutung."

"Despite all technological progress and mechanization on the 'global science market', which allows working independently from time and place, the built environment for researchers and research teams has not lost its meaning."

Prof. Dr. Adam Antebi
Max-Planck-Institut
für Biologie des Alterns
Auszug aus /
Excerpt from
Competitionline,
01-03/2014

II. 5 NUTZER / USER

Was kann Architektur für die Forschung leisten?

What can architecture do for research?

„Die Spezialisierung innerhalb der wissenschaftlichen Disziplinen, die Komplexität des Forschungsgeschehens verlangen nach mehr teamorientierter, interdisziplinärer Kooperation im sich verfeinerndem Netzwerk des Strebens nach Erkenntniszugewinn."

Dieter Grömling
Max-Planck-Gesellschaft zur Förderung der Wissenschaften e. V.

"Specialization within the scientific disciplines as well as the complexity of research increasingly demand more team-oriented, interdisciplinary cooperation in the ever-differentiating network on the quest for more insight."

„Man denkt oft, dass Forscher ihre Ideen im Elfenbeinturm für sich alleine ausbrüten, aber in Wirklichkeit ist es ein soziales Unterfangen, etwas, das entsteht, indem man gemeinsam mit Ideen spielt, sowohl in formellen Debatten als auch bei Zufallsbegegnungen.

Es ist extrem wichtig, Kollegen treffen zu können, auch um Neuigkeiten auszutauschen. Architekten haben die Aufgabe, Räume zu schaffen, in denen Wissenschaftler interagieren können."

"People often think that researchers hatch up ideas all alone in their ivory towers but really it is a social endeavour, something that develops as people play with ideas together, be it in formal debates or in chance encounters.

It is extremely important to have the opportunity to meet colleagues, even just to exchange news. It's the architects' task to create spaces in which scientists can interact."

Prof. Dr. Adam Antebi
Max-Planck-Institut für Biologie des Alterns
Auszug aus / Excerpt from Competitionline, 01-03/2014

II. 5 NUTZER / USER

Fordert eine Wissenschaftskultur mit interdisziplinärer Vernetzung und digitaler Kommunikation neue bauliche Schwerpunkte?

Does a science culture with interdisciplinary networks and digital communication require new priorities in building?

„Wissenschaftler arbeiten unter großem Einsatz immer an den Grenzen ihrer Möglichkeiten, an den Grenzen des heute Bekannten, und sind überrascht wie einfach alles ist, wenn man es verstanden hat. Wissenschaft hat viele Facetten mit unterschiedlichen Kulturen."

Prof. Dr. Jochen R. Schneider
Deutsches Elektronen-Synchrotron DESY
Center for Free-Electron Laser Science CFEL

"Scientists show great commitment in their work, always working to the limits of their possibilities, at the limits of current knowledge, and are often surprised how simple everything is as soon as you have grasped it. Science has many facets with various cultures."

„Viele Wissenschaftsgebäude sind klassisch strukturiert: Gänge, Büros rechts und links, keine Teeküchen, keine Orte, an denen man sich spontan begegnen kann. Offene Strukturen und die vielfältigen räumlichen Voraussetzungen für Kommunikation stehen für eine gelungene Wissenschaftsarchitektur.“

“Many buildings for the sciences have a standard layout: corridors, offices on both sides, no tea kitchens, no informal communications areas. Open-plan structures and various spatial options for communication are proof of a successful science architecture.”

Prof. Dr. Wilfried Wurth
Universität Hamburg
Institut für Experimentalphysik IEXPPH
Center for Free-Electron Laser Science
CFEL

„Funktionierende, flexible, schnell realisierbare Bauwerke mit Ausstrahlung, Atmosphäre und Poesie sind es also, die zweckmäßig und wirtschaftlich für die Wissenschaft sind!“

Dieter Grömling
Max-Planck-Gesellschaft zur Förderung der Wissenschaften e. V.

“Well-functioning, flexible, fast-to-complete buildings with charisma, atmosphere, and poetic charm that are appropriate and economic for the sciences!”

„Es wird immer wichtiger sein, Netzwerke und Medien, die unseren Alltag zunehmend bestimmen, in das Wissenschaftsumfeld zu integrieren – besonders vor dem Hintergrund, dass viele Forscher sehr jung sind und Netzwerke und Medien intensiv nutzen.

Dann wird auch der direkte Zusammenhang zwischen dem vorhandenen Flächenangebot, der Aufenthaltsqualität und der Arbeit der Forscher sichtbar. Denn gute Ergebnisse in der Forschung stehen in direkten Zusammenhang mit guter Wissenschaftsarchitektur."

"In the future, it will be important to integrate networks and media into our scientific environment, which increasingly command our daily life, especially with so many very young researchers who use networks and media intensively.

Then the immediate interdependence of the available spaces, their spatial qualities and the researchers' work becomes visible. For good results in research are directly linked to good science architecture."

Dieter Grömling
Max-Planck-Gesellschaft zur Förderung der Wissenschaften e. V.

„Es ist Teil der Beziehungsarbeit mit dem Bauherrn, gemeinsam Erkenntnisse zu stiften. Und dass sich der Bauherr im Konzept wiederfindet, ist schon ein wichtiger Punkt in der Zusammenarbeit, der Vertrauensbildung, der uns bewegt. Denn es interessiert uns nicht so sehr, Entscheidungen zu geben, sondern mit jemandem zu entwickeln."

hammeskrause
architekten

"Building a relationship with the client also means working together to develop new insights. For us, one important point during this cooperation, this establishment of trust, is that the client should be able to identify with the concept. We are less interested in making decisions than we are in developing them with the client."

Wie wichtig ist die Aneignung des Gebäudes durch die Forscher?

How important is the appropriation of the building by the researchers?

„Architektur hat einen wesentlichen Einfluss auf Denken und Handeln.“

Prof. Dr. Adam Antebi
Max-Planck-Institut
für Biologie des Alterns
Auszug aus /
Excerpt from
Competitionline,
01-03/2014

“Architecture has a crucial influence on how we think and act.”

„Die Mitglieder meiner Gruppe und ich freuen uns über die Möglichkeit, im CFEL-Kompetenzzentrum arbeiten zu können. Dieses Gebäude bietet ein hervorragendes Forschungsumfeld. Besonders wichtig für uns sind die gut ausgestatteten Laboratorien, die perfekt an die Bedürfnisse von Wissenschaftlern angepasst wurden.

Auch die vielen Möglichkeiten zu Besprechungen und Diskussionen sind für uns von großer Bedeutung. Je nach Situation nutzen die Wissenschaftler Seminar- oder Besprechungsräume für formellere Präsentationen und Diskussionen – oder Kaffeeküchen und offene Bereiche für spontane Treffen."

"The members of my group and I feel very fortunate to be working in the CFEL building. This building provides an excellent research environment. Most important for us are the well-equipped laboratories, planned to meet a scientist's needs.

The many opportunities to meet and discuss are of equal importance. Depending on the situation, the scientists use seminar or meeting rooms for more formal presentations and discussions, or the coffee corners and open spaces for spontaneous get-togethers."

Prof. Andrea Cavalleri
Center for Free Electron Laser Science CFEL
Max-Planck-Institut für Struktur und Dynamik der Materie (MPSD)

„Zum Thema Architektur und Qualität sind unter anderem diese zwei Dinge für die Wissenschaft elementar:

- Die Funktionalität für die Experimente mit optimalen baudynamischen Bedingungen muss gegeben sein.
- Orte sollten geschaffen werden, die den interdisziplinären Austausch fördern. Schon im Vorfeld bei den Planungen des CFEL war die klare Forderung der Wissenschaftler an die Architektur, Bedingungen zu schaffen, die es den verschiedenen Forschergruppen und Institutionen ermöglicht, informell zusammenkommen zu können.

Beides ist im CFEL in hervorragender Qualität gelungen."

Prof. Dr. Wilfried Wurth
Universität Hamburg
Institut für Experimentalphysik IEXPPH
Center for Free-Electron Laser Science
CFEL

"With regard to architecture and quality, these are two of the things that are essential to science:

- Functionality for experiments with optimum structural dynamics.
- Places should be created to foster interdisciplinary exchange. Even at the start of the planning work for the CFEL, the scientists clearly required that the architecture should create conditions in which the various research groups and institutions would be able to come together informally.

Both these requirements have been successfully implemented at CFEL."

„Architektur kann eine Umgebung schaffen, die Ideen im eigenen Kopf und zwischen Menschen fließen lässt.

Das neue Gebäude des MPI ist besonders. Durch das Open-Lab-Konzept ist es offen, wir können einander sehen und wissen, was die anderen so machen. Die Mitarbeiter können überall auf kurzem Weg hingelangen. Das sorgt für kontinuierliche Bewegung und im Herzen des Gebäudes treffen sie sich auf formelle oder informelle Weise.“

“Architecture can create an environment that allows ideas to flow both in one's own mind and between people.

The MPI's new building is special. The open lab concept means we can see each other and know what the others are doing. Staff don't have a long way to go to get anywhere. This guarantees continuous movement, and they meet either formally or informally at the heart of the building.”

Prof. Dr. Adam Antebi
Max-Planck-Institut für Biologie des Alterns
Auszug aus / Excerpt from Competitionline, 01-03/2014

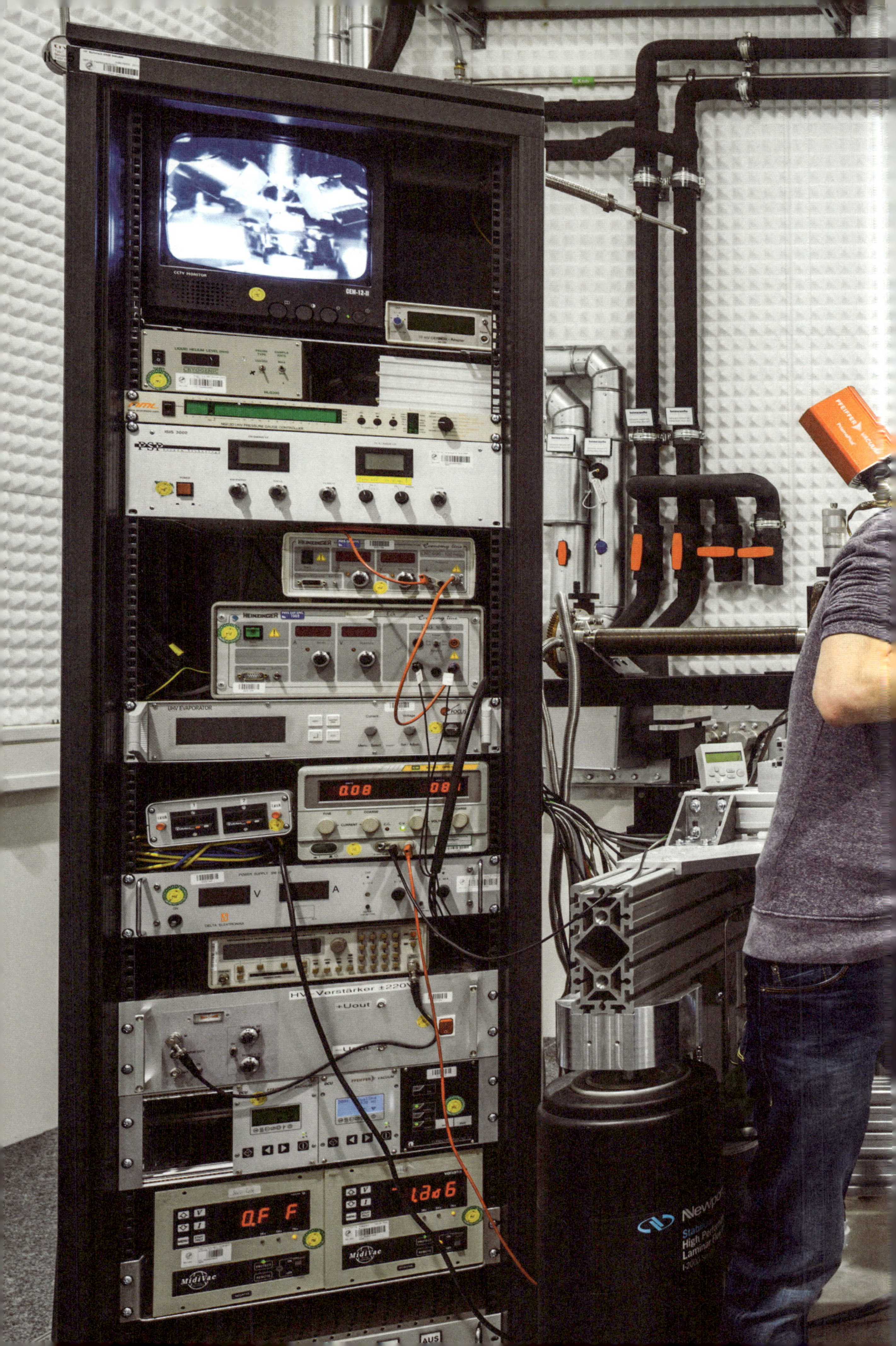
HEINZINGER
UHV EVAPORATOR
HV-Verstärker ±220V
+Uout
MidiVac
Newport

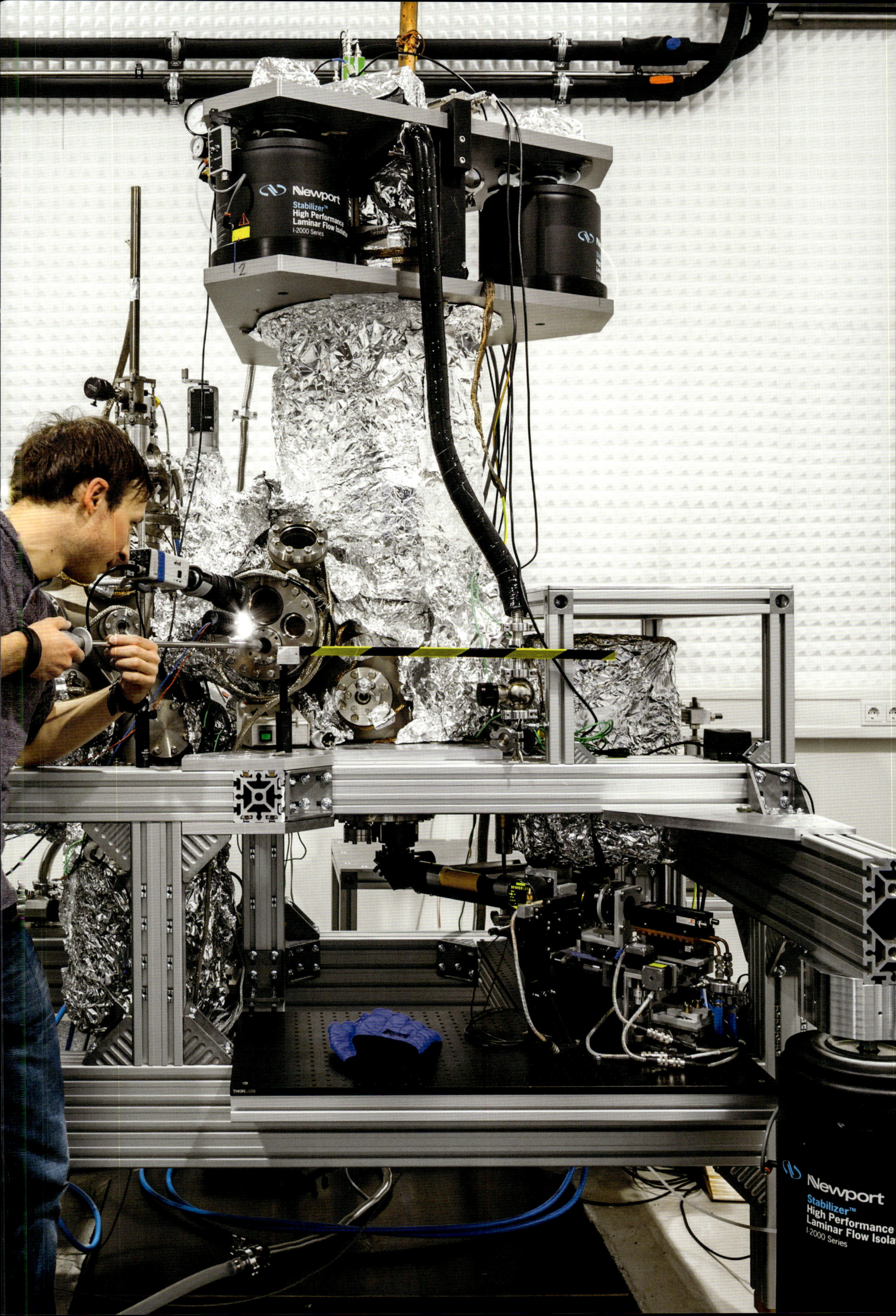
Newport
Stabilizer™
High Performance
I-2000 Series

Lewin
genes VII
Molecular Cell Biology
Genetik
TURN OFF ENERGY.
TURN ON NATURE

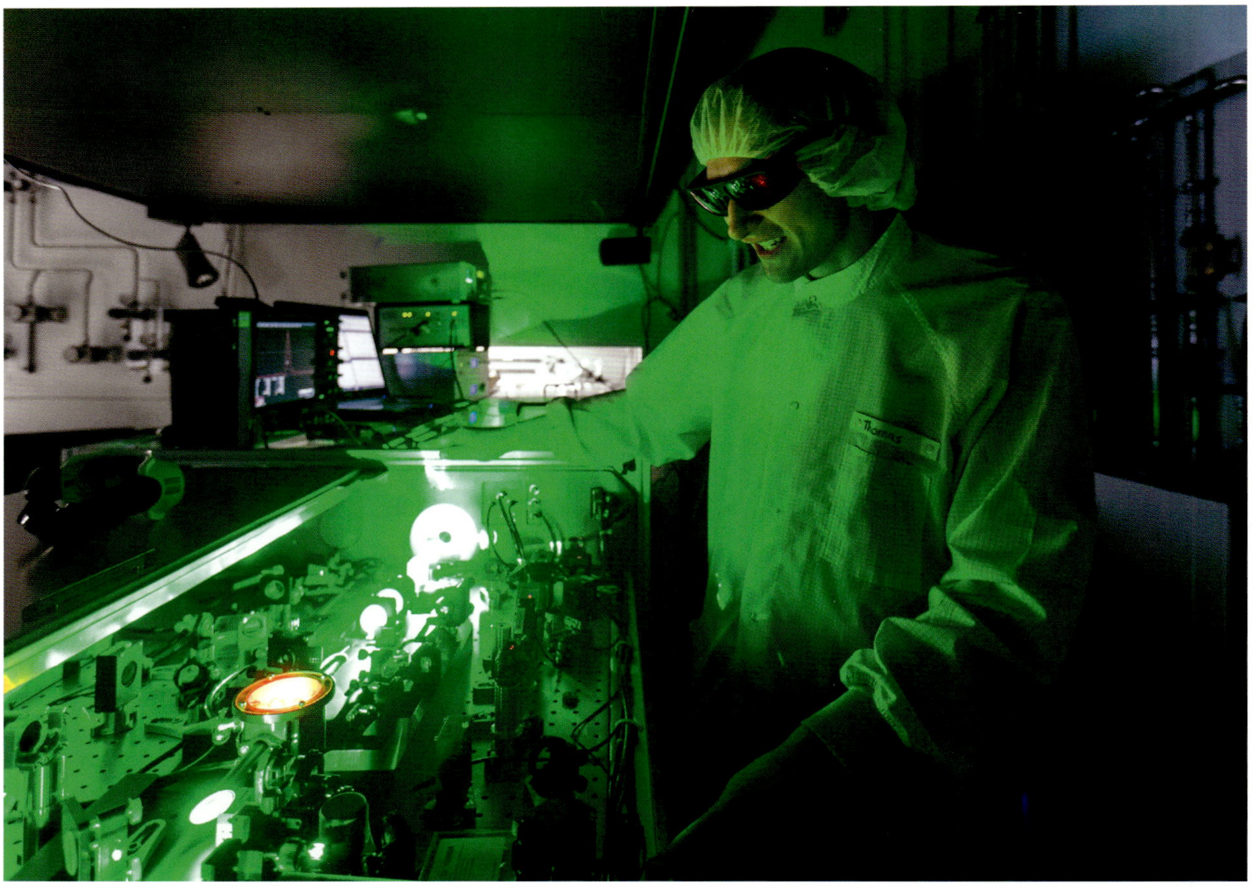

6 GESELLSCHAFT: Der gebaute Raum ist das Abbild gesellschaftlicher Entwicklungen. Aber kann Architektur auch eine Gesellschaft beeinflussen?

6 SOCIETY: The built space is a reflection of social developments. But can architecture also influence a society?

PARTIZIPATION

Vor dem gebauten Haus, dem Quartier und der Stadt steht der Dialog. Projekte wie Stuttgart 21 haben die Bürgergesellschaft, aber auch die Politik und die Verwaltung in den letzten Jahren verändert. Die Menschen wollen beteiligt werden, mitgestalten und nicht ungehört abwarten. Partizipation ermöglicht die Teilhabe der Nutzer, die zuerst einmal Experten ihres eigenen Lebens- und Erfahrungsschatzes sind und Verantwortung tragen für ihre Interessen. Die aber auch lernen können und das Ergebnis einer Gesamtentscheidung unter Abwägung aller Einzelinteressen mittragen. Denn die Demokratie lebt vom Diskurs und Dialog, vom gemeinsamen Ringen um den richtigen Weg. Mitbestimmung und Gestaltungsmöglichkeiten in bottom-up-Prozessen schaffen Identifikation und Zusammenhalt, im besten Fall Akzeptanz und Verantwortungsgefühl. In der informierten Gesellschaft verlagern sich die Mitwirkungs- und Entscheidungskompetenzen zunehmend auf die Zivilgesellschaft. Dafür muss das Wissen um die Qualitäten von Raum und gebauter Umwelt nicht nur in Fachgremien, sondern in der Mitte der Gesellschaft diskutiert und kommuniziert werden. Transparent, um die Entscheidungsprozesse und Schritte der Vergemeinschaftung nachvollziehbar zu machen.

PARTICIPATION

Before a building, district or city can be constructed, a dialogue must take place. Projects such as Stuttgart 21 have transformed civil society in recent years, along with politics and public administration. People want to get involved, to help shape their surroundings, and not merely to stand by, unheard. Participation enables the users, who are after all the experts on their own lives and experiences, to play an active role and to take responsibility for representing their own interests. But they can also learn something in the process so that they can support the results of a joint decision that takes into consideration the range of individual needs. Because democracy thrives on discourse and dialogue, on the common struggle to find the right path. Co-determination and design opportunities in bottom-up processes create a feeling of identification and cohesion, and at best acceptance and a sense of responsibility. In an informed society, participatory and decision-making powers will increasingly shift to civil society. For this to happen effectively, knowledge about the qualities of space and the built environment must be discussed and communicated not only in expert committees but also at the very heart of society. And this must take place transparently, so that the decisionmaking processes and steps toward community-building are comprehensible to everyone.

PARTIZIPATION
Mensa Anne-Frank-Gemeinschaftsschule und Heilbrunnenschule, Stuttgart

PARTICIPATION
Cafeteria for Anne Frank Comprehensive School and Heilbrunnen School, Stuttgart

Es gibt wenige Projekte, bei denen sich die Entscheidungsfindung über einen partizipativen Prozess mehr anbietet als beim Bauen für Kinder. Der Neubau der gemeinsamen Mensa der Anne-Frank-Gemeinschaftsschule und der Heilbrunnenschule in Stuttgart Möhringen ist ein gelungenes Beispiel hierfür. Der Neubau ist nicht nur durch sein partizipatives Entstehen, sondern auch durch seine besondere Lage das Symbol für das interaktive Zusammenleben beider Schulen an diesem Ort. Als Entree und zugleich Abschluss des Campus setzt sich der Neubau in seiner Kubatur und Höhe von der bestehenden Bebauung aus den 1960er-Jahren ab. Die archetypische Form des stützenfreien Satteldachhauses schafft eine Sichtbarkeit des neuen Bausteins für alle Schüler. Wohlgesetzte Öffnungen in den Wand- und Dachflächen führen den Blick in den stadt- und landschaftsräumlichen Kontext und verbinden so das Innen mit dem Außen zu einem Erlebnisraum. Mit der Wahl des Fassadenmaterials ergab sich die große Chance für das Projekt, die farbliche Gestaltung der Außenhaut an Hand eines ganzheitlichen, partizipativen und integrativen Prozesses erarbeiten zu können.
In sechs intensiven Workshops mit den Schülern wurden gemeinsam Ideen und Varianten erarbeitet, diskutiert und daraus ein von allen getragenes Farbkonzept entwickelt. Ohne Änderungen konnte das Konzept

There are few projects where decision-making through a participatory process can offer more than in buildings for children. The construction of a new shared cafeteria for the Anne Frank Comprehensive School and the Heilbrunnen School in Stuttgart Möhringen is an example where this approach succeeded. Due not only to its participatory construction process but also because of its special location, the new building is a fitting symbol for how the two schools interact daily at this site, The new cafeteria serves as both entrance and end point of the campus, the configuration of its volumes and its height making it stand out from the pre-existing buildings from the 1960s. The archetypal form of the support-free gable-roof structure ensures that its newness is immediately apparent to all pupils. Carefully arranged openings in the wall and roof surfaces guide the eye toward the urban and landscape context, connecting the interior and exterior to create a special spatial experience. The choice of façade material presented the perfect opportunity to develop the colour scheme of the outer skin in a holistic, participatory and integrative process. In six intensive workshops with the pupils, ideas and variants were worked out and discussed, and a colour concept was developed that all participants supported. The concept was then implemented technically without any modifications.

technisch umgesetzt werden. Diese eine, gemeinsam gestaltete *Haut* ist Symbol für das gemeinsame *Herz*, der in ihrer pädagogischen Ausrichtung so unterschiedlichen Schulen und ihrer Schüler. Die gelebte Partizipation ist Identitätsstifter und zugleich Nucleus für eine Bewusstseinsbildung, die ein solcher Gemeinschaft stiftender Ort auf diesem Campus verdient.

Die Wirkung des Ergebnisses hat die anfänglich offene Frage nach der Beherrschbarkeit des Prozesses und des notwendigen Spielraums für die Entfaltung der Individuen zugunsten der Gemeinschaft längst überholt. Es bedarf Offenheit und Mut in der Gesellschaft, informelle Prozesse zuzulassen und das eigene Ego hintenanzustellen. Mit der richtigen Vorbereitung und Spaß an der Sache entsteht jedoch ein breit angelegter Mehrwert für alle Beteiligte.

Die Architektin Simone Aschenbrenner als Vertreterin des Schulverwaltungsamt Neu- und Erweiterungsbauten Stuttgart und Sybille Mohn, Realschullehrerin an der Anne-Frank-Gemeinschaftsschule, stellen sich den Fragen von Eva Herrmann und Natascha von Herz zum Thema Partizipation – im Grundsatz und den Umsetzungsmöglichkeiten.

This jointly designed shared *skin* now acts as a symbol for the common *heart* of the schools, so different in their pedagogical orientation, and their pupils. The lived participation is both a source of identity and a nucleus for the growing awareness that such a community-building setting on this campus deserves.

The effectiveness of the result has long since rendered superfluous any initial questions as to the controllability of the process and whether the necessary scope was given for individual creativity in the face of the proposed benefits for the community as a whole. It takes openness and courage in society to allow for informal processes to unfold while one's own ego recedes into the background. But with the right preparation, and by leaving room for plenty of fun and enjoyment, broader added value can be gleaned for all those involved.

The architect Simone Aschenbrenner, representing the school administration office for new buildings and extensions in Stuttgart, and Sybille Mohn, a secondary school teacher at the Anne Frank Comprehensive School, responded to questions from Eva Herrmann and Natascha von Herz on the subject of participation – in principle and in terms of possibilities for its implementation.

EVA HERRMANN UND NATASCHA VON HERZ IM GESPRÄCH MIT SIMONE ASCHENBRENNER, VERTRETERIN DES SCHULVERWALTUNGSAMT NEU- UND ERWEITERUNGSBAUTEN STUTTGART / QUESTIONS FOR SIMONE ASCHENBRENNER, REPRESENTING THE SCHOOL ADMINISTRATION OFFICE FOR NEW BUILDINGS AND EXTENSIONS IN STUTTGART

Die landläufige Meinung zum Thema Partizipation ist, dass diese das Bauen teuer und kompliziert macht. Können Sie diese Erfahrung bestätigen? Oder überwiegen die positiven Effekte wie nachhaltige Planung, Nutzerzufriedenheit, etc.?

Wir haben die Erfahrung gemacht, dass in unseren Beteiligungsprozessen in der Regel realistische und damit erfüllbare Ziele entwickelt werden. Da wir im Schulbau stets die konkrete Umsetzung vor Augen haben, ist der Rahmen der Partizipationsmöglichkeit im Vorfeld definiert. In unseren Schulbauprojekten geht es um die Umsetzung eines durch Förderrichtlinien vorgegebenen Raumprogramms innerhalb der Bestandsgebäude und bzw. oder in zusätzlichen Erweiterungsbauten. Am Ende entscheidet der Gemeinderat über den Umfang der zu realisierenden Maßnahmen. Die Interpretation und die Aufteilung der zur Verfügung stehenden Flächen sowie die Anordnung der einzelnen Bereiche zueinander erarbeiten wir dann zusammen mit den jeweiligen Schulen anhand deren individuellen pädagogischen Konzepten und formulieren daraus eine klare Aufgabenstellung. Nach meiner Erfahrung wird durch die im Teilhabeprozess gesammelten Nutzeranliegen, auch wenn sie sich ggf. finanziell bemerkbar machen, die Projektqualität durch den Gewinn an eigenem Profil spürbar verbessert. Häufig entsteht dadurch eine größere Nutzerzufriedenheit sowie ein Mehrwert an pädagogischen Ausdrucksmöglichkeiten – wenn z.B.

It is commonly believed that participation makes building expensive and complicated. Is this the case in your experience? Or do the positive effects, such as sustainable planning, user satisfaction, etc., outweigh the drawbacks?

It has been our experience that participation processes usually facilitate the development of realistic and thus achievable goals. Since we always have the concrete implementation in mind in school construction, the scope of participation is defined in advance. Our school building projects involve the implementation of a space allocation programme based on funding guidelines within existing buildings and/or extensions. In the end, the local council decides on the scope of the measures to be realised. We plan the organisation and distribution of the available space as well as the arrangement of the individual areas together with the respective schools based on their own pedagogical concept. From this, we formulate a set of clearly defined tasks. In my experience, while the users' concerns gathered in the participation process may have a noticeable financial impact in some cases, they significantly improve the project quality by giving it a unique profile. This often results in greater user satisfaction and added value in terms of the available pedagogical possibilities, for example when a

ein Speisebereich über die Mittagessensversorgung hinaus als Veranstaltungsraum für Theaterspiele, Musikkonzerte, Podiumsdiskussionen, Vorträge, etc. dient und damit das Schulleben um ein Vielfaches bereichert. Für unsere Teilhabeprozesse erhalten wir sehr viel Zustimmung. Ein positiver Nebeneffekt ist, dass die Projektarbeit durch die Vertrauensbasis, die durch die intensiven Prozesse geschaffen wird, erleichtert wird. So können Missverständnisse durch die verbesserte Kommunikation häufig frühzeitig ausgeräumt werden, da sich ein größeres Verständnis für die jeweils andere Sichtweise entwickelt hat. Mir sind allerdings auch Fälle bekannt, in denen eine zu offen angelegte Beteiligung auf Ablehnung stößt, wenn sich durch die plötzliche Verantwortung für die Entwicklung konkreter Planungsparameter ein Gefühl von Überforderung einstellt.

Spart Partizipation Zeit oder Geld in den späteren Projektphasen oder auch im Betrieb?

Hierzu eine abschließende Antwort zu geben ist schwer. Grundsätzlich wird durch die intensive Grundlagenplanung und Zieldefinition zu Beginn des Projekts ein roter Faden gelegt, der es während der gesamten Projektlaufzeit leichter macht, Entscheidungen zu treffen. Daher sind mir größere Umplanungen durch Konzeptänderung oder Meinungswechsel bisher nicht bekannt.

cafeteria also serves as a venue for theatre productions, music concerts, panel discussions, lectures, etc., thus vastly enriching school life. Our participation processes are welcomed with great enthusiasm. A positive side effect is that the level of trust established through these intensive processes aids and facilitates our work on the project. In this way, misunderstandings can often be avoided early on through better communication, as we have been able to develop a greater understanding of each other's point of view. However, I am also aware of cases in which overly open participation backfires if the sudden responsibility for developing concrete planning parameters overwhelms participants.

Does participation save time or money in the later stages of the project or in operation?

I cannot give a conclusive answer here based on my previous experience. Basically, the intensive baseline planning and goal definition at the beginning of the project creates a common thread that makes it easier to reach decisions throughout the project's course. Therefore, I am not aware of any major upheavals in planning due to changes in concepts or opinions. Smaller adaptations within the realm of what is possible will always happen in the course of a project. It has been my personal experience that the intensive

Kleinere Anpassungen im Bereich des Möglichen wird es im Laufe eines Projektes aber immer geben. Ich habe vielmehr die Erfahrung gemacht, dass durch die intensive Projektentwicklung mit allen Projektbeteiligten eine solide Basis geschaffen wird, dass sich auch heikle Themen wie Kosteneinsparmaßnahmen oder zeitliche Verzögerungen leichter kommunizieren lassen und entsprechend mit größerem Verständnis aufgenommen werden. Oft lässt sich dadurch der aufkommende Unmut über eventuelle Schwierigkeiten besser einfangen.

Welche Wirkung hat Partizipation? Schafft sie eine Identifikation der Nutzer mit der Architektur?

Das kann ich auf jeden Fall bestätigen. Mir fallen auf Anhieb viele Projektbeteiligte unserer Schulen ein, die sich bereits in der Planungsphase intensiv mit dem künftigen Gebäude auseinandersetzen und sich sozusagen schon virtuell in den Räumen bewegen. Der schönste Moment ist immer, zu hören, dass unsere Schulen es kaum erwarten können, die neuen Räume in Besitz zu nehmen – und wie sie der Fertigstellung entgegenfiebern. Ich glaube, durch Partizipation werden mehr individuelle Bauwerke mit unverkennbaren Merkmalen geschaffen, die im Idealfall quasi wie ein Handschuh auf das Profil der Nutzer passen.

project development process involving all project participants creates a solid basis that allows for even difficult issues such as cost-saving measures or delays to be communicated more easily and accepted with a greater degree of understanding. In many cases, this helps allay any resentment that may arise out of potential setbacks.

What effect does participation have? Does it help users identify better with the architecture?

I can definitely confirm that. Many project participants from our schools immediately come to mind who were able to “virtually move through the rooms” of the future building due to their close involvement in the planning phase. The best moment for me in planning our schools is always when the users tell me that they can hardly wait for the building to be completed so they can finally occupy the new spaces. I believe that participation creates more individualised structures with distinctive features that fit the users’ profile “like a glove”.

Eine zusätzliche Herausforderung ist es dann wahrscheinlich, wenn unterschiedliche Nutzer zusammenkommen? Was macht das Projekt *Gemeinsame Mensa Anne-Frank-Gemeinschaftsschule und Heilbrunnenschule* für Sie besonders?

Ja, eine gemeinsame Mensa für zwei Schulen mit verschiedenen Schulformen und unterschiedlicher Größe ist per se eine Herausforderung. Die Anne-Frank-Gemeinschaftsschule hat mit einer Schülerzahl von mehr als 400 fast siebenmal mehr Schülerinnen und Schüler als die Heilbrunnenschule, einem sonderpädagogischen Bildungs- und Beratungszentrum mit Förderschwerpunkt Lernen. Uns war von Anfang an wichtig, dass sich beide Schulen in der Mensa zu Hause fühlen und keine bei der anderen zu Gast ist. Da die Mensa aufgrund der Anlieferungssituation nur auf dem Schulhof der Anne-Frank-Gemeinschaftsschule verortet werden konnte, legten wir Wert darauf, dass das Haus durch seine Position und Ausrichtung eine einladende Geste für beide Schulen darstellt. Der gesamte Schulstandort war bisher in ein eintöniges Grau in Grau gehüllt. Mit der gemeinsamen Mensa wollten wir Leben in den Schulhof einziehen lassen und das künftige Herz des Schulcampus bilden. Es soll ablesbar sein, dass es sich um ein Gebäude handelt, in dem sich junge Menschen aufhalten und dass diese Schule mehr als nur ein Lernort – nämlich ein Lebensort – ist. Die architektonische

What makes the project *Common cafeteria for Anne Frank Comprehensive School and Heilbrunnen School* special for you?

The creation of a shared cafeteria for two schools of different types and sizes is a challenge in and of itself. With a total of more than 400 students, the Anne Frank Comprehensive School has nearly seven times more students than the Heilbrunnen School, a learning-focused special education and counselling centre. It was important to us from the start that both schools feel at home in the cafeteria and that neither of them is the other's guest. Since the cafeteria could only be located in the schoolyard of the Anne Frank School due to the delivery situation, we wanted to make a point of positioning and orienting the building in such a way that it would represent a gesture of invitation to both schools. The entire school site was previously swathed in monotonous shades of grey. The shared cafeteria is therefore designed to bring life to the schoolyard and form the future heart of the campus. The building should be legible as somewhere young people spend their time and convey that this school is not just a place of learning but a place of life. The architectural implementation by hammeskrause architekten completes the school campus with what it had been missing: a striking yet simple gable roof, which extends all the

Umsetzung durch hammeskrause architekten komplettiert, was am Schulcampus bisher gefehlt hat: Ein markantes, aber dennoch schlichtes Satteldach, das über die Wände bis zum Boden geführt wird und – symbolisch wie tatsächlich – ein gemeinsames Dach für alle Schülerinnen und Schüler bildet. Der Speisebereich ist zum Schulhof und zur Heilbrunnenschule ausgerichtet, so dass alle Schülerinnen und Schüler von dem Gebäude willkommen geheißen werden. In einem einfühlsam geführten Workshop wurden das Farbkonzept sowie die Bildidee für die bunt leuchtende Mensafassade mit je sechs ausgewählten Schülerinnen und Schülern beider Schulen entwickelt. Der Workshop fand über mehrere Wochen statt, immer mittwochnachmittags, und wurde mit großem Engagement durch die Architekten, einem Lehrerteam beider Schulen sowie den Unterstützerinnen der Verwaltung begleitet. Aus den verschiedensten Entwürfen kristallisierte sich am Ende eine „Blumenwiese bei schönstem Sonnenschein“ als Favorit heraus, die nun künftig Farbe auf den Schulhof bringen wird.

Wie wichtig ist Teilhabe für die Schaffung einer gemeinsamen Identität im konkreten Fall der beiden Schulen?

In diesem Fall ist die gemeinsame Mensa ein erster baulicher Ausdruck für ein Miteinander der beiden Schulen, der Anne-Frank-Gemeinschaftsschule

way to the ground and forms a common roof for all pupils both symbolically and literally. The dining area faces the schoolyard and the Heilbrunnen School so that the building is friendly and welcoming to all pupils. The colour scheme and imagery for the vibrant cafeteria façade were developed in a unique and sensitively conducted workshop with six selected pupils from each school. The workshop took place every Wednesday afternoon over several weeks and was accompanied with great dedication by the architects, a team of teachers from both schools and supporters from the school administration. Out of a variety of designs, a “flower meadow in brilliant sunshine” emerged as the favourite, an image that would bring plenty of colour to the schoolyard.

How important is participation in creating a common identity in this specific case of the two schools?

In this case, the shared cafeteria was the first built expression of the coexistence of the two schools, the Anne Frank Comprehensive School and the Heilbrunnen School. The teams from the two schools grew closer over the course of the workshops, revealing a potential that serves as a model for all other possible forms of cooperation on the school campus. The special nature of the participation by the

und der Heilbrunnenschule. Während des Workshops wuchs das Team aus den unterschiedlichen Schulen zusammen und dabei wurde ein Potenzial sichtbar, das als Vorbild für alle weiteren möglichen Kooperationen am Schulcampus dient. Durch die besondere Art der Beteiligung der Nutzer am Projektergebnis wurde hier ein Begegnungsraum geschaffen, der das Miteinander und nicht das Für-sich-sein fördert. In der alltäglichen Begegnung beim Mittagessen können Kontakte entstehen und sich viele weitere Möglichkeiten gemeinsamer Arbeitsgemeinschaften und Kooperationsformen ergeben.

Es gibt die These, dass partizipative Entwurfsstrategien die Kommunikation über Raumatmosphären und deren Qualitäten zur Schaffung und zur Sicherung einer Identität stiftenden Architektur brauchen. Wie wurde die Diskussion hier umgesetzt?

In diesem besonderen Teilhabeprozess wurde die Aufgabenstellung für den Workshop sehr sorgfältig vorbereitet. Die Architekten entwickelten ein System für die Farbauswahl sowie einen speziellen, maßstabsgerechten Papierbogen, der sich um das große Mensamodell falten ließ, um die Farbwirkung zu erleben. Die Pädagogen achteten auf eine ausgewogene Teilnehmerzahl beider Schulen, überlegten geeignete Methoden zur

building's users resulted in a meeting place that promotes a feeling of belonging to the whole rather than to each discrete school. The daily gathering of the pupils at lunchtime facilitates contacts and gives rise to all sorts of opportunities for joint working groups and other forms of collaboration.

"Participatory design strategies require communication about spatial atmospheres and their qualities to create and ensure an identity-lending architecture." How was this discussion implemented/guided?

In this special participation process the tasks for the workshop were prepared very carefully. The architects developed a system for colour selection and a special sheet of paper to scale that could be folded around the large cafeteria model to experience the colour effect. The educators made sure to have a balanced number of participants from both schools, worked out appropriate methods for conveying the basic task, and drafted rules of conduct for respectful interaction during the joint project work. The content of the workshop was worked through step by step, with necessary background information conveyed in the appropriate form. It was important that at the end of each work phase the results were presented and discussed as a team. At the end of

Grundlagenvermittlung und stellten für die Zeit der gemeinsamen Arbeit Verhaltensregeln für einen wertschätzenden Umgang auf. Der Inhalt des Workshops wurde Schritt für Schritt erarbeitet und die notwendigen Inhalte für die Auseinandersetzung mit dem Thema zwischendurch anschaulich vermittelt. Es war zudem wichtig, dass am Ende jeder Arbeitsphase eine Vorstellung und Besprechung der Ergebnisse im Team stattfand. Am Ende der Workshop-Phase standen vier komplett unterschiedliche Entwürfe zur Auswahl, über die das Team schließlich abgestimmt hat. In der weiteren Ausarbeitung arbeiteten die Architekten in den ausgewählten Entwurf „Blumenwiese“ Elemente der drei Alternativentwürfe mit ein, um dadurch die Wertschätzung für die anderen Arbeiten auszudrücken. Anschließend wurde das Workshop-Ergebnis in einer großen Runde den Schulgemeinden – bestehend aus Schulleitungen, interessierten Lehrerinnen und Lehrern sowie Eltern – vorgestellt und diskutiert. Nach der großen Zustimmung für das Ergebnis der beiden Schulgemeinden präsentierte man den Workshop-Prozess und das Workshop-Ergebnis dem Stadtbezirk in einer öffentlichen Sitzung des Bezirksbeirats mit einer durchweg positiven Resonanz.

the workshop, there were four completely different designs to choose from, which the team then voted on. In the further elaboration that followed, the architects included elements of the three alternative designs in the selected "Flower Meadow" to show appreciation for the other ideas. Afterwards, the workshop results were presented to and discussed with a larger group of members from the school communities, including school administrators and interested teachers and parents. The final design met with resounding approval from the two school communities, and the workshop process and end result were then presented to the city council in a public session of the district advisory board, where they also received a very positive response.

EVA HERRMANN UND NATASCHA VON HERZ IM GESPRÄCH MIT SYBILLE MOHN, REALSCHULLEHRERIN AN DER ANNE-FRANK-GEMEINSCHAFTSSCHULE / QUESTIONS FOR SYBILLE MOHN, SECONDARY SCHOOL TEACHER AT THE ANNE FRANK COMPREHENSIVE SCHOOL

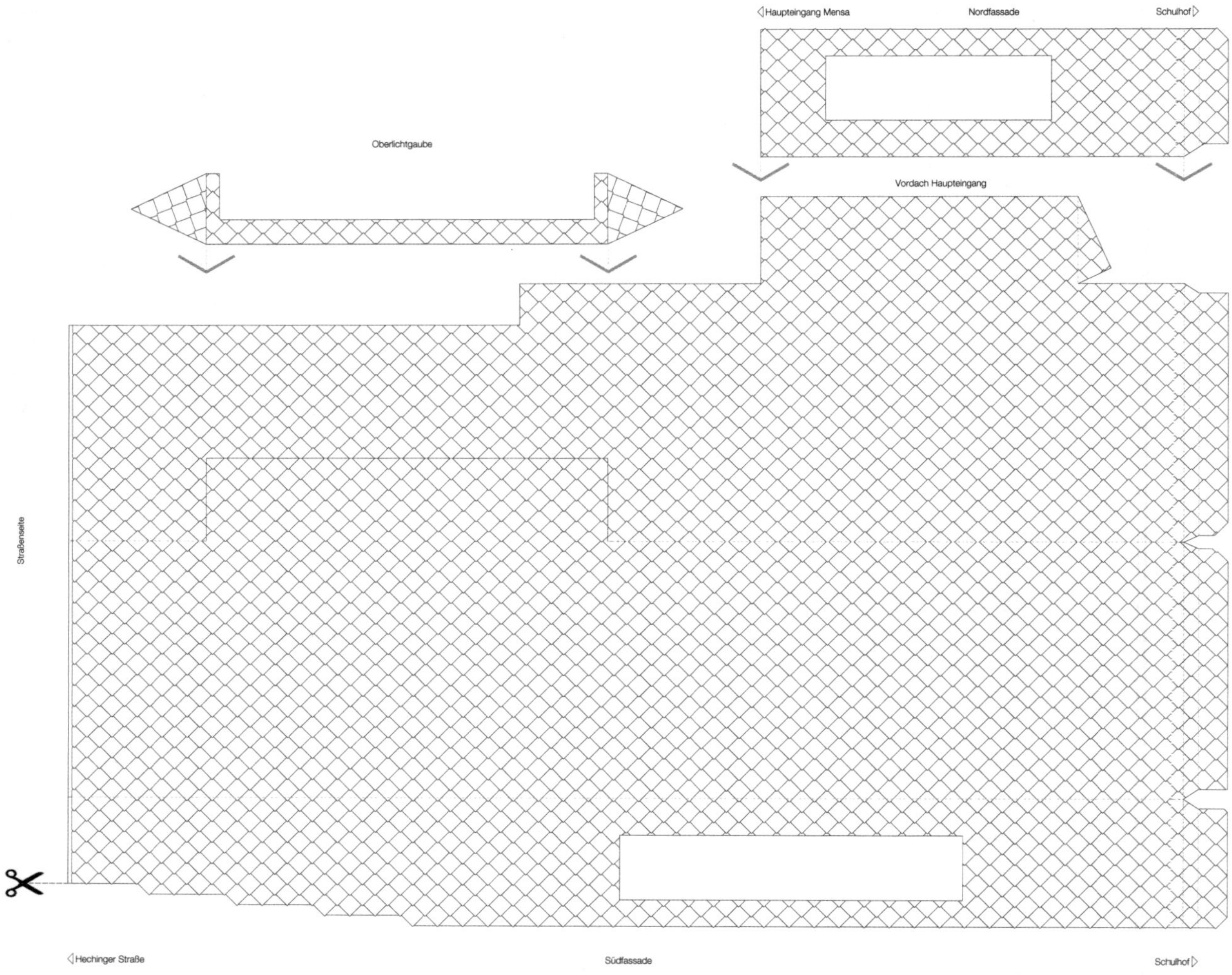

Was bedeutet Partizipation für Sie?

Partizipation bedeutet für mich Teilhabe an Prozessen oder an Aufgaben. Es ist ein demokratisches Vorgehen, das auf Wertschätzung und gegenseitigem Respekt fußt.

Was macht das Projekt für Sie in diesem Kontext besonders?

Genau dieses Einbeziehen von Personen – in diesem Fall Schüler und Lehrer der unterschiedlichen Schularten – in die Entscheidungsprozesse für die optische Gestaltung ihrer Mensa. Personen also, die später dieses Gebäude auch nutzen. Pädagogisch besonders wertvoll erachte ich dabei den Ernstcharakter der Aufgabenstellung für die Schülerinnen und Schüler und deren gemeinsame Erfahrungen beim Erstellen verschiedener Konzepte für die Fassadengestaltung des Gebäudes.

What does participation mean to you?

It means participating in processes or tasks. It is a democratic approach based on mutual recognition and respect.

What do you see as being special about the project?

What's special here is how various individuals, in this case pupils and teachers from different types of schools, are involved in decision-making processes for the visual design of the cafeteria. In other words, the very people who will later use this building. I consider the earnestness with which pupils took on this task, and their shared experiences in drafting various concepts for the design of the building's façade, to be particularly valuable from an educational point of view.

Und worin liegen ihrer Meinung nach die Chancen eines Beteiligungsprozesses?

Diese liegen in Bezug auf die Schüler darin, dass sich diese als Subjekte und nicht wie so oft auf Grund ihres Alters und der von der Gesellschaft angenommenen Unreife als Objekte wahrnehmen.

Wie wichtig ist die Identifikation der Schüler mit diesem Ort – vor dem Hintergrund des pädagogischen Konzepts einer Gemeinschaftsschule?

Dieser Ort ist ein Dokument demokratischer Prozesse, die auf Akzeptanz und Respekt von Heterogenität basieren. Dies ist für die künftige Begegnung der Schüler an diesem Ort Voraussetzung – zur Umsetzung des pädagogischen Konzepts unserer Gemeinschaftsschule.

What opportunities does a participatory process offer?

In relation to pupils, they have the opportunity to see themselves here as subjects and not, as so often happens, as objects due to their age and the immaturity assumed by society.

In view of the pedagogical concept behind a comprehensive school, how important is it for pupils to identify with this place?

This place is a testament to democratic processes that accept and respect heterogeneity. With regard to the future encounters between pupils here, this aspect is vital to the implementation of the pedagogical concept of our comprehensive school.

Wie frei bewegen sich die Teilnehmer im Rahmen eines Partizipationsprozess aus ihrem gewohnten Denken und Handeln heraus? Gehen Kinder spielerischer damit um, und sind sie offener für Kompromisse?

Bei der Umsetzung des Projektes hat sich gezeigt, dass die beteiligten Schülerinnen und Schüler in hohem Maße kompromissbereit waren. Ich hatte nie den Eindruck, dass es den Kindern darum ging, ihre eigenen Ideen für eine Gestaltung der Fassade um jeden Preis durchzusetzen. Sie ließen sich durch die guten Argumente der Schüler, die eine andere Idee für die farbliche Fassadengestaltung hatten, überzeugen. Das hat mich sehr beeindruckt.

How freely are the users able to move beyond their ordinary everyday worlds? Do children approach this idea more playfully and are they more open to compromise?

In the course of carrying out the project, the pupils involved proved to be highly willing to compromise, and I got the impression that the children were not interested in imposing their ideas for the façade design at any price. They let themselves be persuaded by cogent arguments made by other pupils who had different ideas about what the colour of the façade should be. I was really impressed by that.

Mensa Anne-Frank-Gemeinschaftsschule und Heilbrunnenschule / Cafeteria for Anne Frank Comprehensive School and Heilbrunnen School, Stuttgart

Bauherr / Client:	Hauptnutzfläche / Primary floor space:	Bruttorauminhalt / Gross cubic volume:	Fertigstellung / Completion:
Landeshauptstadt Stuttgart, Schulverwaltungs-amt, Hochbauamt	660 m^2	3160 m^3	2019

Die Anne-Frank-Gemeinschaftsschule und Heilbrunnenschule brauchen eine neue gemeinsame Mensa. Diese wird an der Stirnseite des bestehenden Musiksaals als eigenständiges Gebäude angebaut und bildet mit ihrem Speiseraum für beide Schulen das Herz des Campus.

Two schools in Möhringen, the Anne Frank Comprehensive School and the Heilbrunnen School, needed a new shared cafeteria. The new building adjoins the front of the existing music hall as an independent with the cafeteria forming the heart of the school campus.

Die farbliche Gestaltung der gemeinsam genutzten Mensa wurde in Workshops mit den Schülern erarbeitet.

The colour scheme for the shared cafeteria was developed in workshops with the students.

Die Holzkonstruktion ist sowohl an der Wand als auch auf dem Dach mit einer Haut aus farbig beschichteten Aluminiumschindeln verkleidet und formt die Hülle für die gemeinsame Mensa. Die hierfür gewählte Dachform eines Satteldachs verstärkt dieses Bild.

The façade and roof of the wooden structure are clad with a skin of colour-coated aluminium shingles, forming a unified shell for the shared cafeteria. A gable roof was chosen to further reinforce this impression.

Wir wollten ein Campusherz gestalten, das für alle Schüler schlägt. Einen großen, zentralen und zum Schulhof offenen Raum, eingebunden in die Grünflächen und räumliche Arrondierung des Schulgeländes.

We wanted to create a heart for the campus that beats for all students. The large central room opens up onto the schoolyard and is integrated into the green outdoor areas to spatially round off the school grounds.

Nils Krause

Die Mensa bildet städtebaulich zugleich Eingang und Abschluss des Campus und richtet sich mit ihrer verglasten Giebelseite eindeutig zum Schulhof und zur Heilbrunnenschule.

The glazed gable side has a clear orientation towards the schoolyard and Heilbrunnen School. The cafeteria forms the western boundary of the schoolyard.

Tageseinrichtung für Kinder Tunzhofer Straße / Municipal day-care centre Tunzhofer Straße, Stuttgart

Bauherr / Client:	Hauptnutzfläche / Primary floor space:	Bruttogrundfläche / Gross floor area:	Bruttorauminhalt / Gross cubic volume:	Fertigstellung / Completion:
Landeshauptstadt Stuttgart, Hochbauamt	936 m^2	1780 m^2	7100 m^3	2015

Eine ehemalige psychiatrische Klinik sollte zu einer Zwischennutzung von zunächst fünf Jahren umgeplant werden. Trotz der finanziell begrenzten Mitteln galt es, ein dennoch gut funktionierendes Provisorium für Kinder von drei Monaten bis zum Schulalter zu erschaffen. Gleichzeitig sollte mit dem äußeren Erscheinungsbild ein starkes Zeichen des Neuanfangs gesetzt werden.

A former psychiatric clinic was to be repurposed, initially for an interim period of five years. It was therefore important to create a well-working makeshift solution for children between three months and school age, despite limited financial means. Simultaneously, we wanted to send a strong signal of a new beginning in the external appearance.

Bauliche Eingriffe gab es wenige: Die Sanitärräume passte man an die Kinder an und die abgehängten Decken wurden durch akustisch wirksame Holzwolleleichtbauplatten ersetzt. Zusätzliche Türen sorgen für den Brandschutz.

Only few structural changes were made: the washrooms were adapted to children, the suspended ceilings were replaced by acoustically effective wood-wool panels, while additional doors ensure fire protection.

Farbe war hier ein probates, preiswertes Mittel, um bei dem typischen 1970er-Jahre-Bau mit seinem durch Holzbrettmuster konturierten Sichtbeton und dunkelbraunen Fensterbändern die Tristesse zu verscheuchen.

Consequently, colour was an appropriate remedy to dissipate dreariness in the typical 1970s building with its fair-faced concrete walls contoured with wooden boards and dark brown ribbon windows.

Ein starkes Bild, eine Metapher, kann das Gebäude aus seinem Klinikkontext lösen und in den neuen führen, den einer Kindertagesstätte im öffentlichen städtischen Raum.

A strong image, a metaphor is capable of divorcing the building from its former use as a clinic and helping to project its new identity on the cityscape as a day-care centre.

Nils Krause

Weil die Freiflächen rund um das Gebäude teilweise deutlich unter Straßenniveau liegen, wurde der ehemalige Patientengarten auf dem Dach in einen großen Außenspielplatz verwandelt.

Since some of the outdoor areas are located well below street level, the former patients' roof terrace was converted into a large outdoor play area.

Für die ursprünglich auf fünf Jahre angesetzte Zwischennutzung durch eine städtische Kindertageseinrichtung in einer ehemaligen psychiatrischen Klinik in der Tunzhofer Straße in Stuttgart arbeiteten hammeskrause architekten mit der Künstlerin Judith Brucklacher zusammen. Gemeinsam entstand die Metapher eines Rosenbuschs und der in ihm verborgenen Vögel, der als Bild den Bau überzieht und mit kraftvollen Farben zum Leuchten bringt. In seinen Blättern verstecken sich einzelne Vögel: die kleinen, die noch am Boden leben, die älteren Vögel, die schon in den Büschen leben – und diese, die so hoch fliegen, dass sie den Horizont überschauen können und weiterziehen. Farbe – als materiell minimale Intervention – kann in ihrer Wirkungsweise jede Konzeption kraftvoll erscheinen lassen. Was die Faszination für Farbe ausmacht, zeigt ein Gespräch mit der Künstlerin, Fotografin und Kunstlehrerin Judith Brucklacher.

hammeskrause architekten collaborated with the artist Judith Brucklacher on the conversion of a former psychiatric clinic on Tunzhofer Strasse in Stuttgart into a municipal day-care centre for children, originally for a five-year period of interim use. Together they devised the metaphor of a rose bush and the birds hidden within, an image that now covers the building and sets it aglow in bright colours. There are many different birds hiding in the leaves of the rose bush: small birds that still live on the ground, older ones that have made nests in its branches – and others that fly so high they can see the horizon and make their way towards it. Colour – as a materially minimal intervention – can effectively underscore the impact of any architectural concept. In an interview, artist, photographer and art teacher Judith Brucklacher ponders what makes colour so fascinating.

Die Arbeit mit Farbe – was bedeutet das für Sie?

Mich mit Farben zu umgeben empfinde ich als heilsam und wohltuend. Farben erfreuen das Auge, sie beleben Geist und Gemüt.

Von was lassen Sie sich beim Umgang mit Farbe inspirieren?

Ganz klar von der Natur. Ich empfinde große Demut vor den Wundern der Natur.

Hatte die frühere Nutzung des Gebäudes als psychiatrischen Klinik Einfluss auf Ihren Entwurf und ihr Farbkonzept?

Auf jeden Fall. Daher war es hammeskrause architekten und mir daran gelegen, alles, was an die bedrückende Vergangenheit des Gebäudes erinnert, durch Gestaltung so umzuwandeln, dass ein Ort entsteht, in dem sich Kinder geborgen und frei fühlen können.

Working with colour – what does that mean for you?

I find it healing and beneficial to surround myself with colours. Colour delights the eye and enlivens mind and spirit.

What inspires you when you're dealing with colour?

Nature, clearly. I feel very humble before the wonders of nature.

How did the former use of the building affect your design and your colour concept?

The architects hammeskrause architekten and I wanted to transform through our design everything recalling the building's gloomy past in order to make it a place where children can feel safe and free.

What were your considerations with respect to the perception and impact of colour when you chose the spectrum orange, purple, red and pink?

The colour scheme was gradually developed during the working process. In the beginning we drew on the sheltering and secure feeling given by pale pink, purple and hot pink tones, inspired by the idea that the building was overgrown by roses like Sleeping

Welche Überlegungen zur Farbwahrnehmung bzw. Farbwirkung stehen hinter dem gewählten Farbspektrum von Orange, Violett, Rot und Pink?

Das Farbkonzept entstand nach und nach im Arbeitsprozess. Am Anfang stand die Schutz gebende und Geborgenheit spendende Wirkung der Rosa-, Violett- und Pink-Töne – angeregt von der Vorstellung, das Gebäude sei wie das Dornröschenschloss von Rosen umwachsen. Damit es aber nicht allzu lieblich wird, etwas Kraft und Frische dazukommen – und nicht zuletzt, um die bereits vorhandenen orangefarbenen Jalousien mit einzubinden – erweiterten wir das Spektrum um Orange.

Inwiefern haben Sie als Lehrerin Erkenntnisse aus Ihrer Arbeit mit Kindern in Ihr Farbkonzept einfließen lassen können?

Kinder lieben Farben! Sie haben keine Angst vor kräftigen Farben, sie gehen unbekümmert, intuitiv und freudig mit Farben um und lassen sich vorbehaltlos auf die anregende oder beruhigende Wirkung von Farbe ein.

Beauty's castle. But to make sure everything didn't get too sweet and precious, and to add some vigour and freshness and also integrate the pre-existing orange blinds, we then added some orange.

How were you able to incorporate your experiences with children from your work as a teacher into your colour concept?

Children love colours! They are not afraid of bold colours; they deal with colour in a carefree, intuitive and joyful way and are unconditionally responsive to the stimulating or calming effect of colour.

Tageseinrichtung für Kinder Tunzhofer Straße /
Municipal day-care centre Tunzhofer Straße,
Stuttgart

Mensa Anne-Frank-Gemeinschaftsschule und Heilbrunnenschule /
Cafeteria for Anne Frank Comprehensive School and Heilbrunnen School,
Stuttgart

TUNED BY LETTERS
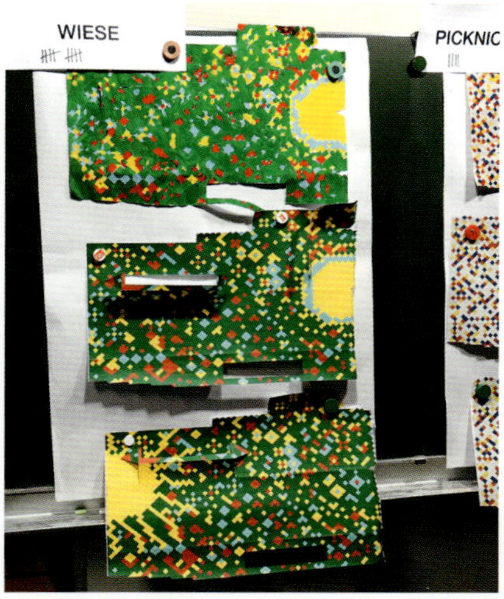
WIESE
PICKNIC
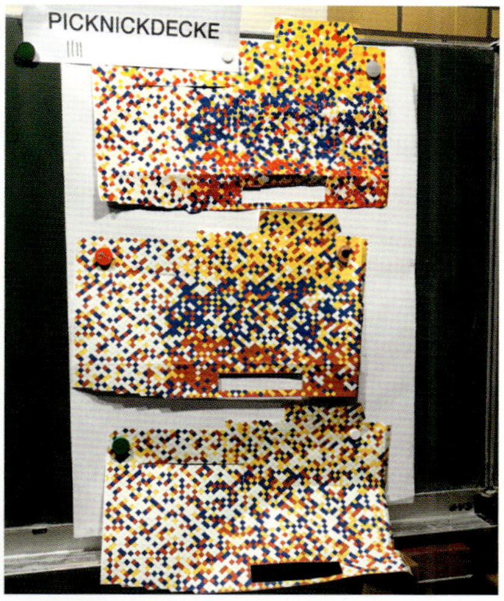
PICKNICKDECKE

ZIRKUSZELT

7 ANGEMESSENHEIT: Wann ist eine Maßnahme verhältnismäßig?

7 APPROPRIATENESS: When is a measure appropriate, when is it commensurate with the task at hand?

DER MENSCH IM MITTELPUNKT

Einen Großteil seiner Zeit verbringt der Mensch in Gebäuden, zu leben, lernen, arbeiten und den Austausch suchend. Jeder Raum – vom Innenraum bis zum Stadtraum – löst ein Gefühl von Wohlbefinden oder Unbehagen aus. Wie in der Mode, Musik oder Kunst gibt es auch eine Wechselwirkung von Mensch und Architektur, nimmt jeder die gebaute Umwelt anders wahr, geprägt durch die soziokulturellen Hintergründe, gestaltet und geformt durch die eigene Erfahrung der Benutzung und deren stetige zeitliche Veränderung. Menschen sollten sich in der gebauten Umwelt wohlfühlen, aber auch orientieren können. Aus veralteten Anreizen heraus werden Bauwerke, Plätze und Verkehrsräume immer größer, geht der menschliche Maßstab und das individuelle Empfinden von Raumatmosphäre verloren. Die Kritik richtet sich nicht an große Gebäude an sich, es bedarf durchaus Großbauwerke wie Krankenhäuser oder Forschungseinrichtungen, die in ihrer komplexen Funktionsmischung einen wichtigen Baustein für die Versorgung der Gesellschaft darstellen. Diese im menschlichen Maßstab in nachhaltiger Abgestimmtheit mit dem Kontext nutzbar zu machen bleibt aber die große Herausforderung der Architektur.

FOCUS ON THE HUMAN FACTOR

People spend a large part of their time in buildings – living, learning, working and seeking contact with others. Every space – from the interior to the urban space beyond – triggers a feeling of either well-being or discomfort. As in fashion, music or art, there is an interaction between human and architecture; each person perceives the built environment differently, shaped by their sociocultural background, their own experience of its use and the constant changes such use undergoes with time. People should feel comfortable in the built environment, and they should also be able to orient themselves within it. As a result of outdated incentives, buildings, plazas and traffic areas are getting bigger and bigger, and the human scale and the individual experience of spatial atmospheres are going missing. This criticism is directed not at big buildings as such, because we still need large buildings such as hospitals and research facilities, which in their complex mix of functions represent an important building block for supplying society with the necessary services. But to make them usable on a human scale, in sustained harmony with their context, remains one of the great challenges of architecture.

OPERATION AM OFFENEN HERZEN
Großbaustellen im laufenden Betrieb

OPEN-HEART SURGERY
Large construction sites at occupied buildings

1

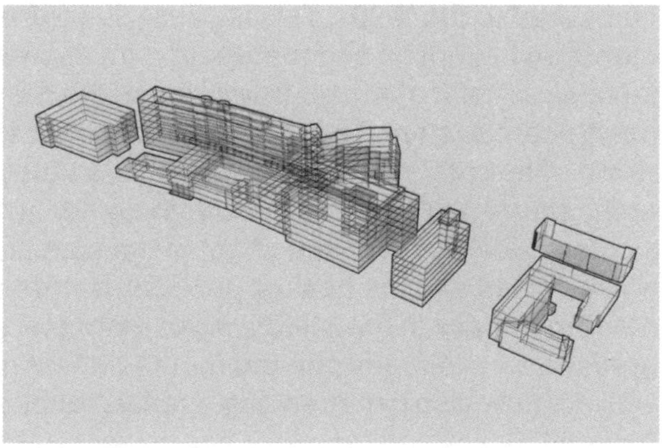

Bestand des Klinikums Pforzheim vor Beginn der Um- und Neubaumaßnahmen

Clinical Center Pforzheim: hospital complex before start of construction measures

In Marburg befindet sich seit 2009 eine Einrichtung, die es bis heute nur an neun Orten der Welt gibt: ein Partikeltherapiezentrum, um hier bösartige Tumore ambulant mit einer präzisen Strahlenbehandlung durch Kohlen- und Wasserstoff zu behandeln. Koordiniert über Roboter wird der zerstörerische Strahl über einen Linearbeschleuniger und ein Synchrotron erzeugt und über eine Beamline bis hin zu den Bestrahlungsräumen geführt. Gemessen an den heute durch Forschung erfüllbaren Möglichkeiten zeigt sich der schier unvereinbare Gegensatz zwischen medizinischem Hightech und der Verletzlichkeit des Patienten.

Durchschnittlich 7,3 Tage ist die Verweildauer von Patienten in deutschen Krankenhäusern, im Vergleich zu den 1990er-Jahren hat sich die Zahl fast halbiert. Dies liegt zum Teil an der Verbesserung der diagnostischen und therapeutischen Maßnahmen, aber eben auch an der Umstrukturierung des deutschen Gesundheitssystems. Und wer krank ist, hat einen anderen Blick auf die Umgebung. Schon in den 1980er-Jahren hat eine Studie des Architekturprofessors Roger Ulrich einen Zusammenhang zwischen der Wirkung des räumlichen Umfelds und dem Heilungsprozess aufgezeigt. Auch Natur als Ressource – bereits im Mittelalter wurden Klostergärten für Kranke angelegt – erfährt als Therapie- und Erholungsort für Patienten eine Renaissance. Es ist

A facility was completed in Marburg in 2009 of a type that is still available only in nine locations worldwide: a particle therapy centre where malignant tumours are treated on an outpatient basis with precision radiation using carbon and hydrogen. Coordinated via robot, the destructive beam is generated by a linear accelerator and a synchrotron and guided via a beamline all the way to the treatment rooms. In terms of the possibilities offered by cutting-edge research, there seems to be an almost insurmountable gap between high-tech medical applications and the vulnerability of the human patient.

The average length of stay for patients in German hospitals is 7.3 days, down by almost half compared to the 1990s. This is partly due to improvements in diagnostic and therapeutic measures but also a result of the restructuring of the German health-care system. Those who are ill look at the world differently. As early as the 1980s, a study by architecture professor Roger Ulrich demonstrated a connection between the effect of the spatial environment and the healing process. Nature as a resource – back in the Middle Ages monastery gardens were already planted for the benefit of the sick – is now also experiencing a renaissance for patient therapy and recovery. It is no secret that pleasant surroundings contribute to a better quality

2

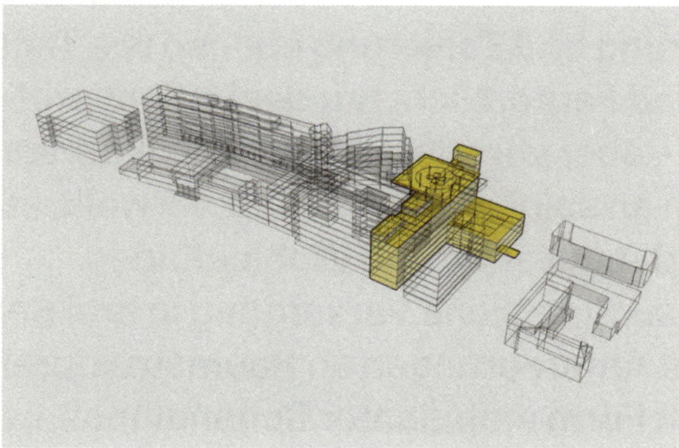

Neubau Süd mit neuem Haupteingang und medizinischem Versorgungszentrum sowie der zentralen Magistrale

Neubau West mit Hubschrauberlandeplattform

Completion of new south wing with new main entrance, Medical Services Centre and central axis

Completion of new west wing with helicopter landing platform

3

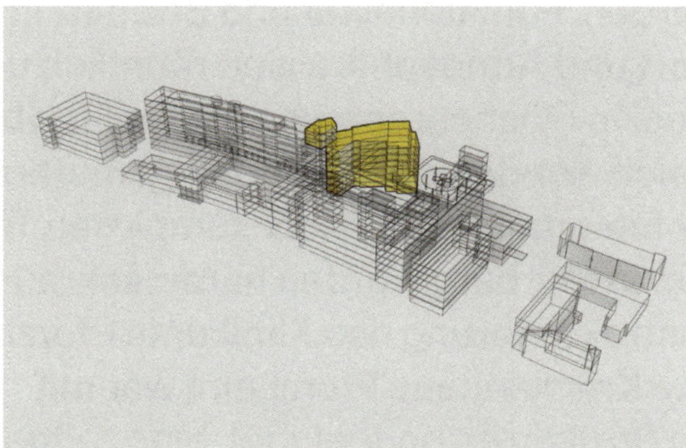

Aufstockung Bettenhaus D

Stories added onto Ward Block D

4

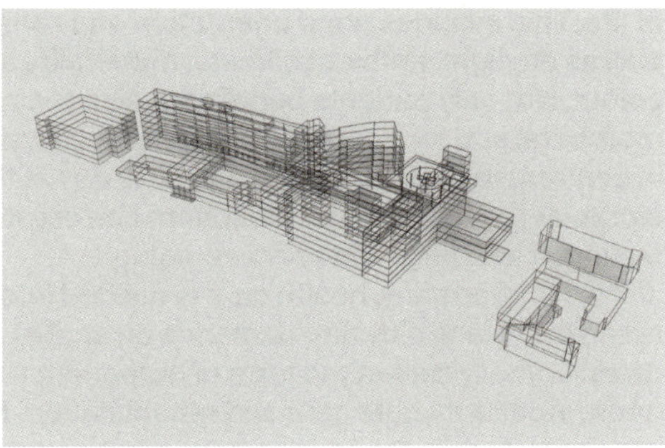

Zwischenstand nach Abbruch der Kinderklinik

Interim status after demolition of paediatric clinic

5

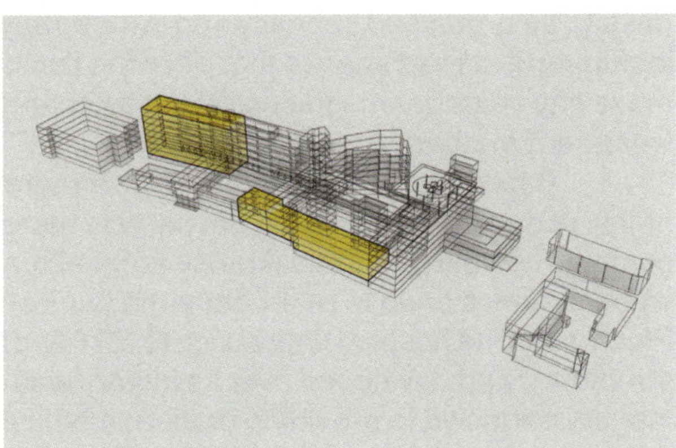

Bettenhaus A: Brandschutzertüchtigung 1. Abschnitt

OP-Neubau im Behandlungsbau II

Ward Block A: 1st phase of fire safety upgrade

New operating theatres in Treatment Building II

bekannt, dass ein angenehmes Umfeld zu mehr Lebensqualität beiträgt. Dazu gehört eine gute Orientierung und Zonierung ebenso wie Tageslicht, Raumklima, Materialität und Farbe. Nicht nur der Patient profitiert hiervon, auch die Angehörigen – aber vor allem für das Klinikpersonal, das über einen langen Zeitraum an seinem Arbeitsplatz verweilt, stiftet eine angenehme Atmosphäre Identifikation und Wohlbefinden.

In Deutschland ist die gesundheitliche Versorgung in drei Bereiche gegliedert, die unterschiedliche Anforderungen an Raumstrukturen stellen: die Primärversorgung in Form ambulanter Behandlungen, die stationäre Akutversorgung und die Rehabilitation. Medizinische, prozessuale und ökonomische Faktoren müssen beim Betrieb eines Krankenhauses in Einklang gebracht werden. Funktionalität und Effizienz in den Abläufen gegenüber Komfort und Atmosphäre sind räumlich und strukturell zu organisieren, inklusive Flächenreserven für die Flexibilität notwendiger Anpassungen an sich wandelnde Behandlungsmethoden.

Aus der Erfahrung mit der Integration einer hochkomplexen Technologie im Partikeltherapiezentrum in Marburg wurden hammeskrause architekten für die bauliche Umstrukturierung des Klinikums Pforzheim beauftragt. Das 1871 eingeweihte Krankenhaus Pforzheim war mit seinen historisch gewachsenen Strukturen ungeeignet, eine zeitgemäße

of life. This includes good orientation and zoning as well as daylight, ambient climate, materiality and colour. Not only patients benefit but also their family members, and for hospital staff in particular, who in contrast to patients spend day after day at their workplace, a congenial atmosphere can create a feeling of identification and well-being.

In Germany, health care is divided into three areas that place differing demands on spatial structures: primary care in the form of outpatient treatment, inpatient acute care and rehabilitation. Medical, procedural and economic factors must be reconciled in the operation of a hospital. Functional and efficient operation as well as comfort and atmosphere have to be organised spatially and structurally, including reserved spaces that offer the flexibility to make any adjustments necessitated by changing treatment methods.

Based on their experience with integrating highly complex technology in the particle therapy centre in Marburg, hammeskrause architekten were commissioned to restructure the Clinical Center Pforzheim. The hospital dates back to 1871, and the structure it had developed over its history was no longer conducive to providing modern medical care. With the help of Florence Nightingale, founder of modern Western nursing, the first nursing school in

6

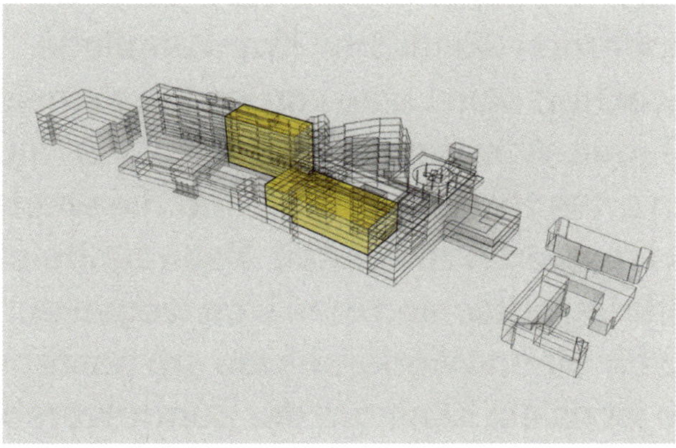

Bettenhaus A: Brandschutzertüchtigung 2. Abschnitt

OP-Neubau im Behandlungsbau II

Bestandssanierung Bettenhaus C

Ward Block A: 2nd phase of fire safety upgrade

New operating theatres in Treatment Building II

Renovation of Ward Block C

7

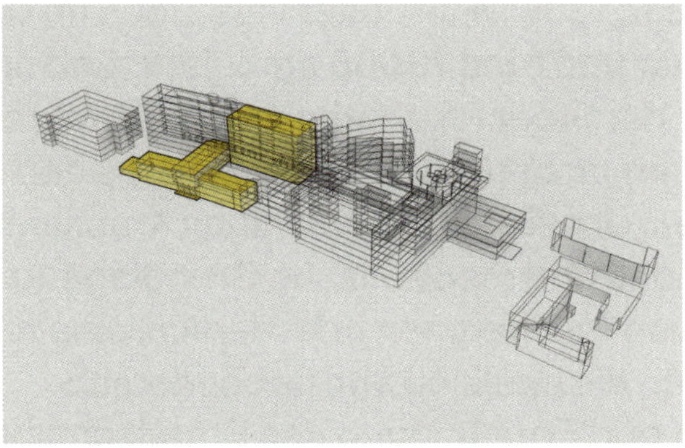

Bettenhaus A: Brandschutzertüchtigung

2. Abschnitt Behandlungsbau I: Brandschutzertüchtigung

Ward Block A: 2nd phase of fire safety upgrade

Treatment Building I: Fire safety up

8

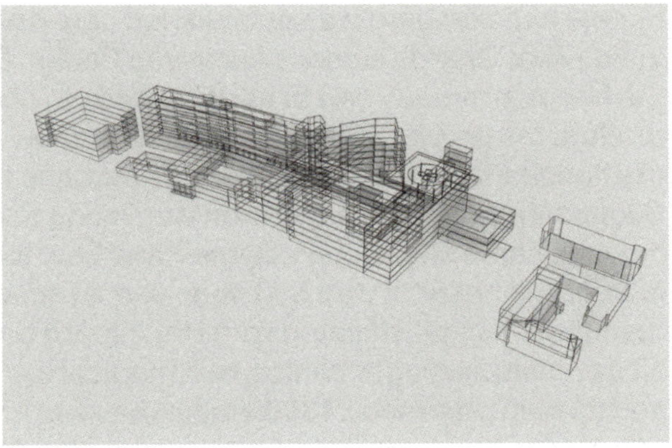

Status Quo nach Abschluss der Maßnahmen 2019

Status quo of the measures completed by 2019

9

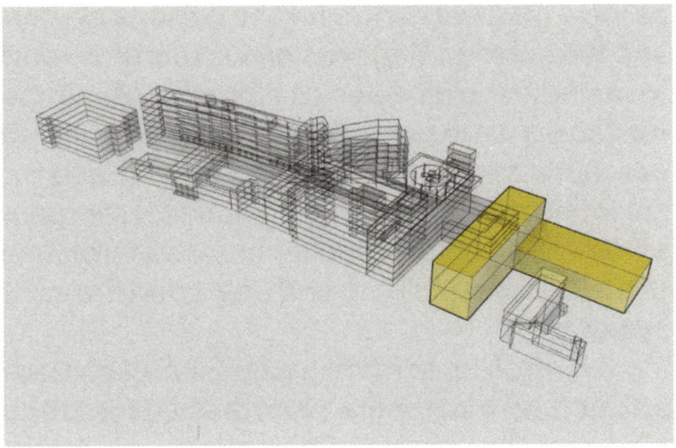

Vorschlag für eine optionale Erweiterung nach Norden

Weiterführung der Magistrale unter Beibehaltung des neuen Haupteingangs

Master plan for an optional extension to the north

Continuation of the central axis while retaining the new main entrance

medizinische Versorgung sicherzustellen. Beraten von Florence Nightingale, Begründerin der modernen westlichen Krankenpflege, entstand hier auf Initiative von Großherzogin Luise von Baden damals die erste Krankenpflegeschule Baden-Württembergs. Bereits 1891 musste das Krankenhaus um 200 Betten erweitert werden, um auf die wachsende Bevölkerungszahl Pforzheims reagieren zu können. Nach zahlreichen Kriegsschäden nach dem 2. Weltkrieg entschied man sich wegen der bestehenden Gebäudesubstanz für einen Wiederaufbau am bestehenden Ort, am Flusslauf der Enz. Heute ist es ein Klinikum der Zentralversorgung mit 500 Betten und akademisches Lehrkrankenhaus der Ruprecht-Karls-Universität Heidelberg, das über 17 Kliniken, zwei medizinische Institute und eine eigene Apotheke verfügt. 1300 Mitarbeiter versorgen im Durchschnitt 26000 Patienten stationär und rund 73000 ambulant rund um die Uhr. Als Klinik für die Bürger der Stadt Pforzheim und des Umkreises verpflichtete sich das seit 2004 privat betriebene Krankenhaus den innerstädtischen Standort zu erhalten. Um ein leistungsfähiges Krankenhaus und eine nachhaltig wirtschaftliche und medizinische Grundlage zu erreichen, wurde eine Vielzahl von Maßnahmen erforderlich: eine funktionale Neugliederung, aber auch die bauliche und gebäudetechnische Sanierung des Bestands und Ertüchtigung des Brandschutzes.

Baden-Württemberg was established here on the initiative of Grand Duchess Luise von Baden. By 1891 the hospital already had to add 200 beds to accommodate the growing population of Pforzheim. After the hospital sustained considerable damage in the Second World War, the decision was made to rebuild it on the same site, alongside the River Enz. Today it is a central hospital with 500 beds and an academic teaching hospital affiliated with Heidelberg University, encompassing 17 clinics, two medical institutes and its own pharmacy. 1300 employees work here around the clock, treating an average of 26000 inpatients and around 73000 outpatients. The hospital, which has been operated privately since 2004, serves as local medical centre for the citizens of Pforzheim and the surrounding area and is therefore committed to maintaining its inner-city location. A number of measures were necessary to achieve more efficient operation and a sustainable economic and medical foundation, including a functional reorganisation as well as structural and technical refurbishment of the existing building and upgraded fire safety systems.

In order to make it a hospital of short distances, a structural master plan was drafted for the conversion, entailing several different phases. At the core of the concept is a vertical comb structure that

Eine Klinik der kurzen Wege sollte entstehen, wofür ein struktureller Masterplan für den Umbau in mehreren Phasen erstellt wurde. Kern des Konzepts ist eine vertikale Kammstruktur, die die verschiedenen Bereiche verknüpft. Durch diese bauliche Organisation werden Licht und Frischluft über die Zwischenräume in die Gebäudetiefe gebracht, aber auch die Verortung in der Stadt durch den Blick auf die Enz ermöglicht.

Der städtebaulich prägnante Haupteingang aus dem letzten Jahrhundert wurde zugunsten der neuen Funktionen an den Rand verlegt. Dies erlaubte den Bau einer durchgängigen Magistrale als Rückgrat des Klinikbetriebs, an der ein horizontales und vertikales Wegenetz anschließt, um die Klinikmitarbeiter und Patienten sinnvoll zu leiten. Im Erdgeschoss fungiert sie über die komplette Gebäudelänge als durchgehende öffentliche Zone, an der sich die wesentlichen organisatorischen Funktionen wie zentrale Patientenaufnahme, Sitz- und Wartebereiche, Kioskzonen, ein Bistro und die Personalkantine, aber auch der Patientengarten befinden.

Das Farb- und Materialkonzept knüpft an die Zeit an, in der das am Nordrand des Schwarzwaldes gelegene Pforzheim durch die Verarbeitung von Gold eine wohlhabende Stadt und überregional bekannt war.

enables the different areas to be linked while letting in daylight and fresh air and affording views of the River Enz to anchor the hospital in its city location. The striking main entrance from the last century was moved to the margins for the benefit of the hospital's new functions. This made it possible to build a continuous axis as the backbone of the hospital's operations, connected to a horizontal and vertical circulation network that sensibly organises the routes taken by hospital staff and patients. Arranged along this new axis, a public zone extending throughout the building, are all essential organisational functions such as the central patient admission desk with seating and waiting areas, a kiosk, a bistro and the staff cafeteria as well as a garden for patients.

The colour scheme and material concept pick up on the era when Pforzheim, set on the northern edge of the Black Forest, was a prosperous town known far and wide as the City of gold for its jewellery and watchmaking industry. Massive destruction during the Second World War and structural transformation in the 1980s put an end to this field of endeavour, causing the town to lose its sense of identity. The design of the hospital therefore subtly recalls Pforzheim's gilded past by using a family of gold tones ranging from crimson to golden yellow. The photo motif of the Black Forest mountain ridges,

Die massiven Zerstörungen im 2. Weltkrieg sowie der Strukturwandel in den 1980er-Jahren setzten dem ein Ende, was einen großen Identitätsverlust hervorrief. Über eine Farbfamilie aus Goldtönen von Purpur bis Goldgelb greift die Gestaltung subtil die Geschichte Pforzheims als Goldstadt auf. Das Fotomotiv der Schwarzwälder Bergrücken wird über eine Pixelstruktur abstrahiert und leitet den Patienten und Besucher über Verdichtung und Zerstreuung im Grad der Rasterung als Orientierung durch den öffentlichen Raum. Wo sich die Raster verdichten – wie an der zentralen Theke im Eingang oder den Stützpunkten auf den Stationen – findet man Hilfe. Das durchgehende Farbkonzept setzt sich in den Patientenbereichen als Farbflächen in den Zimmern fort. Vertikal ist die Magistrale an die übrigen Funktionsstellen über Aufzüge und Treppen, getrennt nach Patienten und Besuchern, angebunden.

Den heterogenen Gebäudebestand mit Hochpunkten von bis zu acht Geschossen aus verschiedenen Baujahren auf einen baulichen Standard zu bringen ist eine Herausforderung an sich. Doch um die gesundheitliche Versorgung nicht zu gefährden, mussten sämtliche baulichen Maßnahmen bei laufendem Betrieb durchgeführt werden – mit der Vorgabe, eine konstante Zahl an OP-Räumen und eine Mindestanzahl an Betten sicherzustellen. Der Rückbau unrentabler Bereiche ging einher

abstracted into pixellated halftone dots, guides patients and visitors through the public spaces by means of changes in the degree of compression. Where the dots become denser, at the central reception desk at the entrance or at the support points on the wards, help is available. The coherent colour scheme is continued in the patient areas as coloured surfaces in the rooms. The axis is vertically connected to the other functional areas via lifts and stairs, with separate access for patients and visitors.

Bringing the heterogeneous building stock with heights up to eight storeys from different periods of construction up to a uniform structural standard was a challenge in itself. In order not to jeopardise patient care, the construction measures had to be carried out during ongoing hospital operations while ensuring the availability of a constant number of operating theatres and a minimum number of beds. Unprofitable areas were dismantled while new spaces had to be integrated, for example for the central emergency room, surgical and internal medicine outpatient clinic, the extension of the operating theatres and a medical care centre. The space available was expanded by relocating multi-bed rooms to smaller units. A helicopter landing platform on the new west wing, which features an elevator leading

mit der Integration neuer Flächen, u.a. für die zentrale Notaufnahme, chirurgische und internistische Tagesklinik, die Erweiterung der Operationssäle und ein medizinisches Versorgungszentrum. Durch die Verlagerung von Mehrbettzimmern auf kleinere Einheiten konnte man das Flächenangebot erweitern. Eine Hubschrauberlandeplattform mit direktem Aufzug in die Notaufnahme und Intensivstation auf dem Neubau West, ausgelegt auf ca. 200 An- und Abflüge pro Jahr, ergänzt die Restrukturierungsmaßnahmen des Klinikums.

Die insgesamt 9-jährige Baumaßnahme mit Neubauten, Aufstockungen, Umbauten und Sanierungen des Bestands konnte nur durch einen durchdachten Prozess der Flächenorganisation, interimistischen Situationen und ein Ineinandergreifen von Bauabschnitten gelöst werden. Die Neubauten binden sich in die Bestandsstruktur ein, ergänzen sie so, dass ein neuer, zentraler und kompakter Gesamtbaukörper entsteht, mit satelliten-ähnlich angehängten Bettenhäusern als Abschluss. So wird aus dem Krankenhaus eine Stadt in der Stadt, mit vielfältigen Rahmenbedingungen, die es zu erfüllen gilt. Und durch die kluge Entscheidung gegen einen Neubau auf der grünen Wiese bleibt mit dem Innenstadtklinikum ein wichtiger Baustein in der Stadt erhalten, der das Quartier nachhaltig belebt.

directly to the emergency room and intensive care unit and is designed for approximately 200 arrivals and departures per year, augmented the restructuring measures.

The nine-year construction project comprising new buildings, rooftop additions, and conversions and refurbishment of the existing building stock could only be realised through a thoughtfully conceived process involving careful organisation of available space, interim solutions and interlocking construction phases. The new buildings are integrated into the existing structure and complement it to create a new compact central volume with wards attached like satellites. The hospital thus becomes a city within a city, offering a variety of facilities and services, just like in a real city. And the wise decision against a new building on a greenfield site and in favour of the inner-city hospital preserves an important building block of the town that will lastingly enliven the neighbourhood.

Klinikum Pforzheim / Clinical Center Pforzheim, Pforzheim

Bauherr / Client:	Hauptnutzfläche / Primary floor space:	Bruttogrundfläche / Gross floor area:	Bruttorauminhalt / Gross cubic volume:	Fertigstellung / Completion:	Auszeichnung / Award:
Rhön-Klinikum AG / HELIOS Kliniken GmbH	53 575 m^2	9 800 m^3	37 300 m^3	2019	AIT Healthcare Application Award 2014, Auszeichnung Best Healthcare Concept

Die historisch gewachsenen Strukturen waren inzwischen ungeeignet, um eine zeitgemäße medizinische Versorgung sicherzustellen. Der private Betreiber wünschte sich daher eine „Klinik der kurzen Wege“. Die bauliche Erweiterung des Klinikums entsteht dort, wo das Areal am Enzufer sich weitet und eine flächige und effektive Krankenhausorganisation mit kurzen Wegen für die Patienten, Ärzte und das Pflegepersonal zulässt. Damit einher geht die Verlegung des Haupteingangs in den Erweiterungsbau und damit in das Zentrum der ambulant am stärksten frequentierten Funktionsdiagnostik. Es gibt einen Masterplan für spätere Erweiterungen, diese Flächen befinden sich jenseits des neuen Haupteingangs.

The structures that had evolved during the hospital's history were no longer conducive to providing modern medical care, and so the private operator approached the architects with the wish to create a "clinic of short distances." It was possible to add onto the hospital on the side where the grounds extend down to the River Enz, a strategy that allowed for an effective organisation of the clinic's spaces on the horizontal plane, with short distances for patients, doctors and nursing staff. This also involved relocating the main entrance to the new wing and thus to the centre of the most highly frequented outpatient area, the one devoted to functional diagnostics. A master plan was drawn up for later extensions in areas located beyond the new main entrance.

Die Fassaden sind geprägt von einer schlichten, den Landschaftslinien folgenden, horizontalen Gliederung. Über Farben und Materialien stellt sich eine helle, changierende Atmosphäre ein. Sie knüpft in abstrahierter Weise an die Höhenzüge des Schwarzwaldes an und greift zurück auf die Geschichte Pforzheims als Goldstadt.

A simple, horizontal articulation was chosen for the façades, following the lines of the landscape. The colours and materials create a bright, shimmering atmosphere that takes up in abstract form the motif of the Black Forest mountain ridges while also alluding to the history of Pforzheim as a City of Gold.

Nils Krause

Eine durchgängige Magistrale erzeugt ein kammartiges Wegenetz, welches zwei Tageskliniken und vier ambulante Operationssäle erschließt.

A main thoroughfare generates a comb-like network of pathways, connecting two day clinics with four outpatient operating rooms.

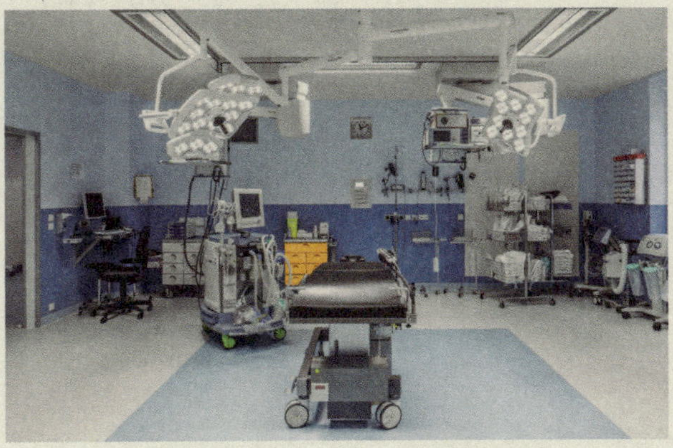

In den oberen Ebenen befinden sich die Neonatologie, acht Operationssäle sowie die Normalstationen mit 560 Betten.

On the levels above are a neonatology centre, eight operating rooms and the normal care wards with a total of 560 beds.

Marburger Ionenstrahl Therapiezentrum (MIT) / Marburg Ion Beam Therapy Center (MIT), Marburg

Bauherr / Client:	Hauptnutzfläche / Primary floor space:	Bruttogrundfläche / Gross floor area:	Bruttorauminhalt / Gross cubic volume:	Fertigstellung / Completion:	Auszeichnung / Award:
UKGM – Universitätsklinikum Gießen Marburg GmbH / Rhön-Klinikum AG	2500 m^2	11530 m^3	70200 m^3	2009	AKG Preis Auszeichnung herausragender Gesundheitsbauten 2013, Preisträger

Das Marburger Ionenstrahl-Therapiezentrum (vormals Partikel-Therapie-Zentrum Marburg) ist eine Ambulanz für die dreidimensionale Strahlentherapie mit Protonen und Schwerionen von onkologischen Erkrankungen. Sie ist eine der weltweit führenden Anlagen für diese Art von Technologie.

The Marburg Ion Beam Therapy Center (formerly Particle Therapy Center Marburg) is an outpatient clinic for three-dimensional radiotherapy for oncological diseases using protons and heavy ions. It is one of the world's leading facilities for this type of technology.

Die Anordnung und Plastizität des Gebäudevolumens entspricht dem spezifischen Therapieablauf und den technischen Spezifikationen zur Erzeugung und Führung der Partikelstrahlen. Die Gebäudeseite, an der der Haupteingang liegt, ist eine einzige Öffnung: großzügig, weit und verglast.

The layout and plasticity of the building volume correspond to the specific therapy "workflow" and the technical specifications for generating and guiding particle beams. The side of the building where the main entrance is situated is one big opening, generously dimensioned, broad and glazed.

Mit dieser fast übergroßen Geste der Offenheit wird der Patient empfangen. Seine Perspektive einnehmend, sollen die technischen Elemente soweit als möglich aus seinem Blickfeld rücken.

The patient is welcomed inside with this almost oversized gesture of openness. Trying to see things through the patients' eyes meant removing the technical elements as far as possible from their field of vision.

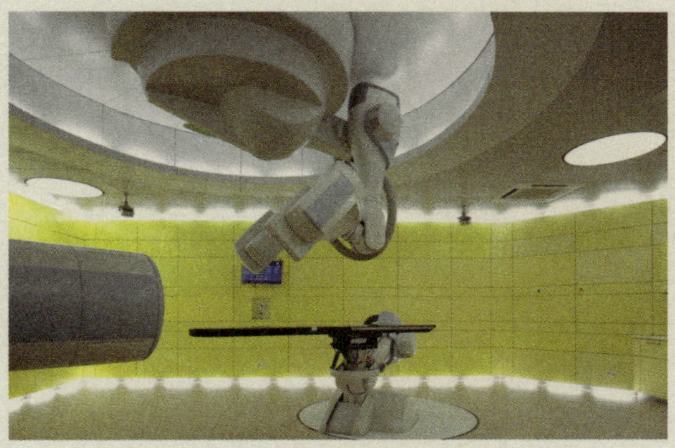

Je mehr die räumliche Enge aus therapeutischen Gründen zunehmen muss, umso stärker wird mit architektonischen Mitteln der enger werdende Raum in Auflösung gebracht.

The narrower the room needs to be for the treatment, the more strongly the spatial impression of close quarters is alleviated through architectural means.

Die größte Herausforderung liegt dabei in der Koordination eines Linearbeschleunigers eines Synchrotrons und einer Strahlführung hin zu den Räumen, in denen über Roboter die Patienten vor dem Ionenstrahl positioniert werden.

The great challenge here lies in coordinating the linear accelerator of a synchrotron with a system for guiding the beam to the treatment rooms, where robots position the patients in front of the ion beam.

Il. 7

Das Farbkonzept für das Klinikum Pforzheim knüpft an die Zeit an, in der Pforzheim als Stadt der Juweliere und Kunsthandwerker überregionale Bedeutung hatte. Von Purpur bis Goldgelb reicht die Palette der Goldtöne, abstrahiert über eine Pixelstruktur.

The colour scheme and material concept for the Clinical Center Pforzheim harks back to the days when Pforzheim was known far and wide as a city of jewellers and artisans. The palette of gold tones ranges from crimson to golden yellow, abstracted via a pixel structure.

Klinikum Pforzheim /
Clinical Center Pforzheim,
Pforzheim

Infopunkt 1
Aufzug
Infopunkt 1

Marburger Ionenstrahl Therapiezentrum (MIT) /
Marburg Ion Beam Therapy Center (MIT),
Marburg

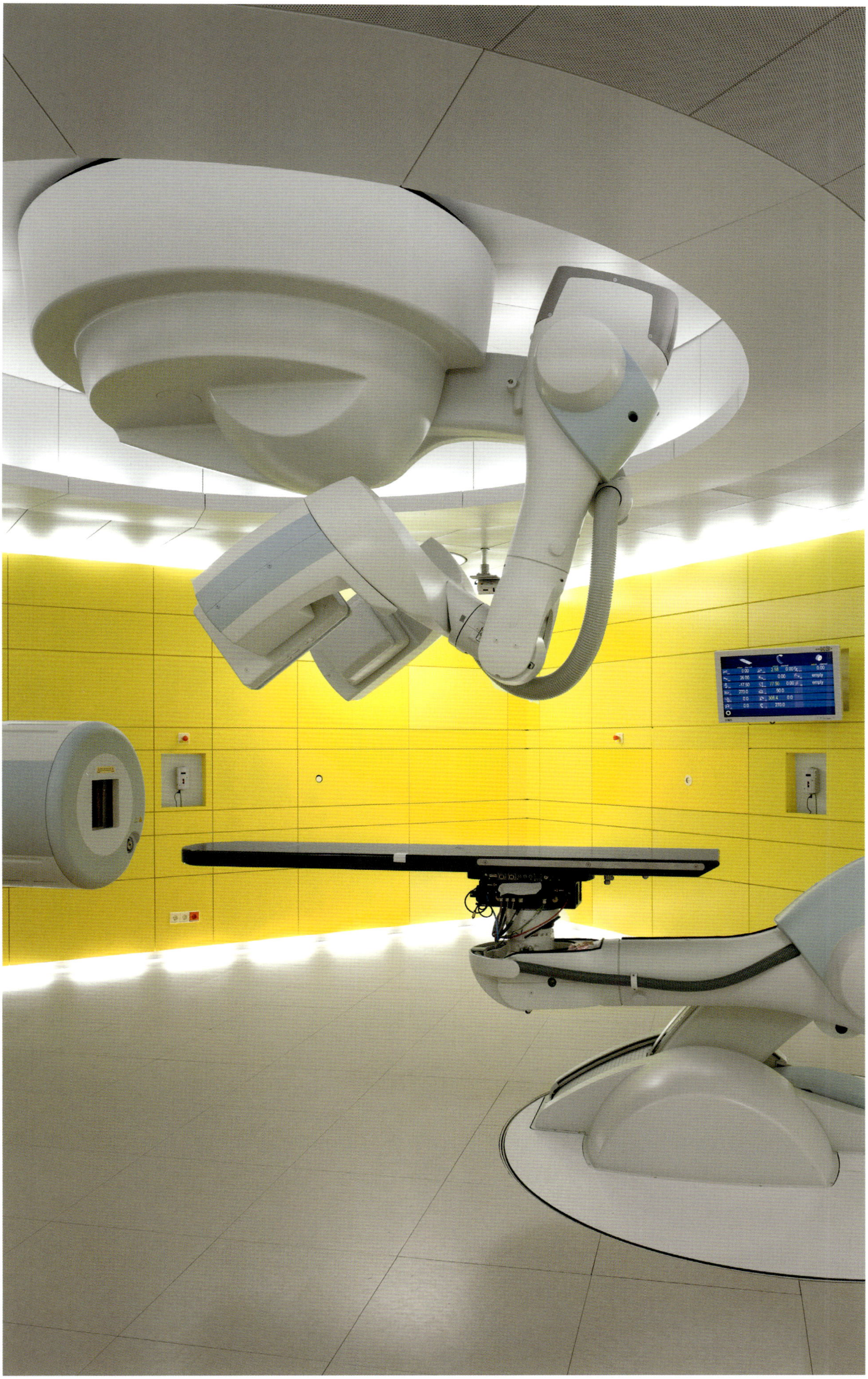

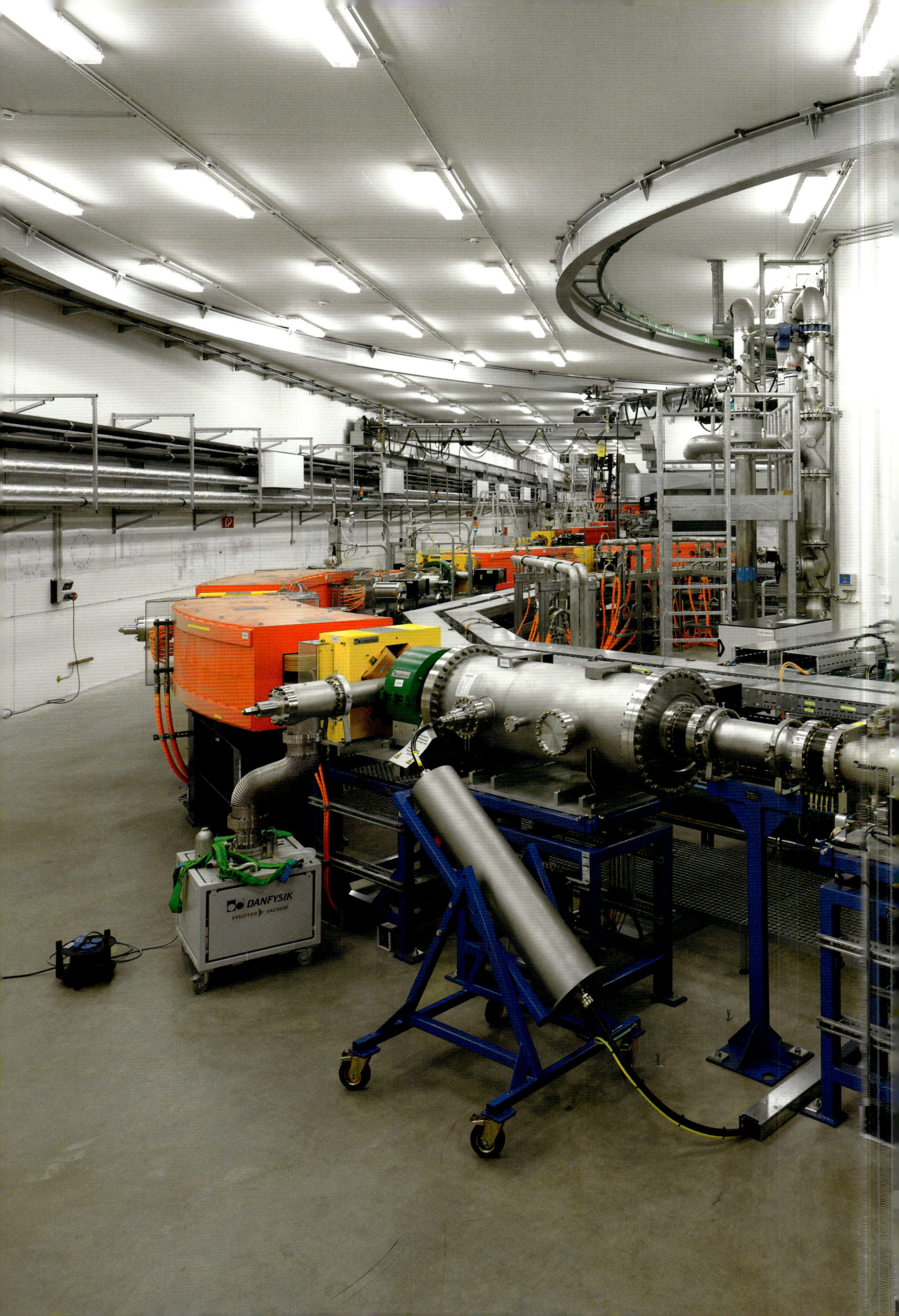
DANFYSIK
PFEIFFER VACUUM

8 PROGRAMM: Erst das Programm, dann der Raum – wenn die funktionalen, technischen, kulturellen und gestalterischen Aspekte der Aufgabe einer räumlichen Struktur entsprechen, entsteht architektonische Qualität.

8 PROGRAMME: First the programme, then the space – if the functional, technical, cultural and design aspects in the brief are fulfilled in a spatial structure, architectural quality is created.

VERGANGENHEIT – ZUKUNFT

Forschungsbauten sind komplexe und herausfordernde Typologien, die auf individuelle programmatische, strukturelle und funktionale Anforderungen im Laufe der Zeit immer neu reagieren müssen. Was wir heute als Bauten für Forschung und Lehre kennen, ist das Ergebnis eines langen Prozesses. Um 1750 zeigt die nie verwirklichte Vision einer Universität von Giovanni Battista Piranesi die ideale Verknüpfung der verschiedenen Funktionen einer Lehr- und Forschungsanstalt, die alle Aspekte des Lebens beinhaltet. Erst Ende des 19. Jahrhunderts, später auch unter dem Einfluss der von der CIAM (Congrès Internationaux d'Architecture Moderne) propagierten Funktionstrennung, geschieht eine spezifische räumliche Zuweisung je nach Wissenschaftsbereich. Doch ist diese räumliche Trennung der Funktionen noch zeitgemäß? Fordert eine sich verändernde Arbeitsweise mit interdisziplinärer Vernetzung und virtuellem Austausch nicht auch neue Themen und Schwerpunkte? Welchen baulichen und strukturellen Herausforderungen muss sich die zeitgemäße Forschungsarchitektur in Zukunft stellen? Und was ist Architekturqualität aus Sicht der Wissenschaft?

PAST – FUTURE

Research buildings are complex and challenging typologies that must respond to individual programmatic, structural and functional requirements that change over time. The kind of buildings we are now familiar with for research and teaching have resulted from a long process. The vision Giovanni Battista Piranesi conceived for a university around 1750, one that was never realised, illustrates the ideal combination of the various functions of a teaching and research institute, which embrace all aspects of life. Not until the end of the nineteenth century – and later also under the influence of the separation of functions propagated by CIAM (Congrès Internationaux d'Architecture Moderne) – would spaces be specifically allocated to the different scientific fields. But is this spatial separation of functions still useful in this day and age? Doesn't our changed way of working, with today's interdisciplinary networking and virtual exchange, demand new concepts and priorities? Which structural and construction challenges will contemporary research architecture face in the future? And what is architectural quality from the point of view of scientific research?

QUO VADIS FORSCHUNGSBAU?

Bauen für Forschung dient zwei Grundbedürfnissen: dem Streben nach Erkenntnis sowie dem Schaffen von Heimat.

WHAT IS THE FUTURE FOR RESEARCH BUILDINGS?

From the point of view of the Max Planck Society, buildings for research serve two elementary purposes: the pursuit of knowledge and the creation of a home for scientists.

EVA HERRMANN IM INTERVIEW MIT / IN CONVERSATION WITH
DIETER GRÖMLING, ANGELIKA MALINOWSKI, DANIELA WURST UND / AND RUDOLF OBERHOLZNER
VON DER / FROM THE MAX-PLANCK-GESELLSCHAFT

Seit 1963 verfügt die Max-Planck-Gesellschaft über eine eigene Bauabteilung (Abteilung Forschungsbau-Technik-Immobilien), deren Aufgabe es ist, bedarfsgerechte Arbeits- und Lebenswelten für die Forschung zu entwickeln und zu realisieren. Derzeit betreut sie ca. 50 Standorte mit über 1,2 Millionen Quadratmeter Bruttogeschossfläche. Kaum ein Bautypus ist so teuer in Investition und Betrieb wie der Forschungsbau. Denn wissenschaftliche Gebäude müssen vielfältigen Anforderungen entsprechen und Spitzenforschung braucht optimale infrastrukturelle Bedingungen, um wettbewerbsfähig zu sein. Zu den Bauaufgaben der Max-Planck-Gesellschaft gehören neben natur- und geisteswissenschaftlichen Instituten, Laboratorien, Rechenzentren und Räume für Großgeräte auch Gewächs- und Tierhäuser.

Für ein Gespräch über die Herausforderungen der Vergangenheit und der Zukunft des Bauens für die Forschung traf sich Eva Herrmann im Mai 2019 mit Dieter Grömling, Angelika Malinowski, Daniela Wurst und Rudolf Oberholzner, Max-Planck-Gesellschaft, Abteilung Forschungsbau und Infrastruktur.

Since 1963, the Max Planck Society has had its own construction department (Research Construction-Engineering-Real Estate) tasked with developing and implementing needs-based working and living environments for research. This department currently manages some 50 locations totalling over 1.2 million square meters of gross floor area. Investing in and operating a research building is more costly than for almost any other building type. This is because buildings designed for scientific research have to meet a wide range of requirements, and cutting-edge research has to take place under optimal infrastructural conditions in order to be competitive. The construction projects undertaken by the Max Planck Society include natural science and humanities institutes, laboratories, greenhouses and animal facilities, computer centres, and rooms for large-scale apparatus.
In May 2019, Eva Herrmann met with Dieter Grömling, Angelika Malinowski, Daniela Wurst and Rudolf Oberholzner from the Max Planck Society's Department of Research Construction and Infrastructure to discuss the challenges faced in the past as well as the future of research buildings.

In einem Artikel für die Fachzeitschrift DETAIL aus dem Jahr 2010 beschreiben sie, Herr Grömling, als Erfolgsbaustein für ein Projekt die fundierte Bedarfsplanung. Basierend auf dem wissenschaftlichen Konzept, Finanzressourcen für Personal und apparative Ausstattung sowie räumlicher Quantitäten und Qualitäten. Welche Veränderungen konnten Sie in den letzten Jahren feststellen?

Dieter Grömling (DG) Zuerst einmal kann man festhalten, dass wir unsere Arbeit nicht nach Innovationscharakter oder Architekturströmungen strukturieren. Die Ergebnisse entstehen an individuell konzipierten, bedarfsgerechten, wirtschaftlichen Einzelprojekten, denen keine übergreifende Philosophie zugrunde liegt. Übergreifende Erkenntnisse können aber daraus abgeleitet werden.

Angelika Malinowski (AM) Ein Thema, aus dem sich eine Philosophie entwickelt hat, ist z.B. der Ansatz, dass Kommunikationsbereiche ein sehr hohes Gewicht haben. Wissenschaft funktioniert heute mehr über Austausch.

Daniela Wurst (DW) Tatsächlich gab es Anfang 2000 einen Umbruch, als mit der internen Fortschreibung der Leitfadenentwicklung die Kommunikationsflächen als Hauptnutzungsflächen anerkannt wurden und damit eine andere Wertschätzung erfahren haben.

In a 2010 article for the architecture journal DETAIL, Mr. Grömling cited thorough requirements planning as a factor for the success of a building project. This planning must be based on the scientific concept for the building, the financial resources available for personnel and equipment, and the required spatial quantities and qualities. What changes have you noticed in recent years?

Dieter Grömling (DG) First of all, let me point out that we do not structure our work according to innovative aspects or architectural trends. The buildings result from individually conceived, needs-based, economically viable projects that are not based on any overarching philosophy. This process does allow us, however, to derive comprehensive findings.

Angelika Malinowski (AM) One theme from which a philosophy has developed is for example our approach of giving a great deal of weight to communication areas, because science today functions more than ever via exchange.

Daniela Wurst (DW) There was in fact a turning point at the beginning of 2000 when our revised guidelines recognised communication areas as the main areas of use, thus according them a new level of appreciation.

„… Kaum eine Gebäudekategorie ist so teuer in Investition und Betrieb wie der Forschungsbau. Kaum ein Bautypus muss so viele, teilweise sich widersprechende planungstheoretische sowie technisch und funktional definierte Anforderungen in sich vereinen. Bauten für Wissenschaft und Forschung stellen also eine besonders hohe fachliche Herausforderung für alle an Bedarfsfindung, Planung und Bau Beteiligten dar.“

Dieter Grömling, Max-Planck-Gesellschaft zur Förderung der Wissenschaften e. V.

“… Hardly any other type of building requires as much investment or is as expensive to run as a research building. Hardly any other type of building has to unite as many, in some cases contradictory, planning-related, technical and functional requirements. Science and research buildings therefore pose a challenge for all involved in terms of establishing needs, planning and construction.”

DG Es kommt auch auf die Wortwahl an. In den 1990er-Jahren war *Centre of Gravity* (Wortschöpfung von Gunter Henn, Anmerkung der Redaktion) das Schlagwort der Architektur, ein Plädoyer für große Innenräume, zentrale Treffpunkte in Gebäuden. Natürlich gab es diese Räume schon immer, die wurden nur anders benannt. Heute spricht man über einen Ort *kommunikativer Dichte*, was nichts anderes bedeutet als kleinere Kommunikationsräume. Doch als Konstante und wesentlicher Faktor in der Forschung bleibt das sich Treffen, der Austausch miteinander. Möglicherweise in Zeiten der Interdisziplinarität noch mehr als früher.
AM Hier fängt es an, spannend zu werden. Wir werden sicher auch darüber nachdenken müssen, inwieweit die neuen Entwicklungen hin zur Digitalisierung und Künstlichen Intelligenz den Austausch sozial und räumlich verändern werden.
DG Das bedeutet auch darüber nachzudenken, was die virtuelle Arbeit im Internet für Folgen an den Anspruch an Raum hat?
DW Man muss das sicherlich differenzierend betrachten und nach Nutzer und Organisationsstruktur unterscheiden, wer mit wem kommunizieren will und muss. Aber die Frage stellt sich schon, ob man im digitalen Zeitalter über Raum und Raumqualitäten die Nutzer von den Bildschirmen locken kann.

DG It also depends on the choice of words. In the 90s, *centre of gravity* (editor's note: a term coined by Gunter Henn) was the buzzword for the architecture, advocating spacious interiors with central meeting points. Such spaces have always existed of course, but now they were given a different name. Today we talk of *communicative density*, which means nothing more than smaller communication spaces. But a constant and essential factor in research remains meeting and exchanging information with others. This is possibly even more important than ever in these days of interdisciplinary work.
AM This is where it starts to get interesting. We will certainly also have to starting thinking about the extent to which the new developments towards digitalisation and artificial intelligence will change the quality of exchange in social and spatial terms.
DG This also means thinking about what consequences virtual work on the internet has for the demands made on a space?
DW One must certainly look at this in a differentiated fashion and distinguish between various types of user and organisational structure, determining who wants to and must talk to whom. But the question already arises today as to whether, in the digital age, it is possible to lure users away from their screens by offering them attractive spaces and spatial qualities.

Wir lernen derzeit aus einer aktuellen Institutsneugründung – dem Max-Planck-Institut für Cybersicherheit und Schutz der Privatsphäre in Bochum – von der wir ausgehen, dass dort viele Nerds unterwegs sein werden. Spielwiesen à la Google mit Kicker und offenen Arbeitsbereichen ist nicht das, was die Forscher wollen. Im Gegenteil, diese Offenheit ist ihnen fremd, sie fordern eine klassische Bürostruktur mit Räumen, in denen sie sich als Gruppe treffen können. Wir haben alle das Bild von den Digital Nomads, aber das entspricht selten der Realität im Bereich der Forschung und Wissenschaft. Hier gibt es andere Anforderungen. Wobei es interessant wäre herauszufinden, ob das Fremdeln daraus resultiert, dass sie nur klassische Strukturen kennen, oder sich die neuen Freiräume schlicht gedanklich nicht vorstellen können.

We are learning about this from a recently founded institute – the Max Planck Institute for Cyber Security and Privacy in Bochum – where we assume there will be many nerds around. Playgrounds like those offered by Google, with table football and open workspaces, are not what the researchers want. On the contrary, this kind of openness is alien to them; they want instead a classic office structure that also includes rooms where they can meet as a group. The image we have of digital nomads does not correspond to the reality of the requirements. It would be interesting to find out whether their rejection results from the fact that classical offices are all they know, or whether they simply cannot imagine working in the new open workspaces.

Das bedeutet, man braucht wahrscheinlich auch andere Bilder, um Raumkonstellationen und -atmosphären schon in der Bedarfsplanung zu vermitteln?

DW Das diskutieren wir gerade. Es ist vergleichsweise schwierig, ein sich veränderndes theoretisches Raumprogramm in eine räumliche Anforderung zu übersetzen. Aber Fakt bleibt: mit einem Gebäude kann man nicht Probleme lösen, die entstehen, wenn die Nutzer nicht miteinander kommunizieren wollen.

Die innenräumliche Beziehung zwischen hochinstallierten Laboratorien und niedriginstallierten Büros ist richtungsweisend und bereits in der Planung zu berücksichtigen. Wissenschaftler wollen eine Durchmischung der Funktionen, während die Planer aus wirtschaftlichen und technischen Gründen eine Separierung bevorzugen. Wie löst man diesen Konflikt?

DW Institute werden immer für die Funktion entwickelt, die ihrem Typus entspricht und mit einer gewissen Flexibilität ausgestattet ist. Im zweiten Schritt muss die Kommunikation gelöst werden. Die räumliche Zuordnung hängt von mehreren Faktoren ab: z.B. den äußeren, städtebaulichen Bedingungen am Standort. Wenn aus städtebaulichen

Does this also mean that other media are needed to convey an impression of spatial constellations and atmospheres during the planning phase?

DW We are currently discussing that issue, something that is comparatively difficult when given a theoretical spatial programme that cannot be translated into a set of space requirements. But the fact remains that a building cannot solve problems that arise when people don't want to communicate with each other.

The relation in the interior between high-tech laboratories and low-tech offices is a major factor to consider and must be taken into account at the planning stage. Scientists want a mix of functions, while planners prefer separation for economic and technical reasons. How do you resolve this conflict?

DW Institutes are always built around the function that corresponds to their type, with a certain amount of flexibility built in, and the second step is then to solve the communication issue. The allocation of space depends on several factors: for example, the external urban conditions at the location. If, for urban planning reasons, densification is the only way to build, a building will emerge where, in contrast to

Gründen eine Verdichtung die einzige Chance ist, wird ein Gebäude entstehen – im Gegensatz zu einer lockeren Bebauung mit mehreren Volumen, wo Funktionen auch räumlich getrennt werden können. Außerdem hängt es stark vom Forschungsbereich ab – z.B. haben Physik oder Biologie unterschiedliche Anforderungen an Laborflächen und Raumzusammenhänge. Bei getrennten Gebäudestrukturen hat man natürlich wiederum das Thema, ein räumliches Zentrum zu schaffen, unabhängig vom Nutzer. Und für Flexibilität sind mehrere kleine Einheiten auch nicht der richtige Ansatz.

Wie flexibel kann man dann überhaupt noch sein, auch die Kommunikationsflächen betreffend?

Rudolf Oberholzer (RO) Auch das kommt darauf an, welche Forschungsrichtung man betrachtet. Zum Beispiel ist bei der Laserphysik die Anforderung aus der Wissenschaft heraus schon eine große Herausforderung. Die Lage der Labore ist meist im Untergeschoss, immer abgeschottet und mit Schleusen versehen. Wie will man hier Flächen zonieren, in denen sich Menschen begegnen?

DW Es ist aber auch eine Platzfrage; wo es städtebaulich keine andere Lösung gibt, wo sich Funktionen nicht räumlich trennen lassen,

sprawling construction, the functions can also be separated spatially. The organisation also depends to a great extent on the particular field of research – for example, physics and biology have different requirements in terms of laboratory areas and spatial connections. In the case of separate buildings in a complex, the aim is of course once again to create a spatial centre of gravity for all users. But this is not the right approach either when it comes to flexibility.

How flexible can you still be, even for communication areas?

Rudolf Oberholzer (RO) That, too, depends on the research direction you are looking at. In laser physics, for example, it is already a huge challenge to meet the requirements of the scientific research alone. The laboratories usually have to be located in the basement, always sealed off and equipped with airlocks. In this case, how is it possible to set aside areas where people will meet?

DW But it is also a question of space; where there is no other urban solution, where functions cannot be spatially separated, such as at the Max Planck Institute for Biology of Ageing in Cologne, you have to stack things up; everything automatically becomes denser and therefore more communicative.

Giovanni Battista Piranesi, Idealplan einer Universität, ca. 1750

Giovanni Battista Piranesi, plan of the ideal university. c. 1750

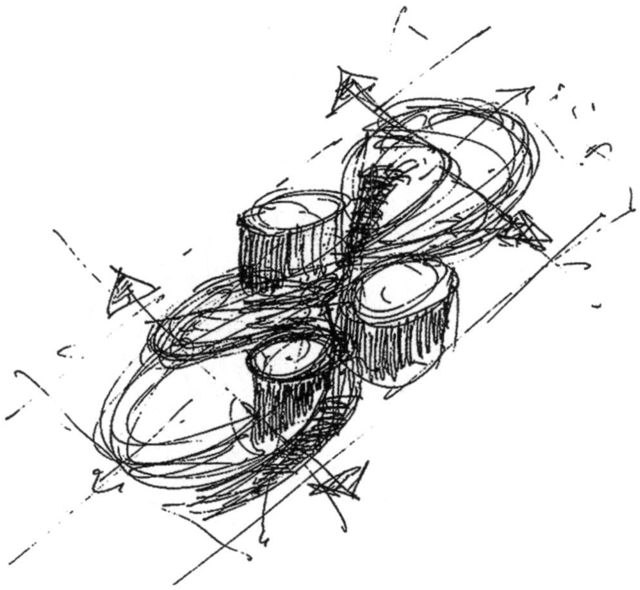

Center of Gravity. Skizze Max-Planck-Institut für Biologie des Alterns, Köln

Center of Gravity, Sketch Max Planck Institute for Biology of Ageing, Cologne

1
Laborlandschaft / Laboratory landscape

2
Büros und Sonder-labore / Offices and special laboratories

3
Besprechungsräume / Meeting rooms

4
Infrastruktur, Versorgung / Infrastructure, supplies

5
Gästeapartments / Guest rooms

wie beim Max-Planck-Institut für Biologie des Alterns in Köln, muss man stapeln, wird automatisch dichter und damit auch kommunikativer. Wo es diese Einschränkungen nicht gibt, z.B. beim Max-Planck-Institut für Hirnforschung in Frankfurt, kann man flächig entwickeln. Und es kommt auch immer aus der Organisationsstruktur heraus, das Haus kann dabei nur unterstützen.

DG Ja, die Vorstellungen seitens der Ausrichtung der Forschungseinrichtungen: Vor zehn Jahren gab es mal die Tendenz zur Öffnung der Laborstrukturen ... und heute? Wie haben sich die Größe und Struktur der Laborlandschaft seitdem verändert?

RO Auch hier muss man zwischen dem Flächenbedarf für die Arbeitsplätze der Forscher und dem für die technische Infrastruktur unterscheiden. Der Trend geht bei den Forschungsgruppen – abhängig von der Forschungsrichtung – zu mittelgroßen Flächen bis zu ca. 40 Quadratmetern und zu kleineren Teams, die wiederum mit anderen Teams arbeiten. Dagegen haben die neuen Technologien bewirkt, dass die Flächen für Apparaturen kleiner werden können. Die neuen Apparate unterstützen die Automatisierung, die menschliche Arbeit wird weniger, da z.B. eine Befüllung von Proben vollautomatisch über die Geräte geschehen kann.

Where these restrictions do not exist, for example at the Max Planck Institute for Brain Research in Frankfurt, it is possible to organise functions across a broader area. It always depends on the respective organisational structure required; the building can only serve to support this.

DG And in terms of research facilities, ten years ago there was a tendency to open up laboratory structures. How have the size/structure of the laboratory landscape changed since then?

RO Here, too, a distinction must be made between working methods and technical infrastructure. While the trend among research groups – depending on the research field – is towards medium-sized areas up to approximately 40 square meters and smaller teams working with other teams, the new technologies have meant that the areas needed for apparatus can become smaller. The new devices support automation, and human work is required less frequently, because the filling of samples, for example, is carried out fully automatically by the devices. Today, the finest methods of analysis have made everything possible in a minimum amount of space, with automatic data transmission sending the measurement results to the evaluation stations. This has the effect of shifting the parameters of the spatial programme.

„Im Zentrum des hochinstallierten Forschungsbaus liegt nach innen orientiert ein lichtdurchfluteter, Teamarbeit fördernder Eingangsraum, der den Besucher einlädt, überrascht, fast überwältigt und an den man sich erinnern wird. Ein Gastwissenschaftler hat es so formuliert: Dieses Gebäude wird Euch einen enormen und unschätzbaren Vorteil bei der Anwerbung der besten Wissenschaftler bringen.
Der Bau ist kompakt, funktional optimiert, sehr gut zoniert, gestapelt."

"In the centre of the highly-installed research building lies a light-flooded, team-work-promoting entrance hall, which is inviting, suprising, indeed almost overwhelming, and memorable. As one guest scientist put it, this building will bring you a tremendous and invaluable advantage in attracting the best scientists. The construction is compact, functionally optimised, very well zoned, stacked."

Dieter Grömling,
Max-Planck-Gesellschaft zur Förderung der Wissenschaften e. V.

Heute ist durch feinste Analysemethoden alles im Minimalbereich möglich, die automatische Datenübertragung sendet die Messergebnisse an die Auswertungsplätze, damit verschieben sich auch die Parameter im Raumprogramm.

DW Das ist richtig, zum Teil werden Flächen in den Laborbereichen frei, die wiederum durch die räumliche Verschiebung der Funktion in den Büroflächen fehlen. Dies ist jedoch noch nicht in offizielle Flächenkennwerte überführt, denn eine 1:1 Übertragbarkeit des Flächentauschs kann es nicht geben. Auch spiegeln sich die Verschiebungen noch nicht im Raumprogramm wider. Deshalb sind kluge Achsraster so elementar wichtig, um flexibel zu bleiben. Nichtsdestotrotz bleibt es ein großer Spagat zwischen theoretischem Raumprogramm und reeller Umsetzung.

DW That is correct: certain laboratory areas have been freed up as functions shift to the offices, which then require additional space. However, this shift has not yet been translated into official spatial usage data, because there can be no 1:1 transferability in the exchange. The shifts are not yet reflected in the spatial programme either. That's why intelligent planning grids are so important for remaining flexible. Nevertheless, there is still a great balancing act required between theoretical spatial planning and real implementation on the site.

Im Hinblick auf das Bauen im Bestand – wie flexibel müssen bzw. können Forschungsbauten sein? Können die heutigen Gebäude denn so gedacht werden, dass es ein anderes Leben geben kann?

RO Dazu muss man den Gebäudebestand differenziert betrachten. Wir bewegen uns in einem Doppelzyklus: 40 Jahre für ein Gebäude, 20 Jahre für die hochspezialisierte Gebäudetechnik, da muss man vorausschauend handeln.

DW Dazu kommt der Standardzyklus des Wissenschaftsbereichs, der mit fünf bis zehn Jahren einem schnellen Wandel unterworfen ist. Dieser setzt sich zusammen aus dem personellen Betrachtungszeitraum, d.h. Personal, das für einen gewissen Zeitraum finanziell abgesichert ist, und einem volatilen Anteil aus Drittmitteln, der Schwankungen unterlegen ist. Das Problem liegt nicht im laufenden Betrieb. Die Organisationsstrukturen sind geprägt durch stete Änderungen und schnelle Wechsel, die man mit einem klugen Flächenmanagement abfedern kann. Problematisch wird es, wenn neue Abteilungen oder Forschungsgruppen mit neuen Anforderungen dazu kommen. Aber schon jetzt versuchen wir in die Zukunft zu denken und teilweise Bedingungen zu erfüllen, die noch gar nicht abgerufen werden; Umnutzungsmöglichkeiten zu

With regard to construction within the existing building stock – how flexible must or can research buildings be? Are today's buildings planned in such a way that they can later take on a different life?

RO We have to first look at the building stock in a differentiated manner. We are moving here within a double cycle: 40 years for a building, 20 years for highly specialised building engineering. That's why one has to act with foresight.

DW And there is also the standard cycle for the scientific field to consider, which is subject to rapid change every five to ten years. This cycle is made up of the personnel aspect, i.e., people whose jobs are financially secure for a certain period of time, and a volatile ratio of third-party funding, which is subject to fluctuations. The problem does not lie in ongoing operations. The organisational structures are characterised by constant modifications and rapid replacement, which can be cushioned by clever space management. Things become problematic when new departments or research groups arrive with new requirements. But we try to foresee the future and in some cases to meet demands that have not even been registered yet; we try to leave room for conversion to other uses, to design building configurations that allow for alternative uses, and to incorporate

schaffen, Gebäudekonfigurationen so anzulegen, dass eine andere Nutzung möglich ist, oder konkret Räume zu überhöhen, um später aus einem Bürobereich ein Labor machen zu können.

AM Zum zukunftsfähigen Bauen gehören viele Aspekte, die Flexibilität eines Gebäudes ist nur ein kleiner Teil. Standardisierung ist momentan ein Teil des Kulturwandels bei der Max-Planck-Gesellschaft (MPG). Bislang hat man speziell angepasste Unikate für die Forscher gebaut. Nun denken wir darüber nach, welche Elemente wir standardisieren können und diese so effizient wie möglich zu nutzen – und nur noch Teilbereiche individuell zu gestalten. Auch das Thema Nachhaltigkeit ist oben auf der Agenda. Ein Gebäude nach dem Leitfaden der MPG umgesetzt wird automatisch mit Silber zertifiziert. Wenn auch noch die Umsetzung mit Baustoffen nach dem Cradle-to-Cradle-Prinzip geschieht, dann in Gold.

RO Nachhaltig bauen bedeutet auch, darüber nachzudenken, wie man technische Infrastrukturen schafft, die zu einem späteren Zeitpunkt anders genutzt werden können. Oder Versorgungsstrukturen zu entwickeln, die durchdacht und mit Vorhalteflächen versehen sind. Nachhaltig heißt auch energieeffizient zu bauen. Aber *Keep it simple* ist die Devise, denn es sind auch hier Menschen und nicht Maschinen, die es betreiben müssen, das wird gerne ausgeblendet.

over-height spaces in case offices must later be converted into laboratories.

AM Future-ready construction involves many different aspects; the flexibility of a building is just a small part of it. Standardisation is but a single element of the cultural transformation taking place at the Max Planck Society. So far, we have been building specially adapted unique structures for researchers, but now we are thinking about using the elements that we can standardise as efficiently as possible and only designing certain parts individually. The issue of sustainability is also high on the agenda. A building constructed according to the Max Planck Society guidelines is automatically certified with silver, and in the case of a cradle-to-cradle use of building materials, with gold.

RO Sustainable construction also means thinking about how to create technical infrastructures that can be used differently at a later stage. We strive to carefully conceive supply structures and equip them with areas reserved for future uses. Sustainability also means energy-efficient construction. *Keep it simple* is the motto, because we also have to consider the people who will be operating the building, something that is often forgotten.

Womit wir wieder bei den Menschen, den Köpfen dahinter sind…

DG Die Orte, wo die Wissenschaft sich nach meinen Erfahrungen am wohlsten fühlt, wo Menschen und Häuser gut funktionieren, sind meistens zentrierte Gebäude, also ein räumliches Zentrum und kurze Wege. Das sind Projekte, die seit Jahrzehnten stark geblieben sind – und immer noch Forscher motivieren, auch wegen dem Haus zu uns zu kommen.

Which brings us back to the people, the minds behind it all …

DG In my experience, the places where science feels most at home, where people and buildings function well, are mostly nodal structures with a spatial centre of gravity and short distances. These are projects that have remained strong for decades and still motivate researchers to come to us because of the attractive building.

Center of Brain, Behavior and Metabolism (CBBM), Universität zu Lübeck / Center of Brain, Behavior and Metabolism (CBBM), University of Lübeck, Lübeck

Bauherr / Client	Hauptnutzfläche / Primary floor space:	Bruttogrundfläche / Gross floor area:	Bruttorauminhalt / Gross cubic volume:	Fertigstellung / Completion:	Auszeichnung / Award:
Land Schleswig-Holstein, Gebäudemanagement Schleswig-Holstein AöR (GMSH)	5435 m^2	13180 m^2	55020 m^3	2016	Deutscher Hochschulbaupreis 2018, Auszeichnung

Der Neubau des CBBM auf dem Campus der Universität zu Lübeck bietet Raum für die interdisziplinäre Forschungsarbeit von drei Instituten: dem Institut für Neuroradiologie, Institut für Neuroendokrinologie und das Institut für Pharmakologie.

The new CBBM building on the campus of the University of Lübeck offers space for interdisciplinary research by three institutes: the Institute of Neuroradiology, the Institute of Neuroendocrinology and the Institute of Pharmacology.

Um ein zentrales Atrium gruppieren sich unterschiedliche Labore, Glucose-Clamp-Einheiten und Schaflabore auf vier Vollgeschossen.

Various laboratories, glucose clamp units and sleep labs are grouped on four full floors around a central atrium.

Die beiden transparent überdachten Lichthöfe bieten Blickbezüge und Einblicke in die Laborcluster.

The two roofed glass courtyards offer views into and out of the lab cluster.

Raum für Kommunikation ist notwendiger Bestandteil eines nachhaltigen Gebäudekonzepts.

Space for communication is a vital component of a sustainable building concept.

Jürgen Naverschnigg, hammeskrause architekten

Die visuell erlebbare Vernetzung fördert die Identität des CBBM und macht die Forschung und wissenschaftliche Laborarbeit auch im Zentrum des Gebäudes sichtbar.

Such close contact in turn fosters the identity of the CBBM and makes the research and scientific laboratory work going on in the building perceptible at its centre.

Max-Planck-Institut für Biologie des Alterns / Max Planck Institute for Biology of Ageing, Köln / Cologne

Bauherr / Client:	Hauptnutzfläche / Primary floor space:	Bruttogrundfläche / Gross floor area:	Bruttorauminhalt / Gross cubic volume:	Fertigstellung / Completion:	Auszeichnung / Award:
Max-Planck-Gesellschaft zur Förderung der Wissenschaften e. V.	8560 m^2	20340 m^2	87600 m^3	2013	1. Preis nichtoffener Wettbewerb 2008 Bewertungssystem Nachhaltiges Bauen (BNB), Silber-Zertifizierung (2008)

Auf dem Campus der Uniklinik in Köln erforschen im Max-Planck-Institut für Biologie des Alterns internationale Teams von Wissenschaftlern fachübergreifend die Prozesse des Alterns. Aufgrund der räumlich beengten Lage des innerstädtischen Grundstücks stand die Schaffung großer, verdichteter Laborlandschaften im direkten räumlichen Kontakt mit kommunikativen Zonen im Vordergrund.

At the Max Planck Institute for Biology of Ageing on the campus of the University Hospital of Cologne, international teams study the process of ageing from an interdisciplinary perspective. Due to spatial constraints on the inner-city site, the architects focused on creating extensive but densely packed laboratory landscapes directly connected to communication zones.

Das räumliche Konzept wurde aus diesen besonderen funktionalen und organisatorischen Anforderungen für die integrativen Labor-/Bürocluster der einzelnen Abteilungen und deren Verknüpfung untereinander entwickelt.

Out of the special functional and organisational demands of the integrated lab/office clusters, a spatial concept was developed for laying out the individual departments and linking them together.

Das Atrium bildet dabei den räumlich nutzbaren, zentralen Ort innerhalb des kompakten, dichten Gebäudes – es ist die Schnittstelle der internen und externen Kommunikation.

The atrium at the centre of the dense and compact building forms the hub of all activity and an interface between internal and external communication.

Für Innovationen ist es erwiesenermaßen wichtig, dass Menschen sich spontan treffen können. Architektur muss hierfür inspirierende Orte und die passende Atmosphäre schaffen.

It has been demonstrated that innovation arises where people cross paths spontaneously. Architecture is tasked with creating an inspiring atmosphere and the right places for this to happen.

Markus Hammes

Wegeverbindungen, die das räumliche Zentrum kreuzen, als auch direkte Weg in die nächste Abteilung sind möglich. Ihre Orientierung zum Atrium hin generiert die gewünschten Blickbeziehungen zwischen wissenschaftlicher Laborarbeit sowie Besuchern, Gästen und Mitarbeitern.

All areas of the building can be reached either by crossing through this centre or directly from department to department. The research areas all look onto the atrium to create the desired sightlines between scientific work in the laboratory and passing visitors, guests and staff.

Center of Brain, Behavior and Metabolism (CBBM), Universität zu Lübeck / Center of Brain, Behavior and Metabolism (CBBM), University of Lübeck, Lübeck

CBBM

Max-Planck-Institut für Biologie des Alterns /
Max Planck Institute for Biology of Ageing,
Köln / Cologne

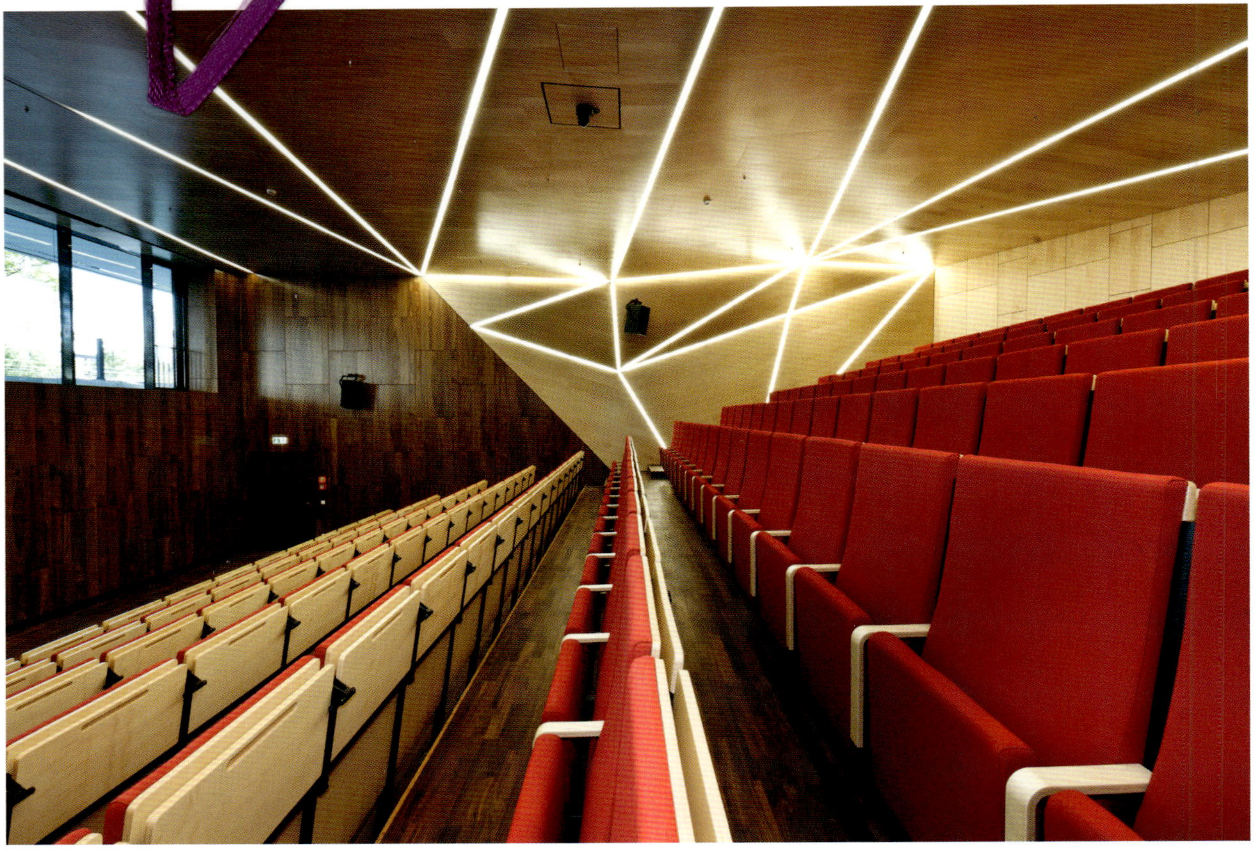

9 RAUMENTWICKLUNG: Raum ist eine knappe Ressource, dessen Weiterentwicklung auf unterschiedlichen Maßstabsebenen die Abwägung verschiedener Interessen erfordert.

9 SPATIAL DEVELOPMENT: Space is a scarce resource, the further development of which requires the weighing of various interests on different levels of scale.

VOM MASTERPLAN ZUM RAUM

Das Analysieren und Entwerfen in verschiedenen Maßstäben gehört zum Wesen der Architektur. Vom kleinen Maßstab, in dem stadträumliche Qualitäten und Sichtbezüge festgelegt werden, über die Baukörper in ihrer Form, Proportion und Gestaltung bis hin zum Detail, das als haptisches Erlebnis in Materialität und Fügung die Wahrnehmung von Raum prägt. Was intuitiv und zufällig erscheint, folgt einer räumlichen und prozessualen Strategie, die Grundlagen und Interpretationen in Bezug zueinander setzt und zugleich Flexibilität in der Umsetzung ermöglicht. Welche Faktoren erzeugen oder verhindern Raumqualität und was beeinflusst die Atmosphäre und Authentizität eines Ortes? Wie lassen sich Räume lesen und mit welchen gestalterischen Mitteln können unterschiedliche Raumstrukturen und -qualitäten inszeniert werden? Um einen Raum – vom Stadtraum bis zum Innenraum – zu begreifen und zu formen, bedarf es eines vielfältigen Repertoires an Maßnahmen und Möglichkeiten. Die Qualität der Architektur zeigt sich jedoch nur, wenn in der Konkretisierung im Maßstab die Konzeptidee bis ins Detail lesbar bleibt.

FROM MASTER PLAN TO BUILT SPACE

Analysing and designing on different scales is part of the essence of architecture: from the large scale in which urban spatial qualities and visual references are determined, to the building volumes in their form, proportion and design, down to the details of materiality and transitions that shape the perception of the space as a haptic experience. What appears to be intuitive and random in fact follows a spatial and procedural strategy that relates fundamentals and interpretations to each other while allowing for flexibility in implementation. Which factors create or impede spatial quality, and which ones influence the atmosphere and authenticity of a place? How can spaces be read and which creative means can be used to create different spatial structures and experiences? In order to comprehend and form a space – from the urban space to the interior – a diverse repertoire of measures and possibilities is required. The quality of the architecture only becomes apparent, however, when the conceptual idea that has been materialised on the given scale remains legible down to the last detail.

CAMPUS BAHRENFELD

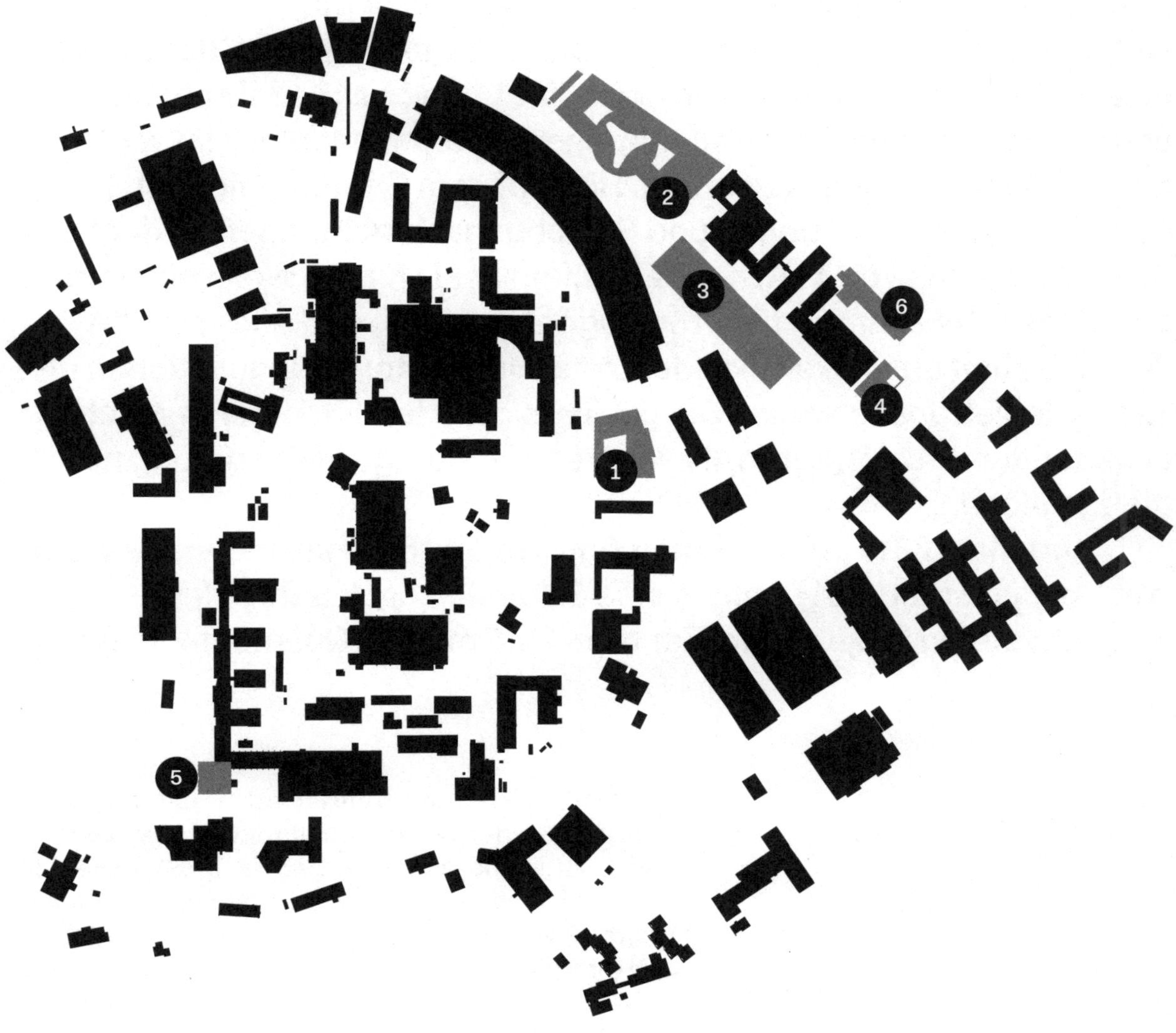

1

Centre for Structural Systems Biology (CSSB)

2

Center for Free-Electron Laser Science CFEL

3

Max-Planck-Institut für Struktur und Dynamik der Materie (MPSD) / Max Planck Institute for the Structure and Dynamics of Matter (MPSD)

4

Schullabor /
School laboratory Light & Schools

5

Deutsches Elektronen-Synchrotron DESY Direktorium /
Management building

6

Zentrum für Optische Quantentechnologien ZOQ /
Center for Optical Quantum Technologies

Ein Besuch auf dem Campus Bahrenfeld in Hamburg gleicht einem Ausflug in eine andere Welt. Eine Vielzahl von Wegweisern mit kryptischen Abkürzungen wie DESY, PETRA III oder CFEL weisen den Weg vorbei an einer Ansammlung unscheinbar wirkender funktionaler Bauwerke. Nur Eingeweihte können die Zeichen deuten, deren Hauptwirkungsbereich in unterirdischen Tunnelröhren liegt – u.a. das neueste internationale Großprojekt European XFEL, welches in Bahrenfeld startet und drei Kilometer weiter in einer Experimentierhalle im schleswig-holsteinischen Schenefeld endet. Hier auf dem Campus wird mit verschiedenen Institutionen und Forschungseinrichtungen an der Struktur und Funktion von Materie als Wissensbasis für die Welt von morgen gearbeitet. Als Zentrum für Grundlagenforschung und angewandte Wissenschaft entwickelt sich der Ort als Inkubator für Innovationen und Technologietransfer weiter. Die gesichtslosen Industriehallen weichen einladenden Architekturen, die in ihrer Anmutung auf Forschung neugierig machen.

Im März 2019 unternahmen Anja Gerigk, Eva Herrmann, Natascha von Herz und Markus Hammes eine Exkursion nach Bahrenfeld. Seit dem ersten Projekt, dem Zentrum für Optische Quantentechnologien

A visit to the Campus Bahrenfeld in Hamburg is like a trip to another world. A multitude of signposts with cryptic abbreviations such as DESY, PETRA III and CFEL lead the way past a collection of seemingly unimpressive functional structures. Only initiates can interpret the signs, which mainly indicate what is going on in underground tunnels – including the latest large-scale international project, European XFEL, which starts in Bahrenfeld and ends three kilometers away in an experimental hall in Schenefeld in the state of Schleswig-Holstein. Here, various institutions and research institutes are investigating the structure and function of matter as a knowledge base for the world of tomorrow. Acting as a centre for basic research and applied science, the campus continues to evolve as an incubator for innovation and technology transfer. The featureless industrial halls are giving way to inviting architectures that whet the visitor's curiosity about the research taking place here.

In March 2019, Anja Gerigk, Eva Herrmann, Natascha von Herz and Markus Hammes made an excursion to Bahrenfeld. Since the first building, the Center for Optical Quantum Technologies ZOQ, hammeskrause architekten has undertaken five further projects on the campus, some completed and others still under construction. And Hamburg

ZOQ, sind fünf weitere Projekte von hammeskrause architekten auf dem Campus entstanden bzw. sind derzeit in Bau. Und Hamburg hat noch mehr vor – mit der Vision der Science City Bahrenfeld wird hier bis 2040 ein neuer Stadtteil entstehen, der Arbeits- und Lebenswelten miteinander verbindet und optimale Bedingungen im internationalen Wettbewerb um die Forscher schafft. Grund genug, diesen besonderen Ort vorzustellen.

has even more plans – with the vision of the Science City Bahrenfeld, a new district will be created by 2040 that will connect working and living worlds and offer optimal conditions in the international competition for researchers. Reason enough to introduce this special place.

CAMPUS BAHRENFELD: Architektur gestaltet den dreidimensionalen Raum. Was aber bedeutet die *dritte Dimension* im übertragenen Sinne, wenn damit vielmehr die Besonderheiten des Baugebildes und seines prägenden Entwurfs gemeint sind?

CAMPUS BAHRENFELD: Architecture is the shaping of three-dimensional space. But what does the *third dimension* mean in a figurative sense with reference instead to the specific features of a particular building and its distinctive design?

ESSAY: ANJA GERIGK

Die erste hinführende Stufe wäre mit der *Fläche* vergleichbar: am Beispiel des Center for Free-Electron Laser Science CFEL mit dem Konzept für einen Wissenschaftsbau neuen Stils, der drei Institutionen unter ein Dach bringt und dessen Räumlichkeiten so geplant sind, dass dort gemeinsam Pionierforschung betrieben werden kann. Als im Ansatz einfache und ungeteilte Form des Zentrums präsentiert sich deshalb ein sphärisches Dreieck, das über alle Ebenen hinweg ein Forum bildet sowie in sich einschließt. Zum Grundaufbau gehört außerdem die Gliederung in das fundierende Geschoss für Großapparate der Elektronenlasertechnik und jene drei Stockwerke darüber, wo einsehbare Büros und Arbeitsstationen sich rundum verteilen. Auf der zweiten Stufe – gleichsam in der *Tiefe* der Konstruktion – sind die Funktionalitäten der forschenden Praxis mit baulichen Mitteln ausdifferenziert: Der Sockel bietet z.B. die nötige isolierte Solidität, damit Lichtteilchen ohne jede Erschütterung minimal pulsieren können. Möglichst kurze Wege führen vom unteren Gehäuse des Experimentierens zu Aufenthalts- und Konferenzräumen bis hin zu den einzelnen Schreibtischplätzen. Weil die Organisationsstruktur des CFEL auf ständige institutionelle Kooperationen gegründet wurde, verzichtet auch der Bau auf Abgrenzungen und macht stattdessen Raumangebote, die flexible Zusammenkünfte genauso ermöglichen wie konzentrierten Rückzug.

The first stage to examine would be comparable to the *surface:* using the example of the Center for Free-Electron Laser Science CFEL with the concept for a new-style science building that brings together three institutions and provides them with premises where they can jointly carry out pioneering research. Here, a spherical triangle appears at the centre as a simple and undivided form that opens up a forum across all levels while also enclosing one inside itself. Likewise part of this stage is the organisation into a foundation level for large-scale electron laser equipment and the three storeys above where open offices and workstations can be seen distributed all around. In the second stage – what one might call the *depth* of the construction – the functionalities of research practice are differentiated by structural means. The base of the building, for example, offers the isolated solidity necessary for light particles to pulsate minimally without the impact of any shock or vibration. The shortest possible paths lead from the lower experimentation area to lounges and conference rooms, and onward to the individual workplaces. Since the organisational structure of the CFEL was founded on constant institutional cooperation, the building goes without institutional demarcations and instead offers spaces that enable flexible meetings as well as concentrated retreat. In terms of spatial development

An der Raumentwicklung insgesamt beteiligen sich die technisch-funktionalen Merkmale des Gebäudes nicht weniger als die formal durchgeführte Ausgangsfigur. Trotzdem lässt sich noch eine weitere, die vielleicht wichtigste Dimension des Phänomens Architektur erkennen. Sie blendet Grundriss und praktischen Bedarf keineswegs aus, entwickelt sie aber bis zu jener Qualität weiter, wo Bauästhetik eigentlich erst wirksam wird und eine zweckmäßige, zugleich jedoch unabhängig davon erlebbare Raumgestalt hergestellt worden ist.

Aus der Perspektive desjenigen, der mitten im Forum seinen Standpunkt eingenommen hat, geht der Blick von der Basis ungehindert in die innen ausgeprägten trigonalen Achsen des Rundbaus, außerdem hoch bis zu den oberen Bögen, worüber das Dach aus lichtdurchlässigem Kunststoff gespannt ist. So massiv das Fundament für die Grundlagenforschung an Laserstrahlen sein muss, desto heller, transparenter und leichter reichen die Aufbauten weit in die Höhe. Filigrane Treppen, die den gemeinschaftlichen Luftraum kreuzen, verbinden die Stockwerke miteinander. Zur Wahrnehmung gelangen daher keine räumlichen Hierarchien; das Spiel der ausgreifenden, sich überschneidenden Kurven eröffnet immer wieder neue Zonen und Fluchtpunkte. Dabei intensiviert die architektonische Formgebung den dreidimensionalen Effekt, indem sie die geschwungene

as a whole, the technical-functional features of the building carry equal weight with the formal starting figure. Nevertheless, yet another dimension of the architectural phenomenon can be distinguished, perhaps the most important one of all. Rather than disregarding the floor plan and practical requirements, this third dimension develops them to a level of quality where the building's aesthetics can first unfold their effect and an expedient spatial form is produced that can be experienced all on its own, without any sense of its purpose.

From the perspective of someone standing in the middle of the forum, the view from the base can wander unhindered along all three axes, up to the highest arches carrying the translucent ETFE roof. As massive as the foundation for basic research on laser beams must be, all the brighter, more transparent and lighter are the superstructures that reach far up into the sky. Filigree staircases that intersect the common airspace connect the various storeys. This means that no spatial hierarchies are perceptible, and the interplay of sweeping, intersecting curves keeps opening up new zones and vanishing points. At the same time, the architectural design intensifies the three-dimensional effect by narrowing the curved lines and then widening them again, thus modelling the dense shadows. In this way, the

Linienführung mal verengt, mal weitet und so die Schattendichte modelliert. Dergestalt umgibt die Wissenschaftler des CFEL eine gebaute Raumerfahrung, welche der Mehrdimensionalität, die theoretische Problemstellungen ausmacht, womöglich nahekommt.

Abstraktion und Hochtechnologie einerseits und atmosphärische Bauweise andererseits werden also in ein komplexes Zusammenspiel versetzt. Wirkungsvoll wie das stimmige Raumkonzept rücken die materiellen Details in Erscheinung: Rahmen, Brüstungen und zentral sichtbare Treppenstufen aus Holz setzen mit ihrem warmen Farbton in Beziehung zum leuchtenden Weiß der Wände und Balken einen wohnlichen Akzent, der sich hier am professionell-wissenschaftlichen Ort entfalten darf. Entsprechend dient die lediglich getönte, nicht völlig schallisolierende Folie der Dachwölbung keineswegs nur der Funktionslogik: Die über allem ausgebreitete Lichtdämmung bindet die drei inneren Diagonalen des Bauganzen stärker zusammen, als es im ungefilterten Tageslicht gegeben wäre. Wetterwechsel sowie das Geräusch überfliegender Flugzeuge dürfen hier wahrnehmbar werden und damit etwas, was die Forscher zugunsten kontrollierter Bedingungen ihrer Experimente mit kleinsten Elementen, mit geringsten Schwingungen an empfindlichen Messgeräten ausschließen müssen: die potenziell störende, ebenso anregend abwechslungsreiche Außenwelt.

scientists at CFEL are surrounded by a built spatial experience that may come close to the multidimensionality that marks the theories they study.

Abstraction and high-tech on the one hand and atmospheric architecture on the other enter into a complex interplay here. Just as effective as the coherent spatial concept are the material details: wooden frames, parapets and centrally visible staircases create with their warm tones in relation to the luminous white of the walls and beams a cosy, homely accent in this professional scientific setting. Accordingly, the tinted, not completely soundproofed ETFE of the curved ceiling by no means serves merely functional logic: the diffuse light suffuses everything below, binding the three diagonals of the building together more strongly than would be the case with unfiltered daylight. Changes in the weather and the sound of planes flying overhead allow impressions inside that the researchers have to close out when using sensitive devices to measure the slightest vibrations in the smallest of particles: the potentially disruptive, stimulating and diverse outside world.

Even a striking building like the CFEL is not alone on Campus Bahrenfeld; it forms part of an ensemble, i.e. it unfolds its effect through and on the surrounding buildings, whether they are older predecessors or newly emerging neighbours. A transition

Selbst ein markantes Objekt wie das CFEL steht auf dem Campus Bahrenfeld nicht allein; als Solitär bildet er dennoch ein Ensemble, es wirkt durch und auf die umgebenden Bauten, ob es ältere Vorgänger sind oder erst im Entstehen befindliche Nachbarn. Ein Übergang von den räumlichen Dimensionen zur Zeitlichkeit scheint damit bereits angelegt. Weiter entfernt, nahezu im hintersten Winkel des dicht und durchaus heterogen bebauten Geländes, stößt man auf die – in die Zukunft verlängerte – Geschichte des Standorts: Das relativ kleine Haus des Direktoriums stammt aus den 1950ern, aus den Anfangsjahren des Deutsche-Elektronen-Synchrotron-DESY-Projekts, als die meisten der heutigen Institute noch nicht einmal geplant waren. Der Bau wurde 2011 repräsentativ saniert. Standesgemäße Unterbringung des Leitungsgremiums war dennoch nicht das Hauptziel oder Resultat der baulichen Maßnahmen.

Architektur kann auf ihre Weise den isoliert am Rande gelegenen Gründungsort sinnfällig an den größeren Forschungsbaukomplex anbinden. Dies geschieht zum einen durch den umgestalteten Zugangsbereich, der nun einerseits dem Bau seinen besonderen Stellenwert zuweist, andererseits als Hinführung bzw. Öffnung gegenüber dem übrigen Campus fungiert. Eine solche Überleitung zwischen Innen und Außen stiftet gleichzeitig den Kontakt der institutionellen Keimzelle mit dem wachsenden Verbund. Die

from spatial dimensions to temporality already seems to be taking place. Farther away, almost at the farthest reaches of the dense and quite heterogeneous complex, one encounters the history of the site – one that has been extended into the future – in the form of the relatively small management building dating from the 1950s, the early years of the Deutsches Elektronen-Synchrotron DESY project, when most of today's institutes were not even in planning yet. The original building was renovated in 2011 to maintain a fitting appearance, but creating proper premises for the governing body was not the main objective or the result.

In its own way, the architecture is able to connect this original building isolated on the edge to the larger research complex. This is achieved in part through the redesigned entrance area, which indicates the building's special significance while opening it up to the rest of the campus. This passage between inside and outside simultaneously creates contact between the institutional nucleus and the growing network. The restoration of the management office brings historical elements to the fore. The simple coffered ceiling, for example, an element typical of the founding epoch of DESY, was uncovered during the restoration. Exposing this load-bearing element allows the past to remain tangible in the present.

Restaurierung des Direktoriums bringt ursprüngliche Elemente eigens zum Vorschein: Der schlichte Stil einer Kassettendecke, typisch für die Gründungszeit des DESY, wurde im Zuge des Rückbaus freigelegt. Mit jener ausgestellten Verkleidung bleibt gewissermaßen die tragende Konstruktion der Vergangenheit gegenwärtig. Zukunftsweisend positioniert sich hingegen ein 3D-Modell des Areals; im Miniaturformat anzuschauen sind dort auch jene Neubauten, die derzeit erst entstehen. Zum Vorgriff auf die künftige Gesamtanlage gehört die technologische Weiterentwicklung, denn gleich hinter dem restaurierten Stück Baugeschichte verlaufen die Tunnelröhren des European XFEL-Röntgenstrahls, die über den heutigen Stand hinaus ausgebaut und verlängert werden können.

Baustellen sind dreidimensional erfahrbar, trotzdem braucht es mehr Vorstellungsvermögen, um im Vorzustand schon den neben dem CFEL angesiedelten Neubau des Max-Plank-Institut für Struktur und Dynamik der Materie (MPSD) in Augenschein nehmen zu können. Dessen eigene Steigerung der erneut klaren sowie variablen Geometrie beruht auf rechteckigen Teilkörpern, die sich im gestaffelten Wechsel zurücknehmen oder hervorragen. Diese Gliederung gelangt in der Seitenansicht zu einer großzügigen, mehrschichtigen Terrassenform. Doch erst auf dem Gang durch das Innere vermittelt sich räumlich ein dynamischer Zug: Die Geschosse

Looking toward the future, by contrast, is a 3D model of the site also showing in miniature format the new buildings currently under construction. This anticipation of the future complex also includes its technical expansion, because right behin this restored piece of architectural history run the tunnels of the European XFEL, which may be expanded and lengthened beyond their present state.

Construction sites can be experienced in three dimensions, yet it takes a bit more imagination to envision the future Max Planck Institute for the Structure and Dynamics of Matter (MPSD) that is to be built next to the CFEL. Its own way of heightening its clear-cut yet variable geometry is based on rectangular partial volumes that recede or protrude in staggered alternation. From the side elevation, this structure appears as a generous, multi-layered terrace shape. However, it is only while walking through the interior that a dynamic sense of movement is conveyed spatially: rather than seeming to be at rest, the various storeys appear to all strive in one direction, which leads deeper and deeper into the structure as well as out into the open again. From floor to floor, offset round openings in the false ceilings, as well as in the roof to let in daylight, guide the way and the gaze further, beyond boundaries. This continuous movement finally comes to rest in the plaza.

ruhen nicht, sie streben vielmehr in eine Richtung, was sowohl immer tiefer in das Errichtete hineinführt als auch wieder hinaus ins Freie. Von Etage zu Etage versetzte Rundöffnungen in den Zwischendecken wie zum Lichteinfall auch in der Dachfläche leiten den Weg und den Blick weiter, über Begrenzungen hinweg. Ihren Aufenthalt nimmt jene durchgängige Bewegung schließlich auf der Plaza. Die begehbare Hauptterrasse weitet den dicht bebauten Campus zum begrünten Panorama; sie bietet Mitarbeitern und Besuchern einen anderen Weg in das Gebäude bzw. hinaus. Denken darf man sich einen alternativen Zugang zur Architektur.

Die dritte Dimension übersteigt so jeweils die naheliegenden Orientierungsgrößen zum Verständnis und Erleben von Baulichkeiten: Form – Funktion wird erweitert um Atmosphäre; Einzelobjekt – Raumrelation verschränkt sich im Ensemble; die drei Ausdehnungen des Räumlichen ergänzt um das historisch Zeitgebundene; das strukturelle Abbild von Feldern, Volumen, Proportionen entwickelt zum beweglichen Raumeindruck; zwischen Entwurf und abgeschlossenem Bauwerk das vorläufige Gerüst der technischen Ausführung zur späteren ästhetischen Raumerfahrung. Auf dem Campus Bahrenfeld lassen sich diese angereicherten Perspektiven auf architektonische Gestaltbildungen, in ihrer körperhaften Präsenz sowie in ihrem sozialen Gebrauch, vielfältig nachvollziehen.

The main terrace expands the built-up campus with a green panorama, offering an alternative way for employees and visitors to access the architecture.

The third dimension in each case thus exceeds the obvious orientation variables for understanding and experiencing buildings. Form vs. function is expanded by the addition of atmosphere; single object vs. spatial relations is part of the dynamic of the ensemble; the three spatial extensions are supplemented by the historically time-bound aspects; the structural mapping of fields, volumes and proportions creates a mobile spatial impression; in between design and completed structure, the preliminary framework of the technical design anticipates the later aesthetic spatial experience. On Campus Bahrenfeld, these enriched perspectives on architectural structures can be experienced in multiple ways, in both their physical presence and their social dimension.

Center for Free-Electron Laser Science CFEL, Hamburg

Bauherr / Client:	Hauptnutzfläche / Primary floor space:	Bruttogrundfläche / Gross floor area:	Bruttorauminhalt / Gross cubic volume:	Fertigstellung / Completion:
Freie und Hansestadt Hamburg, Behörde für Wissenschaft und Forschung	8000 m²	16340 m²	73925 m³	2012

Mit dem Center for Free-Electron Laser Science CFEL entsteht in Hamburg ein internationales Zentrum für die Grundlagenforschung an und mit Röntgenlasern. Es ist eine Kooperation der drei unabhängigen Forschungseinrichtungen Universität Hamburg, Max-Planck-Gesellschaft und Deutsches Elektronen-Synchrotron DESY.

At the Center for Free-Electron Laser Science CFEL in Hamburg, an international focal point is being established for basic research on and with free-electron lasers. This is a cooperative endeavor between the three independent research institutions the University of Hamburg, the Max Planck Society and the Deutsches Elektronen-Synchrotron.

Die baudynamischen Anforderungen an die Räume für die Arbeiten mit Freien-Elektronen-Lasern sind sehr hoch, weshalb es sinnvoll ist, diese zusammenhängend im Erdgeschoss anzuordnen.

The demands placed on the structural dynamics of rooms for working with free-electron lasers are extremely high, which made it expedient for several reasons to arrange these rooms together on the ground floor.

Die experimentellen Arbeiten erfordern abgeschirmte Bedingungen. Daher war es wichtig, die Wissenschaftler mit gemeinsamen Nutzungsbereichen zusammenzubringen und theoretische und experimentelle Arbeitsräume jeweils in unmittelbarer räumlicher Nähe anzubieten.

The experiments require shielded working conditions. It was therefore important to provide shared areas to bring the scientists together and to offer rooms for theoretical work and experimentation close-by.

Herzstück des Gebäudes ist das zentrale Atrium, das als Verteiler und informeller Treffpunkt zwischen den Ebenen und Forschungseinrichtungen dient.

The heart of the building is the central atrium, which serves as circulation hub and informal meeting point between the different floors and research facilities.

Um ein hohes Maß an Synergien zwischen den unterschiedlichen Forschergruppen zu erzeugen, stehen offene Raumgefüge im Vordergrund, die Kommunikationsprozesse der Wissenschaftler fördern.

In order to generate a high level of synergies between the various research groups, areas between the rooms have been opened up to optimally promote communication.

Centre for Structural Systems Biology (CSSB), Hamburg

Bauherr / Client	Hauptnutzfläche / Primary floor space:	Bruttogrundfläche / Gross floor area:	Bruttorauminhalt / Gross cubic volume:	Fertigstellung / Completion:
Deutsches Elektronen-Synchrotron DESY	5717 m^2	13476 m^2	54793 m^3	2017

Auf dem Campus des Deutschen Elektronen-Synchrotrons DESY in Hamburg-Bahrenfeld ist mit dem Centre for Structural Systems Biology (CSSB) ein neues interdisziplinäres Zentrum mit Partnern verschiedener Universitäten und Forschungseinrichtungen entstanden.

On the campus of the Deutsches Elektronen-Synchrotron DESY in Hamburg-Bahrenfeld a new interdisciplinary facility, the Centre for Structural Systems Biology (CSSB) has been completed. It is bringing together partners from various universities and research institutions.

Nach außen soll das Gebäude sichtbar ein Zentrum bilden und den Mitarbeitern, Wissenschaftlern und Gästen eine attraktive Forschungsumgebung bieten.

The goal is for the architecture to evoke the building's function as a research centre while offering an attractive work environment for employees, scientists and guests.

Über alle Geschosse hinweg entwickelt sich in der räumlichen Mitte das kommunikative Zentrum des CSSB. Atrium und Foyerflächen bieten einladende Kommunikations- und Begegnungszonen mit vielfältigen visuellen Kontakten und Einblicken in die Laborcluster.

The communication centre of the CSSB takes up a central space spanning all floors. The atrium and lobby offer inviting communication and meeting areas with diverse sightlines and views into the lab cluster.

Das lichte Foyer mit skulpturaler Wendeltreppe dient nicht nur der Erschließung und der Orientierung, sondern soll kommunikativer Treffpunkt der Forscher sein.

The light-filled foyer with its sculptural spiral staircase serves as circulation area as well as communication focal point for the researchers.

Markus Hammes

Als Gegenpol zu den lichtdurchfluteten flexibel nutzbaren Geschossflächen wird der ins Gebäude integrierte Hörsaal mit haptischen Materialien wie Holz und Textilien akzentuiert.

Forming a counterpoint to the light-flooded, flexibly usable areas on the various floors is the lecture hall integrated into the building, which is accentuated with tactile materials such as wood and textiles.

Schullabor Light & Schools / School laboratory Light & Schools, Hamburg

Bauherr / Client:	Hauptnutzfläche / Primary floor space:	Bruttorauminhalt / Gross cubic volume:	Fertigstellung / Completion:
Universität Hamburg	1070 m^2	5340 m^3	2019

Das Schullabor Light & Schools der Universität Hamburg begeistert Schüler durch spannende Experimente für die Physik. Der Neubau soll mit seiner offenen architektonischen Geste Neugier und Experimentierfreude bei Schülern wie Studenten wecken und Campusbesucher auf die vielfältigen Aktivitäten der Universität aufmerksam machen. Das kommunikative Zentrum des Neubaus ist die offene Gestaltung des Foyers im Erdgeschoss. Der vorgelagerte Außenbereich ist geprägt von zwei markanten Bestandskiefern, die als strukturelle und raumbildende Elemente in die Gebäudekomposition des Entwurfs integriert sind.

The University of Hamburg school lab Light & Schools shows pupils that physics can be fun by letting them take part in exciting experiments. With its open architecture, the new building is designed to arouse curiosity and an interest in experimentation among schoolchildren and students alike, while also drawing the attention of campus visitors to the university's diverse activities.
The communicative heart of the new building is the ground-floor foyer with its open design.
The area outside is dominated by two striking pine trees that were already growing there and have been integrated into the building composition as structural and space-creating elements.

Max-Planck-Institut für Struktur und Dynamik der Materie (MPSD) / Max Planck Institute for the Structure and Dynamics of Matter (MPSD), Hamburg

Bauherr / Client:
Max-Planck-Gesellschaft zur Förderung der Wissenschaften e. V.

Hauptnutzfläche / Primary floor space:
5963 m²

Bruttogrundfläche / Gross floor area:
12417 m²

Bruttorauminhalt / Gross cubic volume:
61739 m³

Fertigstellung / Completion:
2020

Seit 2012 hat das Max-Planck-Institut für Struktur und Dynamik der Materie (MPSD) seinen Standort auf dem Campus Bahrenfeld im Gebäude Center for Free-Electron Laser Science (CFEL). Mit dem gegenüberliegenden Neubau des MPSD wird das Institut erweitert und die Gebäude schaffen so eine städtebaulich strukturelle Vernetzung. Das MPSD wurde zwar als ein neuer solitärer Baustein entwickelt, das Gebäude nimmt aber dennoch städtebauliche Bezüge auf und bildet ein ordnendes Element. Büros mit kurzer, vertikaler Wegeverbindung zu den Laboren, eine flexible Organisationsstruktur mit unterschiedlich schaltbaren Büro- und Laborflächen sind die Basis für Umnutzung bzw. räumliche Integration zukünftiger Forschungsentwicklungen.

Since 2012, the Max Planck Institute for the Structure and Dynamics of Matter has been based at the Bahrenfeld university campus in the CFEL Building. The new MPSD Building expands the Institute on the opposite side, and hence the urban planning and structural networking of both buildings is an important task. The MPSD develops as a new solitary component, yet takes up urban references and represents a structuring element. Offices with short vertical routes to the laboratories and a flexible organisational structure with variously combinable office and laboratory areas form the basis for future conversions, respectively the spatial integration of research developments.

Center for Free-Electron Laser Science CFEL,
Hamburg

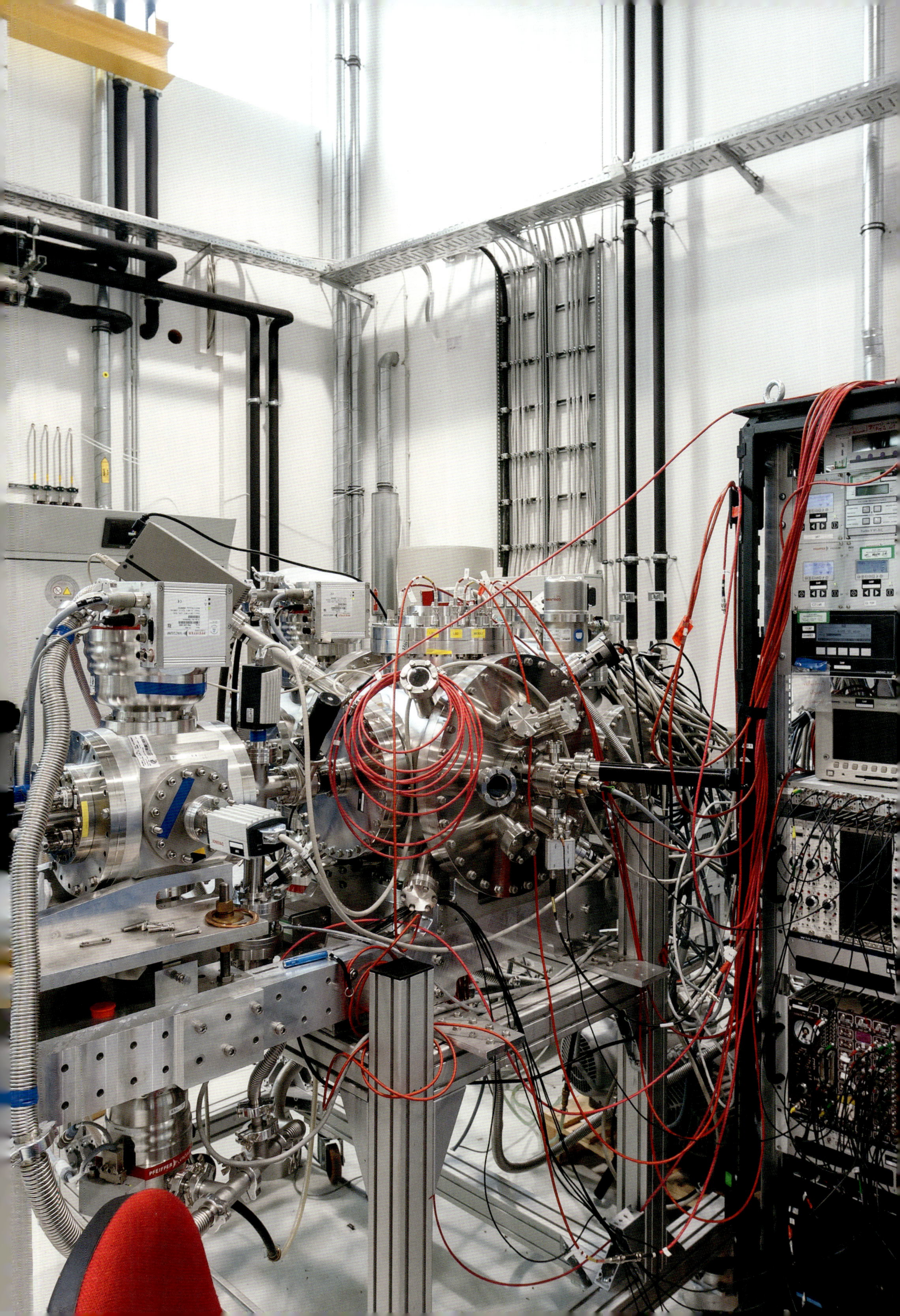

S III

Centre for Structural Systems Biology (CSSB), Hamburg

for Structural
Biology

10 KULTUR: Kultur fungiert als ein universelles, für eine Gesellschaft und ihre Interaktion vielschichtiges, Orientierungssystem, welches sich stets verändert und aus der Genese heraus neue Maßstäbe setzt.

10 CULTURE: Culture functions as a universal orientation system, with many different facets for each society and its interactions – a system that constantly changes, from which new dimensions continually emerge.

KULTURWANDEL

Die Kulturwissenschaft geht beim Begriff des Kulturwandels von einem dynamischen Kulturverständnis aus, demzufolge der Wandel per se inhärent ist und aus sich selbst heraus oder von außen ausgelöst wird. Eine Arbeitskultur ist demnach auch nicht als statisches System zu verstehen, sondern als ein dynamischer Prozess, der durch Innovationen stets neue Wandlungen erfährt. Die Digitalisierung ist das disruptive Momentum der Gegenwart. Industrie 4.0, BIM, Cloud-Computing – den digitalen Wandel nur auf die technische Komponente zu reduzieren ist zu kurz gedacht. Die Veränderungen greifen in das Wirtschafts- und Gesellschaftssystem ein, Dienstleistungen und Warenaustausch finden im virtuellen Raum statt. Richtig ist, dass Stift und Papier Handwerkszeug aus einer vergangenen Zeit sind. Die Digitalisierung verändert die Art, wie Architekten arbeiten, kommunizieren, zukünftig im Idealfall auch wie gebaut wird. Aber ob sie die Architektur verändern? Vielleicht...

CULTURAL CHANGE

In cultural studies the concept of cultural change is based on a dynamic understanding of culture according to which change is inherent in culture and either emerges organically or is triggered by outside events. A working culture is therefore not to be understood as a static system but as a dynamic process that is constantly undergoing transformation through innovation. Digitalisation provides the disruptive momentum in our present day. Industry 4.0, BIM, cloud computing – to reduce the digital transformation to only its technical component would be too short-sighted. The changes are in fact also disrupting our economic and social systems, with services and the exchange of goods increasingly taking place today in the virtual space. Pen and paper are utensils from a bygone era. Digitalisation is changing the way architects work, how they communicate and, ideally, how buildings are constructed. But will it also change architecture itself? Perhaps ...

VOM PILOTPROJEKT ZUR NORMALITÄT – BIM im Alltag der Architektur

FROM PILOT PROJECT TO NORMALITY – BIM in the daily work of the architect

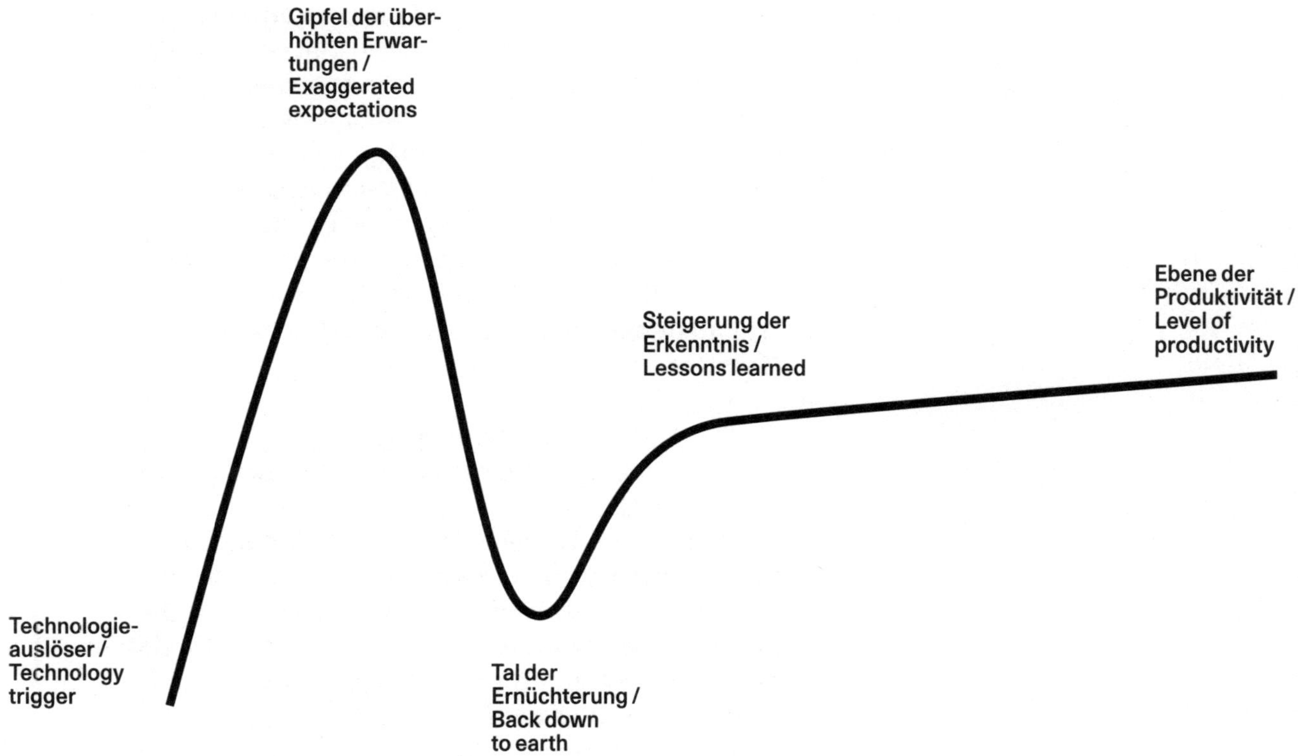

Hype-Zyklus in Anlehnung an Roy Charles Amaras *Gesetz von Amara*

Hype cycle according to *Amara's Law,* posited by Roy Charles Amara

BIM bedeutet nicht das Ende des konventionellen Plans – es bedeutet lediglich den Anfang des automatisch generierten Plans. Was bei manchen Architekten und Bauherren noch Zögern hervorruft, ist im Büro hammeskrause architekten seit 2015 Alltag: das Planen und Entwerfen mit BIM. Doch der Weg verläuft nicht so geradlinig wie Softwareindustrie und Beratungsunternehmen glauben lassen. Am Beispiel der Produktivitätskurve bei der Implementierung von BIM durchlaufen hammeskrause architekten mit Eva Herrmann und Natascha von Herz den Realitätscheck:

Stichwort Technologieauslöser

Was war der Anlass, sich mit der Methode BIM zu beschäftigen?

Die Vorgehensweise bei der Einführung von BIM war ungewöhnlich: die Initiative für die Implementierung ging im Vorfeld vom Bauherren aus, der darin einen optimalen Weg sah, seinen Gebäudebestand auf die Zukunft vorzubereiten. Dazu stellte er sowohl für das komplette interdisziplinäre Planungsteam als auch die eigene Bauabteilung vier Monate Zeit und Budget bereit, sich intensiv ins Thema einzuarbeiten. Diese wertvolle Zeit nutzte das Büro, um sich fortzubilden, den akademisch intellektuellen Hintergrund von BIM zu erfassen und in der Gemeinschaft mit

BIM does not spell the end of the conventional plan – it simply means the advent of a plan that is automatically generated. What still gives pause to some architects and builders has been part of everyday working life at hammeskrause since 2015: planning and designing with BIM. But the path has not been as straightforward as the software industry and consulting firms would have us believe. Based on the productivity curve for the implementation of BIM, hammeskrause architekten did a reality check with the help of Eva Herrmann and Natascha von Herz:

Catchword: technology trigger

What was the reason for introducing the BIM method?

The background behind introducing BIM was unusual: the initiative came from a client who saw it as an optimal way to equip his building inventory for the future. So he set aside four months' time and a budget for a complete interdisciplinary planning team to work with his own construction department on familiarising themselves in detail with the topic. The office used this valuable time to learn about the academic and intellectual background behind BIM and train themselves in its use while developing parameters for efficient planning and implementation in collaboration with the other specialist planners.

den anderen Fachplanern die Parameter für eine effiziente Planung und Realisierung auf Augenhöhe zu erarbeiten.

Außerdem passt es in unser Planungsprinzip. Wir wünschen uns innerhalb unserer Planungen früh eine möglichst große Fülle an interdisziplinärer und kontextueller Information für ein Projekt, um daraus die Freiheiten für die Gestaltung ausloten zu können. Es ist aufwendig, später im Planungsprozess auftauchende Änderungen in die Planung zu integrieren. Es muss jedoch Spielraum für Änderungen geben, denn auch aus einer späteren Auseinandersetzung mit den Nutzungen und Projektbeteiligten enstehen gute neue Ansätze zugunsten der architektonischen Qualität. Wir sind neugierig. Wir erweitern unseren Horizont mit Erkenntnissen von Nutzern und Fachplanern. Wir bearbeiten in der Regel Projekte, die extrem stark von der Interaktion und Interdisziplinarität der verschiedenen Fachingenieure abhängen. Wir haben eine sehr hohe Dichte nicht nur an technischer Gebäudeausrüstung, sondern auch an technischer Nutzerausstattung in den Forschungsgebäuden, weshalb es zwingend erforderlich ist, in hohem Grade konzeptionell zu denken. Das spiegelt die Arbeitsweise des Nutzers, der sich im Vorfeld ebenfalls Gedanken darüber macht, was er benötigt, was seine Wünsche und Anforderungen sind, wider.

BIM happens to fit in well with our own planning principles. We try to gather at an early point in our planning process as much interdisciplinary and contextual information as possible for a project in order to be able to explore the degree of freedom we have in our design. It is difficult to integrate changes that may come up later in the planning process, but we still have to make sure there is room for change, because valuable new approaches that benefit architectural quality often emerge from subsequent engagement with the uses and the project participants. We are curious. We like to broaden our horizons by obtaining new knowledge from users and specialist planners. As a rule, we tackle projects that involve a great deal of interaction between specialist engineers in various disciplines. These projects call for a great deal of technical building infrastructure as well as high-tech user equipment in the research buildings, which makes it imperative for us to think conceptually. This mirrors the way the users of our buildings work, always thinking in advance about what they need, about their wishes and requirements.

Stichwort Gipfel der überhöhten Erwartungen
Waren die Vorstellungen von der neuen Planungsmethode realistisch?

BIM ist eine geeignete Methode, die Gleichzeitigkeit wichtiger Planungsschritte sicherzustellen und diese auch zu kommunizieren. Papier ist geduldig – in der Realität ist die Umsetzung der gemeinsamen Koordinationssitzungen an einem integrierten 3D-Modell, die aktive Einbindung der Planungsbeteiligten inklusive Bauherr eine Herausforderung. Ebenso die Erwartungshaltung, dass der *digital twin* auf Knopfdruck baubar ist...

Catchword: exaggerated expectations
Were your ideas about the new planning method realistic?

BIM is a method that can be used to ensure the simultaneity of important planning steps and also for communicating them to others. Paper is patient – by contrast, carrying out joint coordination meetings using an integrated 3D model, with the active participation of those involved in planning, including the client, is a challenge. And you just can't expect the *digital twin* to be built at the touch of a button ...

Stichwort Tal der Ernüchterung
Wo war die Lernkurve?

Mitunter kommt es vor, am Ende eines Planungsweges noch mal einige Schritte zurückgehen, korrigieren zu müssen. Um die Methodik von BIM umfassend nutzen zu können, muss man angemessene Lösungen für die parametrische, digitale Fehlersuche finden. Im Sinne des Lean Managements ist jeder unnötige Schritt Verschwendung. Allerdings sind Umwege nicht automatisch nutzlos. Sie verbessern die Ortskenntnis gerade da, wo es noch keine ausgetretenen Pfade gibt. Auch das gehört zur Pionierphase einer neuen Planungsmethodik. Es ist hilfreich, den Wandel in der Denkweise zuzulassen. Wir bauen zuerst virtuell. Dieser Schritt ist sehr intensiv. Wer nicht viel Erfahrung im Bauen hat, ist schnell von der Komplexität überfordert. Vor BIM hat man viele Informationen nicht gesehen, weil sie weder im Grundriss noch im Schnitt gezeichnet wurden. 80 Prozent der Konflikte sind nach unserer Erfahrung erst auf der Baustelle entstanden und mussten spontan gelöst werden, ohne im Nachgang in die Dokumentation rückgeführt zu werden. Es ist also eine vertane Chance, den Erkenntnisgewinn aus diesem integralen Blickwinkel nicht mitzunehmen und langfristig für die Nutzungsperiode des Projektes zu erhalten. Wir sehen in einem frühen Planungsstadium viele

Catchword: back down to earth
Where was there a learning curve?

It sometimes happens that at the end of a planning process you have to go back a few steps, to correct something. In order to make full use of the BIM methodology, it is necessary to find workable solutions for parametric digital troubleshooting. In terms of lean management, every unnecessary step is wasteful. However, detours are not automatically useless. They improve "knowledge on the ground" in the absence of well-trodden paths. This, too, is part of the pioneering phase of a new planning methodology. It helps if you can allow for changes in your way of thinking. We first build virtually. This step is very intensive. Anyone who doesn't have a great deal of experience in building will soon be overwhelmed by the sheer complexity. Before BIM, a lot of information was not accounted for because it was not part of the drawn floor plan or section. In our experience, 80 percent of conflicts first became evident on the construction site and had to be solved spontaneously, without then being documented afterwards. So we should not waste the opportunity to take the knowledge gained from this integral perspective and apply it in the long term to the whole useful life of the project. We always encounter a number of challenges at the early planning stage, including aspects outside

Herausforderungen, auch Dinge die nicht in unserem Aufgabenfeld liegen. Hier die Augen zu verschließen und auf die Überraschung in der Ausführung zu warten, ist grob fahrlässig. Sich in diesem frühen Stadium der Kollisionen anzunehmen bedeutet definitiv aber auch, sich von gewohnten – und sicher auch historisch bewährten – Phasen zu lösen und Planungsinhalte vorwegzunehmen.

Stichwort Steigerung der Erkenntnis
Was würde man heute anders machen als 2015?

Es gab einige Situationen, in denen man gerne die eine oder andere Abkürzung genommen hätte statt des großen Umwegs – wenn man sie denn gekannt hätte. Das betrifft Aspekte der Software und Hardware, wie auch den BIM-Prozess. Aber das wohnt jedem empirischen Prozess inne. Aus Umwegen entsteht ja auch Erkenntnisgewinn. Und aus Herausforderungen und Scheitern lernt man. Im konkreten Pilotprojekt würden wir heute früher darauf drängen, verbindlich Festlegungen im BIM Execution Plan festzuschreiben: zum einen, was man wann in welchem Detailierungsgrad austauscht, zum anderen aber auch, wie die Planungsbeteiligten zusammenarbeiten können.

our scope of responsibility. To simply close our eyes and wait for surprises to come up during execution would be grossly negligent. But accepting potential collisions at this early stage also definitely means breaking away from the usual, historically proven sequence of phases and anticipating other planning contents.

Catchword: lessons learned
What would you do differently today than five years ago?

There were some situations where we could have taken a shortcut or two instead of the long detour if we had only known how. This concerns aspects of the software and hardware as well as the BIM process. But that is inherent in every empirical process. Detours also lead to more knowledge. And you learn from every challenge and failure. In the pilot project in question, we would have insisted at an earlier date on establishing binding rules in the BIM execution plan: for one thing, on what could be replaced and when and in what degree of detail, and for another, on how those involved in planning could work together.

Stichwort Ebene der Produktivität
Die lückenlose Prozesskette in der Planung funktioniert. Wie sieht es auf der Baustelle aus?

BIM ist auch auf der Baustelle angekommen. Bei unserem Pilotprojekt wurden mit einem eigenen BIM-to-field-Konzept von Bauherrenseite aus umfangreiche Arbeiten an der Infrastruktur vorgenommen, um die Umsetzung der Planung in die Ausführung zu gewährleisten. Das BIM-Modell ist mit der Baustelle vernetzt. Ein bauteilgesteuertes Mängelmanagementsystem passt man an die Bedürfnisse und Vorgaben der Auftraggeber an. Über QR-Codes können sich die Bauleiter mit dem iPad lokalisieren, den Mangel per Text und Bild eingeben und diesen als Hausaufgabe in die Projekt-Cloud einstellen. Nach der Beseitigung des Mangels gibt das Qualitätsmanagement das Bauteil wieder frei. Darüber hinaus ist das BIM-Modell Grundlage des Controllings und der Abrechnung. Nur so hat das Ganze Sinn. Denn wenn es im Modell funktioniert, gibt es keinen anderen Grund, dass anders gebaut werden soll.

Catchword: level of productivity
So the seamless process chain in planning evidently works. What about on the construction site?

BIM has in the meantime also arrived on the construction site. In our pilot project, the client carried out extensive work on the infrastructure using his own BIM-to-field concept in order to ensure that the planning was translated into the actual execution. The BIM model is networked with the construction site. A component-steered defect management system was adapted to the needs of the client. Using QR codes, site managers can locate themselves with their iPad, enter the defect using text and images, and upload it to the project cloud as something to be worked on back at the office. After the defect has been remedied, the quality management system releases the component again. The BIM model also forms the basis for controlling and accounting. That's the only way the whole method makes sense. Because if something works in the model, there is no reason to build any differently.

10 Thesen zu BIM / 10 theses on BIM

TOBIAS DÖRING, HEAD OF BIM IMPLEMENTATION,
hammeskrause architekten

1 Für erfolgreiche BIM-Projekte braucht man Mut, Begeisterungsfähigkeit und das Bedürfnis nach Selbstoptimierung.

2 BIM macht Spaß.

3 Die Einführung von BIM ist auf Seite der Gebäudeplanung mehr eine technische als eine plankulturelle Herausforderung. Auf der Seite der Technischen Gebäudeausrüstung ist es umgekehrt.

1 Successful BIM projects take courage, enthusiasm and the need for self-optimisation.

2 BIM is fun.

3 For building planners, introducing BIM is more of a technical than a planning-culture challenge. But for those planning the technical building installations, the opposite is true.

4 Für ein erfolgreiches BIM-Projekt ist derzeit (noch) ein erhöhter Präkoordinationsaufwand zwischen den Planungsbeteiligten nötig.

5 Der Nutzen von BIM als Planungsmethode wird von Auftraggebern meistens unterschätzt.

6 Der Vermögenswert *BIM-Modell* wird massiv unterschätzt.

4 A successful BIM project (still) requires increased pre-coordination efforts between the planning participants.

5 The benefits of BIM as a planning method are largely underestimated by clients.

6 The asset value of the *BIM model* is greatly underestimated.

7 BIM bedeutet nicht das Ende des konventionellen Plans – es bedeutet lediglich den Anfang des automatisch generierten Plans.

8 Die Softwareindustrie hinkt den technischen Möglichkeiten hinterher.

9 Architekten sind ihrem Verständnis nach die prädestiniertesten Kandidaten für den Posten des BIM-Koordinators.

10 Erst die Verbindung von BIM und VR wird unseren Planungsalltag so richtig auf den Kopf stellen.

7 BIM does not spell the end of the conventional plan – it simply means the advent of plans that are automatically generated.

8 The software industry is lagging behind the technical possibilities.

9 Architects see themselves as the ideal candidates for the position of BIM coordinator.

10 Only the combination of BIM and VR will really turn our daily planning routine on its head.

Roche Forschungsgebäude Bau 98 / Roche research building Bau 98, Basel (CH)

Bauherr / Client:	Bruttogrundfläche / Gross floor area:	Bruttorauminhalt / Gross cubic volume:	Fertigstellung / Completion:
F. Hoffmann-La Roche AG	17783 m^2	80665 m^3	2019

Seit 2014 wird das bebaute innerstädtische Areal der Firma Roche transformiert. Zahlreiche Gebäude – im Spektrum von Hochhausbebauung bis ortstypischer viergeschossiger Randbebauung – entstehen nahezu zeitgleich, in enger baulicher und struktureller Verzahnung. Anstelle eines Bestandsgebäudes, das keine adäquate räumliche Qualität mehr für zeitgemäße Arbeitsplatzkonzepte hatte, wurde der Bau 98 an der Wettsteinallee entwickelt.

Since 2014 the developed inner-city site occupied by the Roche company has been transformed. Several buildings – ranging from high-rises to four-storey perimeter blocks typical for the city – are under construction almost simultaneously, their planning and volumes closely coordinated. A pre-existing building that no longer offered adequate spaces to accommodate modern workplace concepts was replaced by a new one known as Bau 98, located on Wettsteinallee.

Das Basler Firmenareal von Roche, größtenteils in Anlehnung an die Moderne im 20. Jahrhundert gebaut, ist als „weiße Fabrik“ bekannt. Diese Charakteristik gilt bis heute.

Roche's Basel site, built largely in the twentieth century in the modernist style, is known as the “white factory”. This is still a fitting description today.

Typisch sind die helle Fassadenfarbe, die Bänderung der Fenster und die klaren Formen. Diese Prinzipien setzt auch Bau 98 um. Die klare, zeitlos elegante Handschrift des Gebäudes ist auf Transparenz ausgerichtet.

Typical features are light-coloured façades, ribbon windows and clean-lined forms. Bau 98 emulates these principles. The clear, timelessly elegant signature look of the building is all about transparency.

Dies schafft ein optimales Umfeld, das sich gleichermaßen an Forschung und Arbeitsplatzqualität orientiert.

This creates an optimal environment both for the research taking place within and for high-quality workplaces.

Der Neubau ist das erste Projekt, bei dem BIM von der Planung bis zur Nutzung auf der Baustelle eingesetzt wurde. Per Barcode und RFID-Chip werden der physische Ort eines Gegenstandes und sein virtueller Planungsstand synchronisiert und eine Überlagerung der Modellansicht und der physischen Realität erzeugt.

The new building is the first project in which BIM was used all the way from the planning stage through to the construction site. Using barcodes and RFID chips, the physical location of each object and its virtual planning status can be synchronised and the physical reality superimposed onto the model view.

Was für andere wie Science-Fiction scheint, ist heute schon Realität bei hammeskrause architekten.

What may look to some like science fiction is already reality today at hammeskrause architekten

Roche Forschungsgebäude Bau 98 /
Roche research building Bau 98,
Basel (CH)

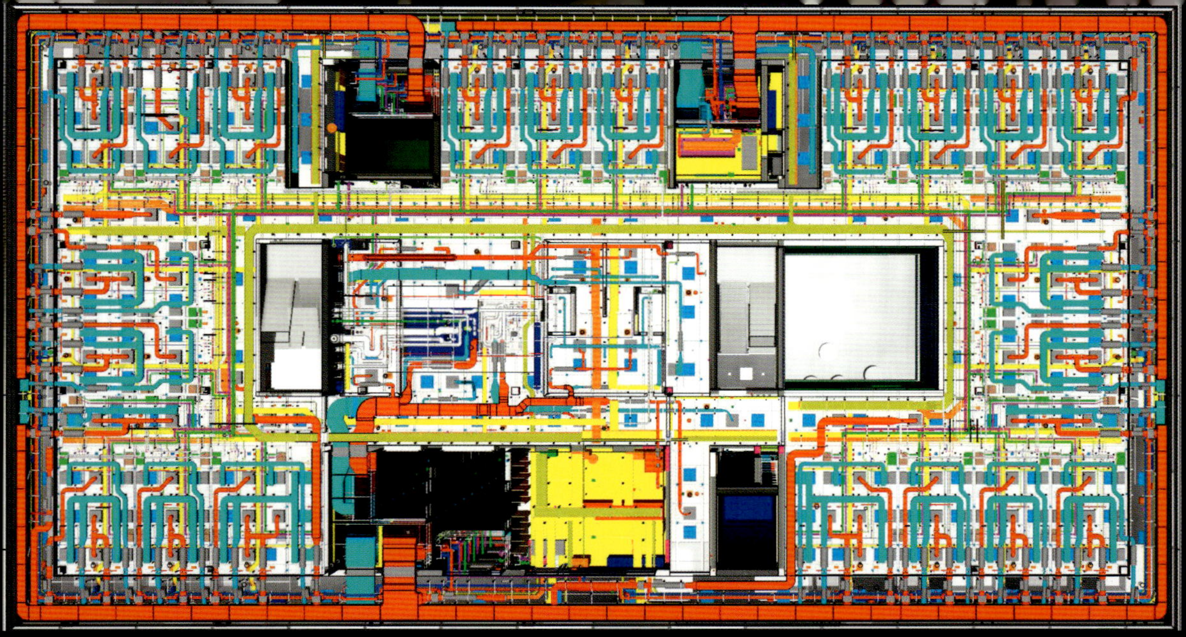
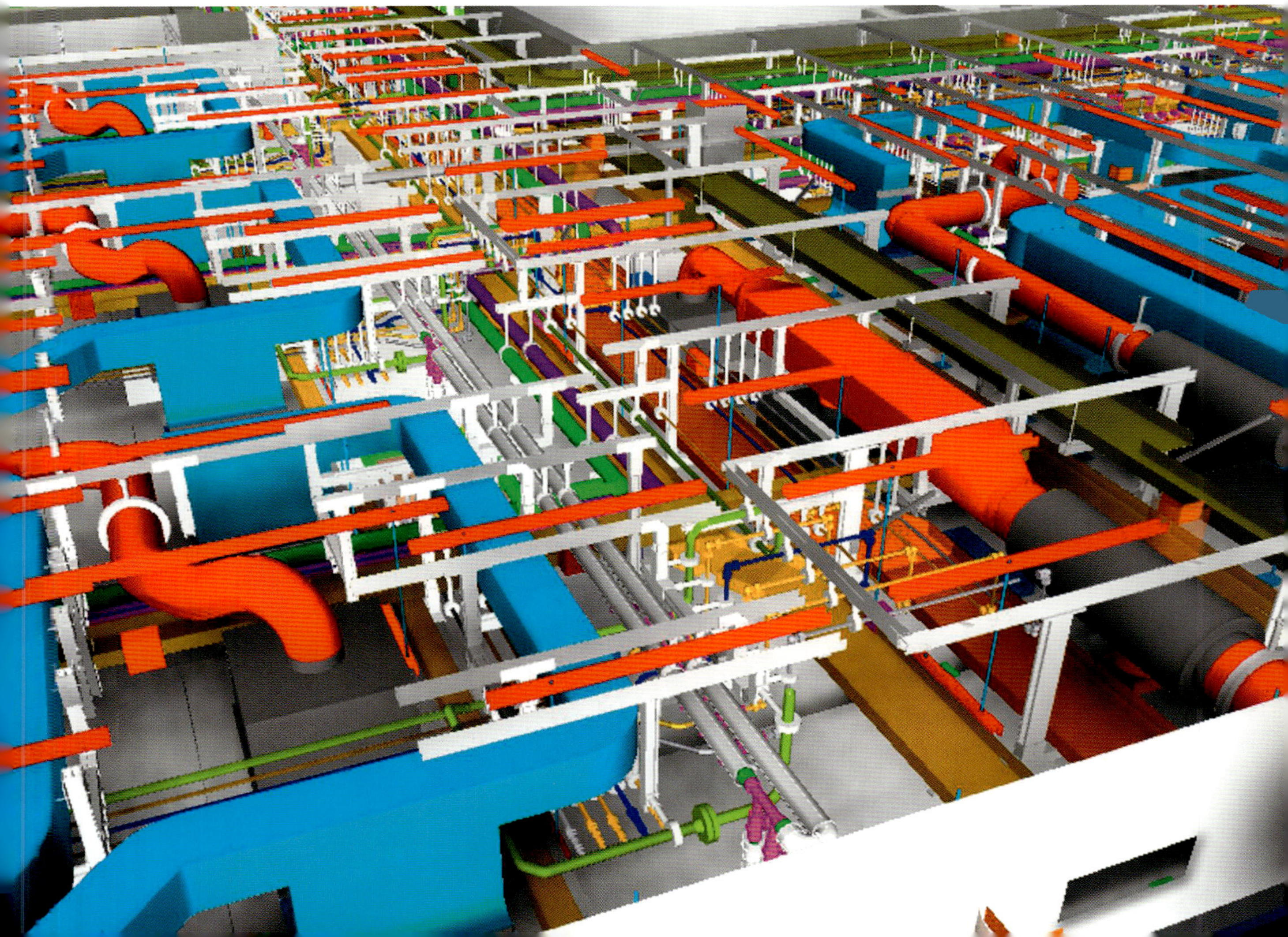

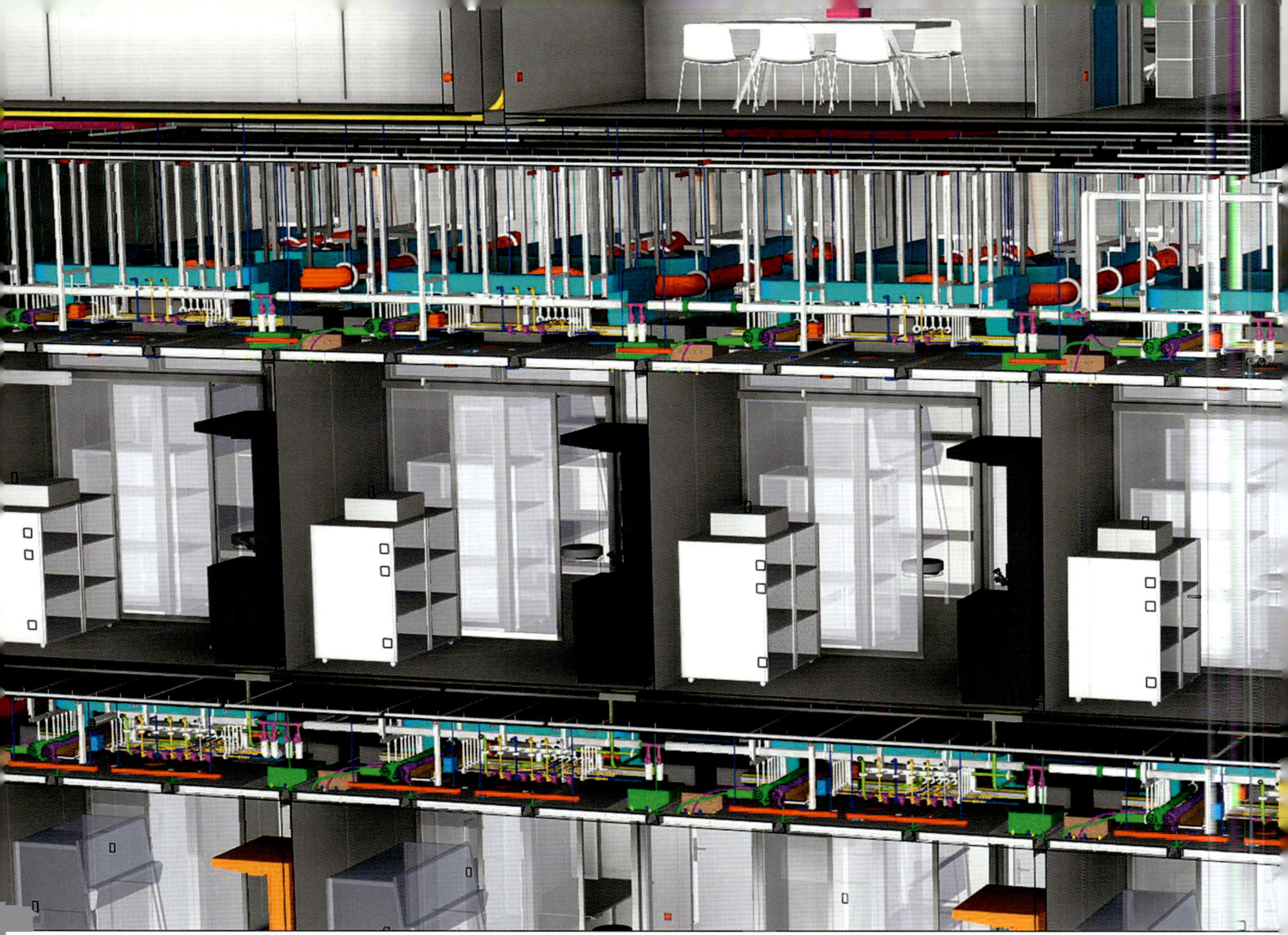

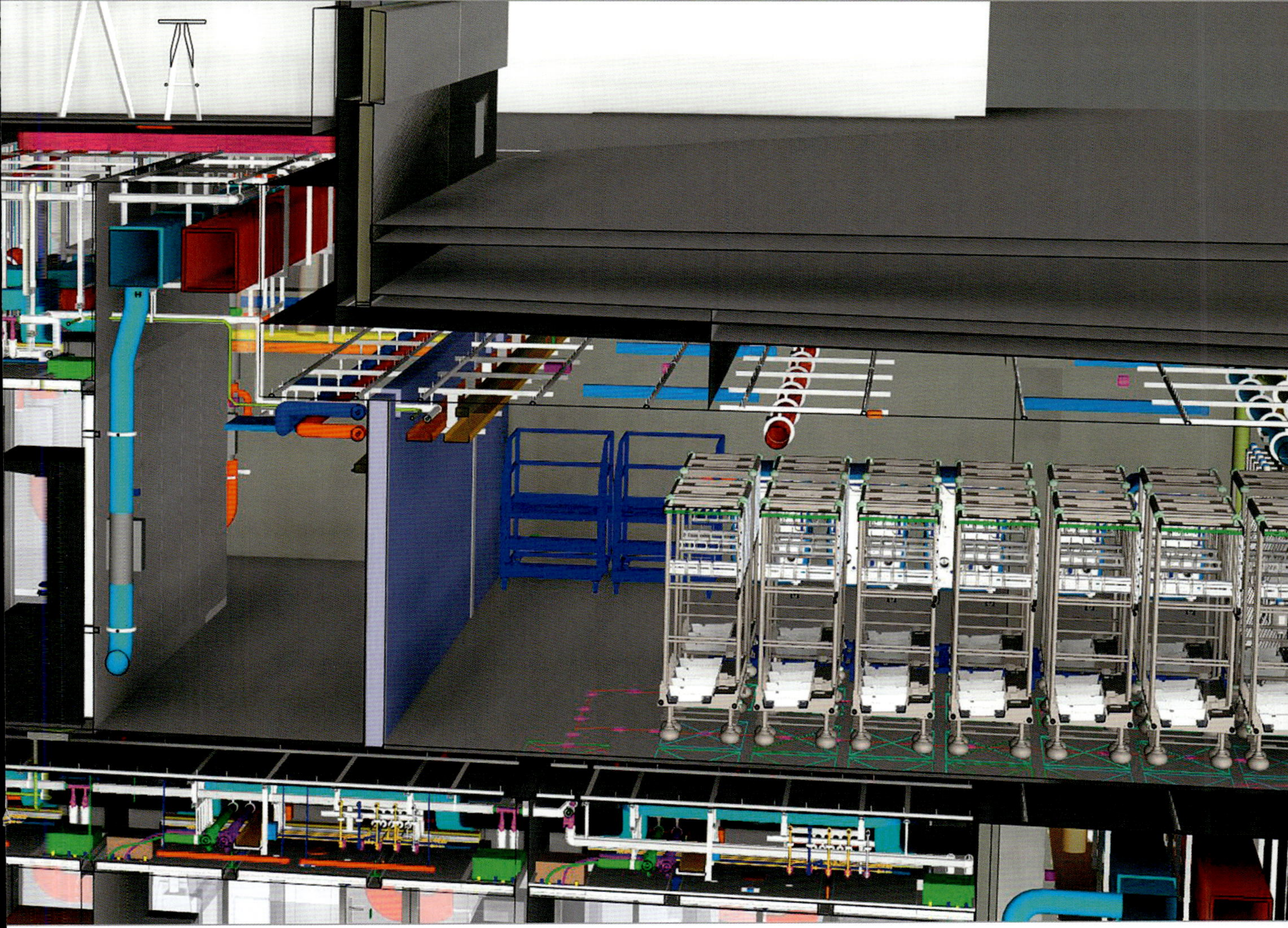

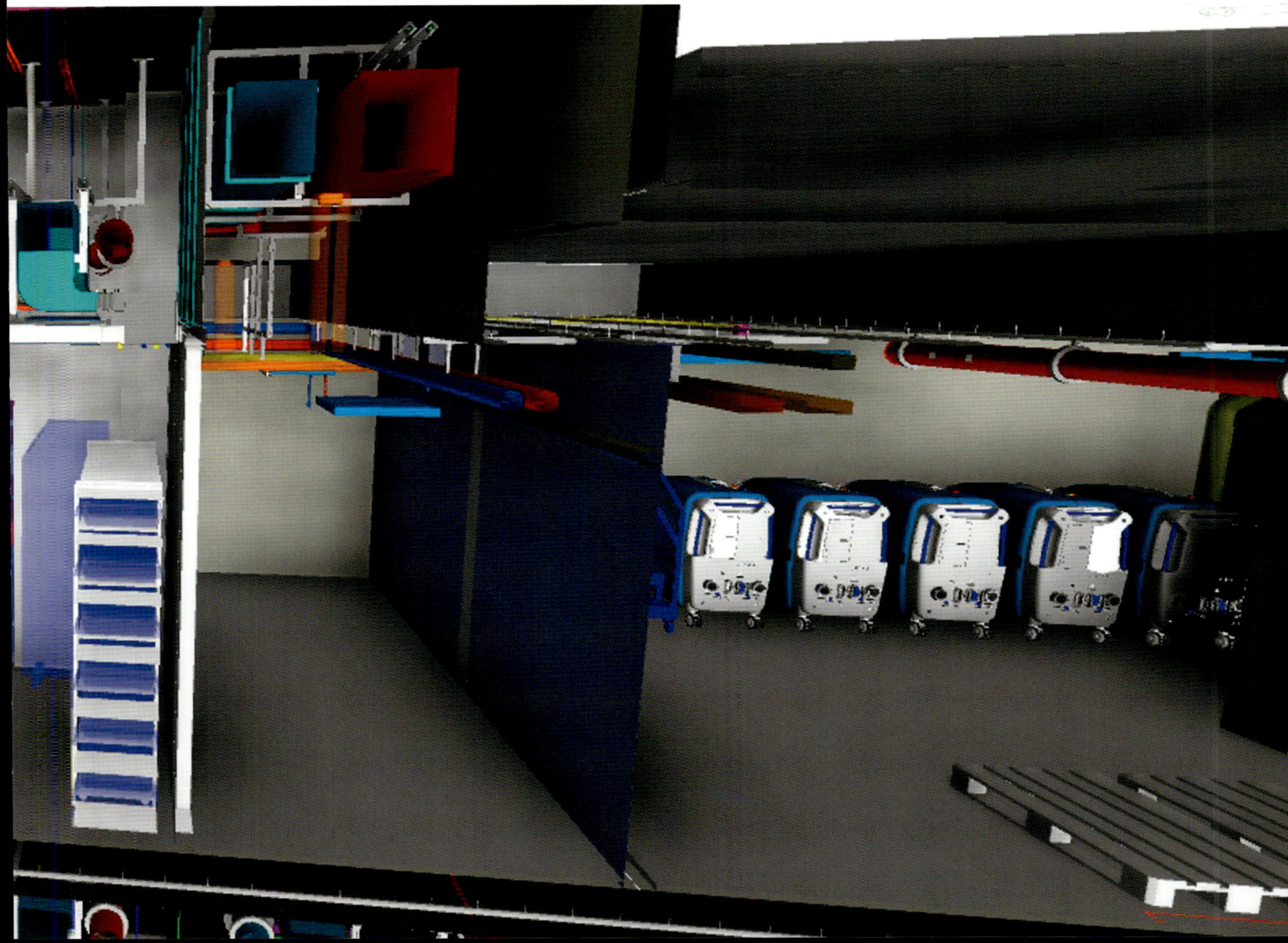

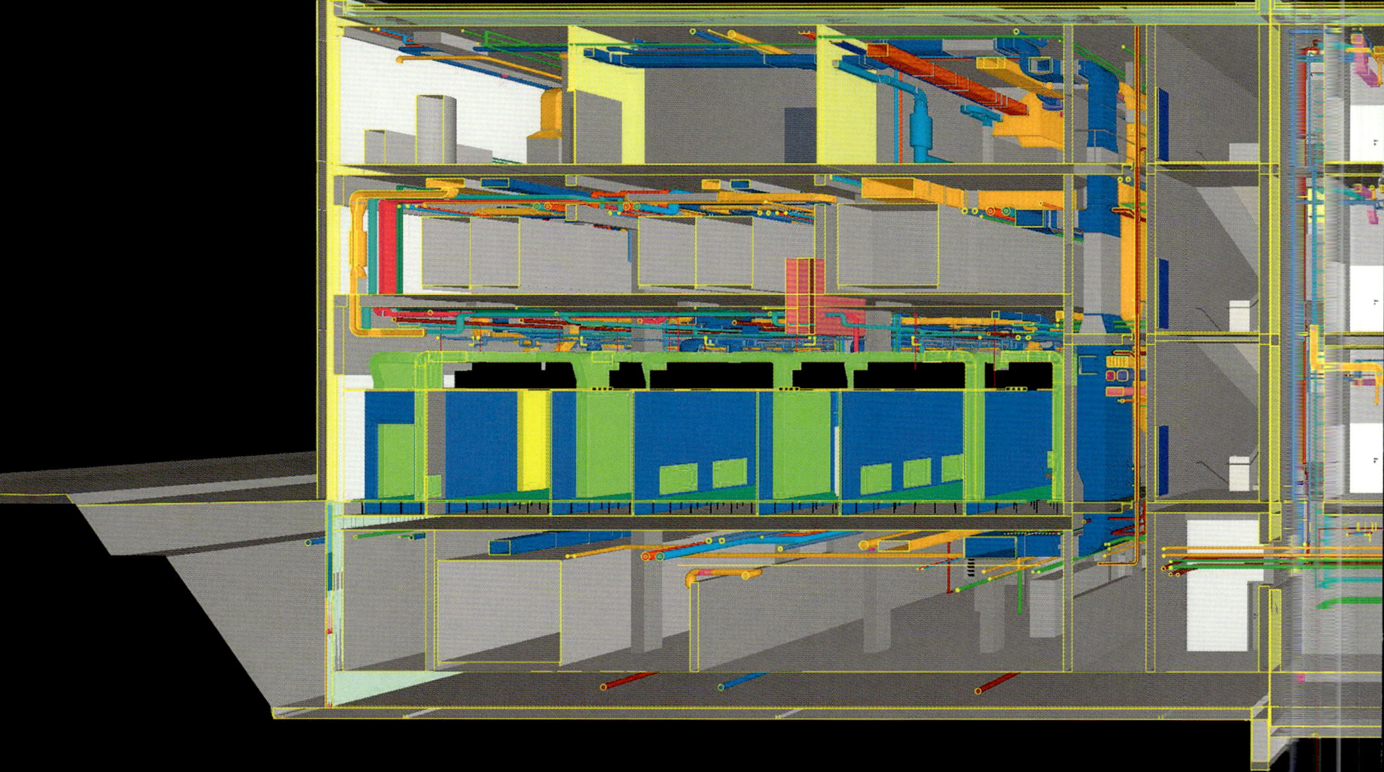

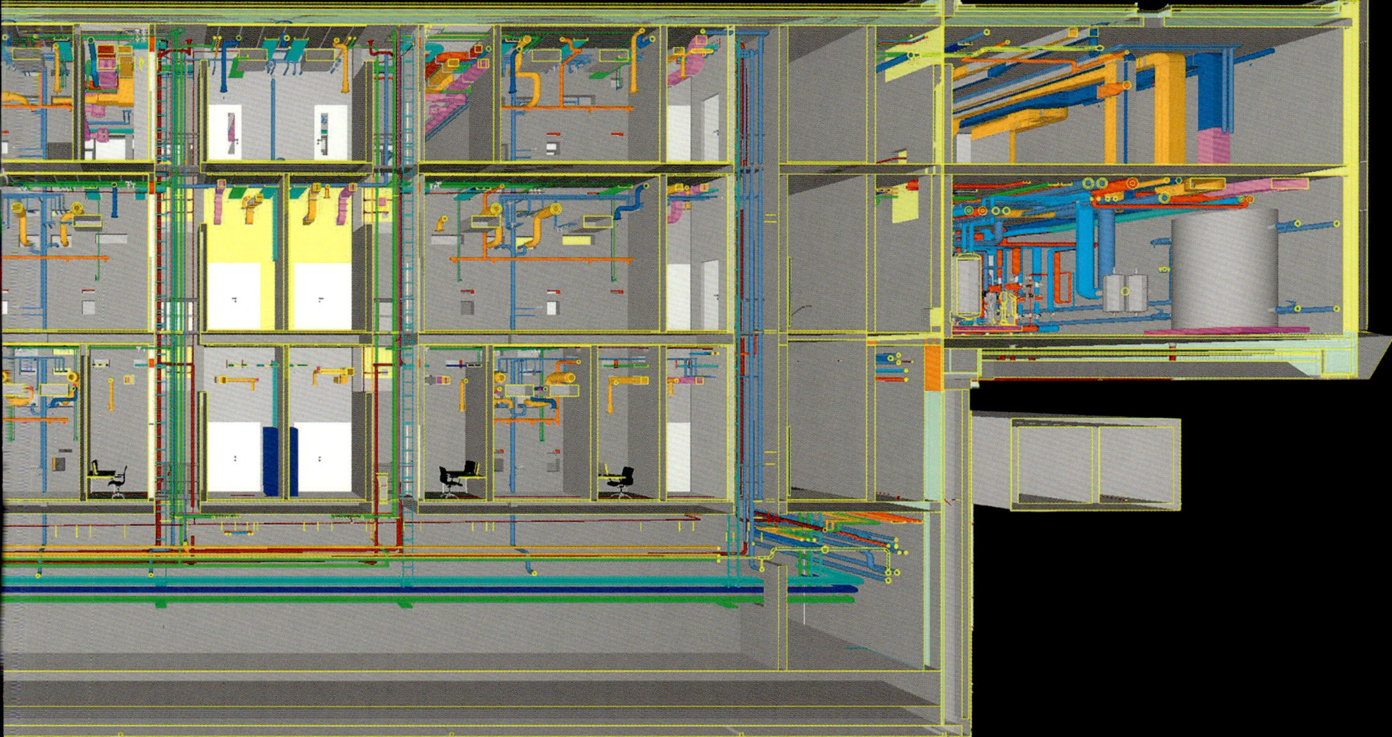

12:30
99 %
098s99m90A_BIM360Field.nwd

III.

weiterdenken
thinking ahead

OUT FOR A STROLL
Ein Spaziergang mit Markus Hammes und Nils Krause

OUT FOR A STROLL
A walk with Markus Hammes and Nils Krause

INTERVIEW: OLIVER HERWIG

26. Februar 2019, 13:30 Uhr, Terrasse Haus der Kunst. Die Autoren treffen sich mit Markus Hammes und Nils Krause zu einem Spaziergang durch den Englischen Garten. Schneereste schmelzen am Wegrand, das Gras wirkt matt. Doch eine Ahnung von Wärme und Frühling liegt in der Luft. Und gute Gespräche, die sich ganz zwangslos ergeben.

Promenadologie nannte der Designtheoretiker Lucius Burckhardt seinen Versuch, die Umwelt bewusst wahrzunehmen und im Gehen das Erlebte zu teilen. Auch wir spazieren durch den Englischen Garten, die Welt der Architektur und die Frage, wie wir in Zukunft zusammenarbeiten. Im Stüberl der St. Emmeramsmühle kehren wir ein. Die Stimmung ist ausgelassen.

26 February 2019, 1:30 p.m., Haus der Kunst terrace. The authors meet Markus Hammes and Nils Krause for a walk through the English Garden. Snow from the last snowfall is melting by the wayside, the grass looks matte. But there is already a hint of warmth and spring in the air. And the conversation flows easily.

Promenadology is the term design theorist Lucius Burckhardt coined for his attempt to be alert to his environment and to share his experiences with others while walking. We, too, embark on a stroll, through the English Garden, the world of architecture, and the question of how people will work together in the future. We stop off at the Emmeramsmühle tavern. High spirits prevail all around.

WEITER DENKEN – UND ZWAR ZU ZWEIT!

Eins und eins ist ...

Nils Krause (NK) ... selten zwei ...

Markus Hammes (MH) ... mindestens zwei. Zumindest ist das unsere Erwartungshaltung, dass sich in einem Gespräch viel mehr ergeben kann. Alles was ist, darf auch sein. Und dann muss man es ordnen. Das ist auch unsere Aufgabe: zu ordnen. Der Austausch dient auch dazu, die eigene Position zu schärfen.

Genau das machen wir nun. Es kommt ja gar nicht so oft vor, dass ein Büro das dialogische Prinzip so offensiv ins Zentrum stellt, ja als Kern des Ganzen begreift.

NK Es geht uns tatsächlich um den Diskurs, das Analysieren, Reiben und Schärfen.

MH Wie kann es besser werden durch das Reiben und den Diskurs. Wir kennen uns ja schon sehr lange, und durch die Auseinandersetzung stellen wir immer fest, da gibt es Dinge, die der andere nicht denkt. Mich ärgert es bei Wettbewerben, wenn ich bei anderen Lösungen sehe, die wir nicht bedacht haben. Das ist anders, wenn wir das auch sahen

THINKING AHEAD – IN PAIRS!

One plus one is ...

Nils Krause (NK) ... rarely two ...

Markus Hammes (MH) ... at least two. At least we have the expectation that much more can result from a conversation than from going it alone. Everything that is can remain. And then you have to organise it. That's part of our job: organising. Exchanges are useful for refining one's own position.

That's exactly what we're doing here. It doesn't happen very often that an office places the principle of dialogue so aggressively at the centre, even viewing it as the core of the whole.

NK We are indeed concerned with discourse, analysis, friction and honing.

MH How things can become even better through constructive friction and discourse. We've known each other for a very long time, and through discussions we always find out that there are things that the other one doesn't agree with. It bothers me when I see competitors coming up with solutions we didn't even consider. It's different if we did see it and realised it's just not our way. But if we don't see it at all, we can't discuss and weigh it. In the evaluation process,

und feststellten, das ist nicht unser Weg. Wenn wir es aber selbst nicht sehen, können wir es nicht diskutieren und abwägen. Im Abwägeprozess haben wir eine sehr ähnliche Wertvorstellung, was angemessen ist, was wichtig oder unwichtig.

An dieser Haltung kann man sich aber schwer reiben, sie wirkt integrativ. Wie arbeiten Sie wirklich zusammen, wenn sie aus dem Miteinander Funken schlagen?

NK Das ist das Mysterium ... *(alle lachen)* ... Wir sind eben nicht Buddies, sondern wir tragen, jeder für sich, ein individuelles Mysterium in uns, das wir nicht anfassen. Es geht nicht, dass wir uns wechselseitig dechiffrieren, das Mysterium also auflösen.

MH Uns gleichmachen.

NK Genau, das wären ja Buddy-Buddy-Effekte. Die Quellen unserer Meinungen bleiben einfach unterschiedlich.

Nochmals: Sie haben keine bestimmten Rollen?

NK Keinesfalls! Da würde ich narrisch werden. Und du wohl auch *(Markus Hammes nickt)*. Wir sind zwei verschiedene Charaktere. Das ist ausreichend. In Rollen läge eine Festschreibung, und das wäre kein Mittel, um etwas in einer Entwicklung zu halten. Das sagen wir

we have very similar ideals about what is appropriate, what is important or unimportant.

But that attitude is hardly conducive to creating any friction; it has an integrative effect instead. How do you manage to really collaborate when sparks already fly just by being together?

NK That's the mystery ... *(everyone laughs)* ... We're not buddies, but rather we each carry within ourselves our own individual mystery, which we do not touch. The point is not to decipher each other, to solve the mystery.

MH To make us equal.

NK That's right; that would be the buddy-buddy effect. The sources of our opinions simply remain different.

To repeat: You have no specific roles?

NK Not at all! That would drive me crazy. And probably you too *(Markus Hammes nods)*. We're two very different characters. That's enough. Roles would be too fixed, and that's no way to keep something constantly evolving. That's what we tell our clients: We try to keep things in a state where the language we use keeps evolving. We observe, we describe. This description must not, however,

unseren Bauherren: Wir versuchen die Dinge in einer Entwicklungsfähigkeit von Sprache zu halten. Wir beobachten, wir beschreiben. Aus dieser Beschreibung darf aber keine Festschreibung werden. Zu einem anderen Zeitpunkt, mit womöglich neuen Erkenntnissen, kann es sich weiterentwickeln. Wenn wir das vor dem Bauen selbst schaffen, ist das natürlich vorteilhaft.

Sie denken also zusammen weiter als jeder für sich allein?

MH Genau. Als wir noch ein kleines Büro waren und alle Wettbewerbe zusammen angingen, waren manche Mitarbeiter nach einer Stunde oder zwei völlig abgehängt, da sie das, was wir sahen, nicht so schnell sahen. Reibung heißt ja nicht unbedingt Konflikt, sondern Zusammenspiel, bei dem man Dinge unabhängig voneinander sieht und sofort weiterentwickelt. Diese Ebene der Zusammenarbeit können wir inzwischen kaum mehr herstellen vor lauter Mitarbeitern und Projekten. Das hat sich verlagert hin zur Frage, das Büro weiterzuentwickeln und von uns ein Stück weit zu lösen.

become a fixed notion. At another time, possibly with the addition of new insights, it can evolve further. If we can do this before commencing building, that's of course advantageous.

So you can think further ahead together than each of you can alone?

MH Precisely. When we were still a small office and tackled all the competitions as a team, some employees were completely lost after an hour or two because they didn't see what we saw so quickly. Friction does not necessarily mean conflict but rather interaction, during which you see things independently of each other and immediately develop them further. We can hardly produce this level of collaboration anymore because of all the employees and projects. It has all shifted to the question of whether to further develop the office and to separate it off from us a bit.

So you are no longer involved in all design phases in every project?

MH Yes, we are. Just not together anymore. We are still involved in all phases, particularly at the beginning. We consult with each other constantly, just not in every meeting. It's the discourse that still counts.

Sie sind also nicht mehr an jedem Projekt in allen Entwurfsphasen beteiligt?

MH Doch. Nur nicht mehr zusammen. Wir sind jetzt immer noch in alle Phasen involviert, gerade am Anfang. Wir besprechen uns laufend, aber nicht in jeder Sitzung, entscheidend bleibt der Diskurs.

Ihr Ansatz ist eher konzeptionell.

NK Das kann man wohl sagen. Wir bauen nach der Analyse ein Theorem auf. Manche würden sagen: Glaubenssätze, ich eher Grundmuster, die man aus der Analyse gezogen hat. Der nächste Schritt besteht darin, das zu versprachlichen und daraus eine Haltung zu gewinnen, Prinzipien, Gesetzmäßigkeiten und eine räumliche Gestalt. Dazu muss man das Haus aus der Kognition entwickeln. Wenn man sich nur im Bereich der Bildhauerei bewegt, von Topos und Tektonik, ist es vielleicht anders, aber das tun wir nicht. Uns geht es um Prozesse. Und das lief schon immer über Sprache.

MH Wenn ich skizziere, schreibe ich zugleich.

Ein Mindmap?

MH Genau. Eine Verdichtung von Strichen und dazu Gedanken, warum der Strich dort dünner oder dicker ist. Es geht sowohl um Empfindungen

You take more of a conceptual approach.

NK That's definitely true. After our analysis, we construct a theory. Some would say we formulate doctrines, but to me it's more like basic patterns drawn from our analysis. The next step is to put this into words and to derive from it an attitude, principles, laws and a spatial form. To do this, you have to develop the building from cognition. If you only move within the field of sculpture, of topos and tectonics, it may be different, but we don't do that. We're all about processes. And we've always operated via language.

MH When I sketch, I write at the same time.

A mind map?

MH Exactly. A condensation of strokes and thoughts about why the stroke is thinner or thicker there. It's about sensations as well as organisation. That's what I've been doing since my studies, because my approach to architecture is very analytical – and that connects us. We always knew why things are the way they are. Not merely beautiful.

And they don't necessarily have to look beautiful.

MH If something looks bad, we knew why. Only maybe we weren't able to do any better.

NK Back then there were models by Rem Koolhaas, which were also very conceptual, composed like collages. And they drew their strength

als auch um Organisatorisches. Das mache ich seit dem Studium, denn mein Zugang zur Architektur ist sehr analytisch – und das verbindet uns. Wir wussten immer, warum die Dinge so sind, wie sie sind. Nicht einfach nur schön.

Und sie müssen nicht unbedingt schön aussehen.

MH Wenn es schlimm aussieht, wussten wir auch, warum. Nur waren wir vielleicht nicht in der Lage, es besser zu machen.

NK Damals gab es Modelle von Rem Koolhaas, die waren auch sehr konzeptionell, collagenartig komponiert. Und sie hatten ihre Kraft durch die Behauptung, durch das Gegenüberstellen von verschiedenen Materialien und Aggregatszuständen von Wänden. Von Stab, Fläche und Punkt. Das waren immer klare Konzepte. Mein Partner war ja immer schon ein Mies-Fan, ich musste das erst lernen. Es ging immer über Sprache bei uns.

Koolhaas ist ja auch Journalist und Drehbuchautor. Liegt Ihnen das, als Regisseure aufzutreten?

MH Das ist ein gutes Bild. Der Regisseur bringt unterschiedlichste Disziplinen zusammen. *(Im Hintergrund unterhalten sich Bedienung und Gäste, es wird sehr laut)* ... Ist wie im Büro, stört nicht. Man muss alles

from assertion, from the juxtaposition of different materials and aggregate states of walls. Of rod, surface and point. These were always clear concepts. My partner has always been a fan of Mies; I first had to learn that. With us, it's always been about language.

Koolhaas also worked as a journalist and screenwriter. Is that what you feel like, film directors?

MH That's a good image. The film director brings together different disciplines. *(The service staff and guests of the tavern are talking in the background; it's getting very loud)* ... It's just like in the office, it doesn't bother us. You have to juggle everything: from the worries of the producer to the sensitivity of the actors and the technique of the cameraman. How does this all become a coherent whole? It's about an idea that holds everything together: the statement as well as the aesthetics.

The client would then be the viewer?

MH The viewer is not so involved ...

... the main character?

MH ... only plays a role.

NK The client is the core statement of the play,

unter einen Hut bringen: Von den Sorgen des Produzenten bis zur Sensibilität der Schauspieler und der Technik des Kameramanns. Wie wird daraus ein zusammenhängendes Ganzes? Es geht um eine Idee, die alles zusammenhält: die Aussage wie die Ästhetik.

Der Auftraggeber wäre dann der Zuschauer?

MH Der Zuschauer ist nicht so involviert …

… der Hauptdarsteller?

MH … spielt ja nur eine Rolle.

NK Der Auftraggeber ist die Kernaussage des Stücks, um die sich die Dinge schärfen, die Schauspieler ihre Rollen explorieren und sich das Bühnenbild dreht. Früher, als mein Bruder noch Schauspieler war, hatte ich Lust, Bühnenbilder zu entwerfen. Weil ich vieles unintendiert fand, einfach hingestellt. Wenn man ein Theaterstück in eine bestimmte Richtung spielt, dachte ich, könnte man es durch das Bühnenbild noch verstärken. Auf mehreren Ebenen mit sich ergänzenden Botschaften kommen. Das habe ich nicht geschafft. Aber es geht immer darum: Wie will ich die Aussage erzeugen? Um auf die Frage zurückzukommen: Das Theaterstück hat keinen Nutzer, sondern eine Aussage.

around which things coalesce, the actors explore their roles and the set design revolves. Back when my brother was still an actor, I wanted to design stage sets, because I found many things I saw unintentional, simply thrown together. If you perform a play in a certain direction, I thought, you could reinforce that direction with the stage design. Communicate on several levels with complementary messages. I didn't manage to do that. But it's always a question of: How do I generate the statement? To get back to your question: The play does not have a user but rather a statement.

MH At the age of thirteen I wanted to be a rock musician, and I developed entire stage shows, complete with directions for how to position the spotlights …

NK Man! You can build on that.

MH Let's do an opera!

NK Achieve the full impact in just two or three hours. I grew up watching plays directed by Claus Peymann in Stuttgart – and I have never experienced pieces more intense than those. In Berlin I always went to see everything, but I didn't find it as strong anymore, maybe because back when I was 14 I was a comparatively empty vessel waiting to be filled. That doesn't work so well anymore at my age, but I'm still enthusiastic about theatre.

MH Als Dreizehnjähriger wollte ich Rock-Musiker werden, und habe komplette Bühnenshows entwickelt, komplett mit Scheinwerferstellungen …

NK Mann! Das kann man ausbauen.

MH Wir machen mal eine Oper!

NK In zwei, drei Stunden den vollen Impact erzielen. Ich bin mit Claus Peymann in Stuttgart groß geworden – und keine intensiveren Stücke erlebt wie dort. In Berlin habe ich mir immer alles angesehen, fand es aber nicht mehr so stark, vielleicht, weil ich mit 14 ein vergleichsweise leeres Gefäß war, das gefüllt werden wollte. Das funktioniert in meinem Alter jetzt nicht mehr so gut, ich bin aber nach wie von begeistert von Theater.

Gibt es da eine Verbindung zum Bauen?
Das Inszenatorische in der Architektur …

NK … gibt es schon auch. Aber Architektur ist keine Inszenierung, sondern durchgängiger oder komplexer. Architektur als Inszenierung zu verstehen, wäre ein Missverständnis, und das falsche Medium.

Is there a connection to building?
Architecture as a stage setting …

NK … is also an aspect. But architecture is not a stage setting; it is more continuous or complex. To understand architecture as staging would be a misunderstanding, and the wrong medium.

WEITER DENKEN – ALS CHEF: NICHT WENIGER HUNGRIG, ABER RUHIGER

Sind Sie heute eigentlich bessere Architekten als früher – oder nur andere?

NK Ruhiger. *(Pause. Dann schallendes Gelächter)* Nicht weniger hungrig, aber ruhiger. Wenn man jung ist, spielt man ein Springinsfeld-Schach und nimmt sich nicht die Zeit, etwas strategisch zu ventilieren. Jetzt ist es so, dass ich – als Dirigent – viel stärker herausarbeiten könnte, welches Instrument wo, wann und wie einen Beitrag leisten sollte – und in welcher Intensität. Das ist ein Geschenk, dass wir nun, weil wir schon so lange Architekten sind, in eine Reflexion kommen und Dinge auf der Baustelle erkennen als Behauptung, die man hier und dort noch hätte schärfen können. Weniger machen. Bauen bedeutet für uns eine Transformation von Erkenntnis: in eine Abgestimmtheit zu kommen und maßvolle Lebendigkeit zu schaffen, nicht mehr als Springinsfeld von einst, die meinten, alles zugleich abzuschießen zu müssen, sondern weniger – und davon mehr.

THINKING AHEAD –AS A BOSS: NO LESS HUNGRY, BUT CALMER

Are you actually better architects today than before – or just different?

NK Calmer *(pause, then resounding laughter)*. No less hungry, but calmer. When you're young, you jump right onto the chess board and don't take the time to air out your thoughts strategically. Now, as a conductor, I can work out much more precisely which instrument should come in where, when and how – and in what intensity. It's an asset for us that, because we've been architects for so long, we can now step back and reflect and recognise things on the building site as claims that could have been refined more sharply here and there. And do less. Building means to us a transformation of cognition: to arrive at a coherence and create measured vibrancy, no longer as the impetuous madcap of before, who thought he had to shoot everything down at once, but instead do less – and more of it.

Sounds like classicism. Out of the *Sturm und Drang* phase and towards well-thought-out compositions. Do you feel the same way?

MH Definitely. I'm more aware as an architect than I was 15 years ago. Much more aware. I am not a

Klingt nach Klassik. Raus aus dem Sturm und Drang, hin zu wohldurchdachten Kompositionen. Geht es Ihnen auch so?

MH Definitiv. Ich bin ein bewussterer Architekt als vor 15 Jahren. Noch viel bewusster. Ich bin kein großer Freund von Erfahrung, die kann ein großes Hemmnis werden. Unlängst las ich Daniel Kahnemann, und der sagt, Intention speise sich aus Erfahrung.

Man muss wissen, was man will?

MH Klar. Das Bauchgefühl entwickelt sich aufgrund gemachter Erfahrungen. Erfahrung an sich ist kein Wert, aber aus ihr zu lernen, abzuwägen, zu sehen, wohin die Dinge gehen und welche Folgen sie nach sich zieht, sowohl im Räumlichen wie im Materiellen, hilft mir enorm. Erfahrung hilft mir natürlich, Dinge klarer zu kriegen. Ich kriege sie auch schneller hin. Aber da muss man vorsichtig sein, wenn man mit jungen Kollegen Wettbewerbe macht, dass man sie das auch erfahren lässt. Es nutzt nichts, wenn ich sage, ich sehe schon, wohin das geht ...

NK ... darfst gerne noch probieren ... *(alle lachen)*

MH ... das sagst Du eben nicht. Manchmal muss man einfach mal lassen, bis der Erkenntnisgrad höher ist. Das dauert vielleicht zwei, drei Wettbewerbe. Wenn es ganz kritisch ist, darf man schon eingreifen und sagen:

great friend of experience, which can become a great obstacle. Recently I read Daniel Kahnemann, and he says that intention feeds on experience.

You have to know what you want?

MH Sure. Your gut feeling develops based on your experiences. Experience in itself is not worth anything, but learning from it, weighing it, seeing where things are going and what consequences they have, both spatially and materially, helps me enormously. Experience naturally helps me to fine-tune things. I can get them done faster, too. But you have to be careful when you take part in competitions with younger colleagues that you allow them to have their own experiences. It doesn't help when I say I can see where this is going ...

NK ... you're welcome to try it, but ... *(everyone laughs)*.

MH. ... you just don't say that. Sometimes you just have to let it go until more knowledge has been gained. That might take two or three competitions. If a competition is really crucial, you can intervene and say: Let's shorten the process this time. But it's a process that keeps evolving with every new project, every person I meet. In this respect, experience makes me a "better architect."

Wir kürzen mal ab. Aber das ist ja ein Prozess, das entwickelt sich immer weiter, mit jedem neuen Projekt, jedem Menschen, den ich kennenlerne. Unter diesem Aspekt macht mich die Erfahrung zu einem „besseren Architekten."

Und wohl auch zu einem besseren Chef.
Es wäre ja so einfach, mal einzugreifen.

MH Aber nicht bei 50 Leuten.

NK Das wäre die falsche Konditionierung der Mitarbeiter.

Beim Delegieren entscheidet sich also der gute Chef?

MH Das immer Selbermachen hat eine Endlichkeit.

NK Und ist de-evolutionär. Der Einzelne entwickelt sich nicht, und der Projektleiter entwickelt sein Team nicht, schlimmer noch, sie verabschieden sich womöglich gedanklich, weil sie sich nicht einbringen können. So entsteht eine Schlafkiste – und die Arbeit stapelt sich bei den Projektleitern. Die anderen wollen ja etwas lernen – es gelingt ihnen vielleicht in einer Form, die man zunächst nicht sieht, aber man muss ihnen Zeit geben.

And probably a better boss too. It would be so easy to just intervene.

MH But not with 50 people.

NK That would be the wrong conditioning of the employees.

So when delegating, the good boss makes the decision?

MH Always doing it yourself has to come to an end sometime.

NK And it's de-evolutionary. The individual cannot develop, and the project manager cannot develop his team; even worse, the members of the team may absent themselves mentally because they are not allowed to get involved. You just end up creating a bunch of sleepyheads, and all the work piles up on the project managers' desks. The others want to learn something – they may succeed in a form that you don't see at first, but you have to give them time.

MH I am happy for and about anyone who has a better idea than I do. I'm aware that I have a lot of them myself. And from this position of calm, which develops over the years, you can nurture the others even better. Everyone can contribute, and if you don't have a dogmatic form but rather a process that is clearly described, a great deal can happen. Ideas are the greatest thing that can happen.

MH Ich freue mich mit und über jeden, der eine bessere Idee hat als ich. Dabei bin ich mir bewusst, dass ich selbst eine Menge davon habe. Aus dieser Position der Ruhe, die sich über Jahre entwickelt, kann man das noch besser fördern. Jeder kann seinen Beitrag leisten, und wenn man keinen Dogmatismus in der Form hat, sondern einen Prozess, der klar beschrieben ist, kann viel entstehen. Ideen sind das größte, was passieren kann.

Haben Sie das erst lernen müssen?

MH Bin so geboren *(großes Gelächter)*. Im Ernst: es hat wohl mit unserer Sozialisation zu tun.

NK Das Wohlwollen gegenüber Mitmenschen ist immanent. Alles andere entwickelt sich. Man lernt aus seinen Schritten, wir haben schon im Studium mit Projektarbeit begonnen. Dinge müssen nebeneinander existieren können und Luft haben zum Leben. Unser Anspruch ist, sich zu entwickeln. Schwer zu ertragen, ist jemand, der sich nicht entwickeln will, ganz anders, als zu erkennen, dass wir einen längeren Weg gehen müssen.

MH In der Büroarbeit wurde klar: Alleine ist nicht der richtige Weg, es gibt andere, gute Leute.

Did you have to first come to that realisation?

MH I was just born that way *(hearty laughter)*. But seriously: it probably has a lot to do with our socialisation.

NK Good will toward others is something intrinsic. All the rest has to evolve. You learn from the steps you take; we already started with project work during our studies. Things have to be able to exist side by side and have air to breathe. Our ambition is to evolve. What's hard to bear is someone who doesn't want to evolve – which is something quite different from realising that we still have a long way to go.

MH In the work in our office, it became clear that solo is not the right path to take; there are other people, good people.

That sounds like Jürgen Habermas and Günter Behnisch, like the general German climate, democratic building and the attempt to sweep people along with you: Is there a grain of truth to that?

NK I worked with Günter Behnisch. He understood how to bring good racehorses together and let them do interesting work. He intervened very little, and the discussions with him were clear-cut and good. Behnisch fostered his people. And he enjoyed raising lions and chieftains. His own history may have

Das klingt nach Jürgen Habermas und Günter Behnisch, nach bundesrepublikanischem Klima, demokratischem Bauen und dem Versuch, Menschen mitzunehmen, ist da was dran?

NK Ich war ja bei Günter Behnisch. Er hat verstanden, wie man gute Rennpferde zusammenbringt und sie interessante Arbeiten machen lässt. Da griff er wenig ein, und auch die Diskussionen mit ihm waren sauber und gut. Behnisch förderte seine Leute. Und hatte Lust daran, Löwen zu erziehen und Häuptlinge. Aus seiner Geschichte heraus wusste er möglicherweise, wie man eine Mannschaft unter engen Verhältnissen bei Laune halten kann. Das Büro war eingespielt, das lief fast nonverbal.

Im Gegensatz zu Ihnen, da läuft es ja sehr verbal.

NK Wir sind völlig anders. Der Gedanke, dass sich Dinge entwickeln können und wir keinen Zwang ausüben auf die Funktion, ist sicher auch ein Aspekt seines demokratischen Bauens. Die Dinge sollen aus ihrem Wesen heraus das signalisieren, was sie tun. Darin steckt die Idee, dass sich die Dinge entwickeln dürfen.

MH Für mich war das Jahr bei Behnisch eine Befreiung. Vorher war ich so drauf, als wüsste ich alles, und die anderen stehen mir nur im Weg. Im Büro waren plötzlich alle gut. Das hat etwas relativiert und auch die

taught him how to keep a team happy even in constrained conditions. The office was well-coordinated; things almost proceeded non-verbally.

Unlike with you, where things are very verbal.

NK We are completely different. The idea that things can develop and that we do not force the function is certainly also an aspect of his democratic approach to building. Things should signal what they do by their very essence. Inherent to this is the idea that things are allowed to develop.

MH For me, the year at Behnisch was very liberating. Before that, I thought I knew everything and the others were standing in my way. Working in that office, suddenly everyone was good. That put things into perspective, and the freedom to think for myself really opened up something in me. All the while, the routine there was rigidly structured. This is something that is still clear to me today: everything has to be transparently organised so that you can concentrate on the important things and work to attain certain degrees of freedom.

Freiheit, zu denken, das hat für mich wahnsinnig was geöffnet. Dabei war es rigide strukturiert. Das ist mir heute auch klar. Die Organisation muss klar sein, damit man sich auf die wichtigen Dinge konzentriert und sich da Freiheitsgrade erarbeitet.

WEITER DENKEN – ALS STAFFELLAUF UND IN ANDEREN BEREICHEN

Jetzt kennen Sie sich mit Wissenschaftlern aus, wissen wie die ticken, haben das Denken über Architektur kultiviert und den Diskurs als wesentliches Element des Bauens etabliert – was ist der nächste Schritt für Sie?

NK Ein anderes Spektrum an Projekten bearbeiten – was wir nur teilweise bestimmen können – und das Büro weiterzuführen. Markus hatte die Chance ein bestehendes Büro zu übernehmen und hat mich dazu geholt. Wir konnten die Potenziale schärfen und durchstarten. Unser Traum wäre es, eine Gruppe von zwei, drei Menschen zu finden, denen wir es zu gegebener Zeit auch so übergeben. Wie beim Staffellauf. Wir starten jetzt und übergeben es später. Wir wollen den Staffelstab weitergeben, und das nicht zu spät, sondern jetzt, indem wir Menschen entwickeln.

MH Das Spektrum an Projekten wollen wir öffnen. Man wird ja

THINKING AHEAD – AS A RELAY RACE AND IN OTHER AREAS

You now know enough about scientists and how they tick; you have cultivated your thinking about architecture and established discourse as an essential element of building – what is the next step for you?

NK Working on a whole different spectrum of projects – something we only have limited power over, however – and developing our office further. Markus had the opportunity to take over an existing office, and he brought me in on it. We were able to refine the potential that was there and take off with it. Our dream would be to find a group of two or three people to hand it over to at the right time. Like in a relay race. We'll start now and hand it over later. We want to pass the baton, not too late but right now, by developing people.

MH We want to broaden the spectrum of projects we take on. You get forced into a certain area of specialisation. We do research buildings, and after two or three kindergartens we suddenly specialise in kindergartens. Hospitals: that's something we're working on. How can we transfer the way we understand and work with architecture to other areas? This would function for a retirement home

zwangsspezialisiert. Wir machen Forschungsbauten, und nach zwei, drei Kindergärten sind wir plötzlich auch auf Kindergärten spezialisiert, Krankenhäuser ... das ist etwas, an dem wir arbeiten. Wie können wir das, wie wir Architektur verstehen und bearbeiten, auf andere Bereiche übertragen? Das würde für ein Altenheim funktionieren wie für eine Schule und für ein Bürgerzentrum wie für ein Museum.

Kein Wohnbau?

MH Ich war noch nicht fertig *(Gelächter)*. Das würde keine Typologie ausschließen. Vielleicht schließt sich diese Art der Herangehensweise inzwischen auch nicht mehr für Investoren aus. Wie gesagt: Es würde total Spaß machen, an verschiedenen Bautypologien zu arbeiten.

NK Eine Kirche wäre schön ...

MH Eine Autobahnkirche. Diese Gleichzeitigkeit von 250 Stundenkilometern und dem Wunsch, zur Ruhe zu kommen. Abbremsen, Einkehren, Beschleunigen. Das wollte ich als Studentenaufgabe an der Uni betreuen. Und nochmals in die Lehre zurück.

Da haben Sie ein Spektrum für die nächsten 50 Jahre aufgerissen.

MH Die Lust ist ungebrochen. Die Methoden, mit denen wir arbeiten,

just as it would for a school or for a community centre or museum.

No housing?

MH I wasn't finished yet *(laughter)*. This wouldn't rule out any typology. Perhaps this type of approach is no longer mutually exclusive for investors. As I said: It would be totally fun to work on different building typologies.

NK A church would be nice ...

MH A motorway church. Driving 250 kilometers per hour while also wanting to find peace of mind. Hit the brakes, stop for a rest, accelerate again. I wanted to supervise this kind of project as a student assignment at university. And hence return to teaching.

You have opened up a spectrum here for the next 50 years at least.

MH We still take undiminished pleasure in our work. Only the methodology we work by is changing. More than merely the switch from rapidograph to CAD – those were just the tools of the trade – now it's about a change in methodology. And it's great to be able to experience that. We both taught at university but then decided to concentrate on our own work, thinking that merely spending Sunday doing corrections would be unfair to the students. But we

wandeln sich. Mehr als der Wechsel Rapidograph zu CAD, das war nur das Handwerkszeug, ist es nun der Methodenwechsel. Das ist großartig, das zu erleben. Wir haben ja beide an der Uni gelehrt, haben uns dann aber konzentriert, gedacht, das schaffen wir nicht, wenn man nur noch sonntags Korrektur geben kann, wäre das unfair den Studenten gegenüber. Aber das haben wir etwas falsch eingeschätzt, dass der akademische Zirkel sich anders generiert.

NK Wir waren einfach zu ehrlich, haben gedacht, wir müssten erstmal etwas bauen, damit wir an der Universität lehren dürfen. Und die Jahre vergingen, und wir bauten und wollten das Büro organisieren. Dann war es zu spät, um in die Lehre zurückzukehren.

MH Wir waren bei Berufungsverfahren immer dazwischen, weder ganz oben, dass wir als Name eingeladen worden wären und im Vergleich zu den anderen doch zu groß. Wir hatten schließlich mit Abstand die größten und bekanntesten Projekte.

NK Das haben die anderen nicht geglaubt, dass man sich ehrlich um die Studenten kümmern würde.

MH Das war bitter, weil wir beide leidenschaftlich gelehrt haben und Mitarbeiter im Büro haben, die bei uns Vordiplom machten. Aus denen ist ja was geworden.

were a bit mistaken about how the academic circle actually generates itself differently.

NK We were simply too honest; we thought we had to build for a while first to be able to teach at university. And the years went by, and we built and wanted to establish the office. Then it was too late to return to teaching.

MH In appointment procedures, we were always in the middle field – not at the top, invited as a big name, but still too big compared to the others. After all, we had by far the largest and most widely recognised projects.

NK The others didn't believe that we would honestly devote ourselves to the students.

MH That was a bitter pill, because both of us are passionate teachers and we have employees in our office who did their undergraduate degree with us. And they have made something of themselves.

WEITER DENKEN – ZUSAMMEN HÖHER HÜPFEN

Wie sind Sie als Team zusammengekommen?

NK Im Grundstudium waren wir in einer Freundesclique.

MH Immer in Sichtweite.

NK Er war dann in meiner WG. In seiner Behnisch-Phase haben wir uns wiederum kaum gesehen. Mit einem Kommilitonen hatte ich einen Wettbewerb gewonnen, im Osten, damals, als die Grenze aufging. Ein 45-Millionen-Gymnasium, als Studenten in einem anderen Büro. Da wir nicht geführt wurden, haben wir das Projekt für uns geführt und die Projektleitung übernommen. In dieser Zeit machte Markus Diplom. Unser Deal war, während wir das Diplom nachholen, übernimmt Markus die Projektleitung. Wir waren eine gute Gang.

Was machte Sie so stark als Team?

NK Keiner fragte uns, wer wir sind. Das war ein wenig eine Köpenickiade. Wir schrieben aus, managten die Fachingenieure aus dem Osten anständig und rockten das ganze Projekt.
Danach ging Markus zu Jürgen Brenner, und ich zurück an die Uni. Und ich habe das sehr genossen, wieder zu studieren. Es war eine solche Befrei-

THINKING AHEAD – LEAPING HIGHER TOGETHER

How did you get together as a team?

NK During our undergraduate studies we were in the same group of friends.

MH Always within eyeshot.

NK And then he moved into my shared flat. During the Behnisch phase, though, we hardly ever saw each other. I had won a competition with a fellow-student, in East Germany, back when the border was just opening. As students working in an office, we had the contract to build a secondary school with a budget of 45 million Deutschmarks. Since we did not get any guidance, we took the lead ourselves and took over the project management. This was the period when Markus was doing his *Diplom* degree. Our deal was that, while we were catching up on our degrees, Markus would take over the project management. We were a good gang.

What made you so strong as a team?

NK No one asked us who we were. It was a bit of an imposture. We put out a tender for contractors, properly managed the specialist engineers from the East, and rocked the whole project.
Markus went to work for Jürgen Brenner, and I went back to university. And I really enjoyed studying again.

ung. An der Uni konnte man alles ausprobieren, im Projekt mussten wir fortwährend liefern. Da gab es keine Zeit, irgendwas auszuprobieren. Wenn man da kein Repertoire hatte, konnte man gerade das reproduzieren, was aus dem Hirn herausfiel. Jetzt konnte man wieder experimentieren.

Diese Erkenntnis retteten Sie ins Büro.

NK Genau. Die Erkenntnis, Freiheiten auch zu nutzen.

Und als Sie sich selbstständig machten?

MH War für mich immer klar, dass ich es nicht alleine machen wollte. Da habe ich Nils gefragt …

Was ging Ihnen damals typischerweise durch den Kopf, wenn Sie Arbeiten des jeweils anderen sahen?

NK Ich fand es total interessant, dass sich Markus nie in allzu große Komplikationen brachte. Während ich mich immer in zu intensive Aussagen verstrickte. Und das begleitet uns nach wie vor. Das respektiere ich total. Er machte früher diese Mies-Entwürfe, fünf Striche, das war‘s …

MH … aber die waren wohl gesetzt.

NK Klar. Ich komme sehr stark über die Gestalt. Da besteht die Gefahr,

It was so freeing. At university you could try out everything; in the project we had to keep delivering. There wasn't any time to try out things. If you didn't have a repertoire, you just had to reproduce whatever popped into your head. Now I was able to experiment again.

This realisation made you want to start an office.

NK Exactly. The knowledge that it is also possible to take advantage of freedom.

And what happened when you started your own business?

MH I always knew I didn't want to work alone. So I asked Nils …

What typically went through your heads back then when you saw each other's work?

NK I found it really interesting that Markus never got wrapped up in too many complications. While I was always getting mired in overly intense statements. And that's still the same for us. I really respect that. He used to do these Mies designs: five strokes and that's it …

MH … but they were carefully set.

NK Of course. I work very much according to an

sich zu verheddern – aber auch die Chance, dass eine Skulptur entsteht, etwas Bewegtes, das auch andere bewegt. Aber es kann auch schiefgehen. Klar und strukturiert zu bleiben hat da Vorteile. Die Frage ist immer, wann erkennt man, dass es Architektur wird? Ein Viereck im Zweihundertstel, Hundertstel, Fünfzigstel, das kann sich immer noch zu einem völlig charmanten Stück Architektur entwickeln – und diese Langmut habe ich nicht. Bei mir muss es schon im Zweihundertstel klar werden. Da habe ich einen großen Respekt. Und es sind schöne Sachen entstanden aus klaren Grundrissen.

MH Und ich fand das Skulpturale immer gut. Ich machte einfache Mies-Sachen, klar und wohlproportioniert, alles schön und sah da bei ihm völlig cooles Zeug. Wie kommt man nur darauf, dachte ich immer. *(Gelächter)* Nils war viel näher am Material, ich brauchte Jahre, bis ich auch haptische Dinge einbeziehen konnte: Holz, Metall, Farbe.

Jetzt wird klarer, was Sie mit „reiben" meinten.

MH Wir kommen jeweils aus einer anderen Ästhetik.

Und sonst – wo rieben Sie sich?

NK Sagen wir es so: die Professoren hatten es nicht leicht mit mir...

overall form. There is then a risk of getting tangled up – but also the chance to create a sculpture, something moving that also moves others. But it can also go wrong. Staying clear and structured has its advantages. The question is always, when do you realize that it will be architecture? A square divided into two-hundredths, hundredths, fiftieths, can still develop into an utterly charming piece of architecture – but I don't have that kind of patience. For me, it already has to be clear by the two-hundredth. I have a lot of respect for that. And beautiful things have been created from lucid floor plans.

MH And I always liked sculptural things. I did simple Mies designs, clean-lined and well-proportioned, everything beautiful, and then saw him doing really cool stuff. How do you come up with something like that, I always thought *(laughter)*. Nils was much closer to the material; it took me years to include tactile qualities: wood, metal, colour.

Now it's becoming clearer what you meant by "friction".

MH We each start out from a completely different aesthetic.

Erwarten Sie solche Auseinandersetzung auch von Ihren Mitarbeitern?

NK Das kann ich nicht erwarten, hoffe aber, dass Diskussionen stattfinden können; es ist aber nicht jedem gegeben, mit dem Chef zu diskutieren. Scharf zu diskutieren, heißt bei mir: konklusionsscharf.

Also immer noch große Lust an der Diskussion, um gemeinsam weiterzukommen?

NK Also ich habe schon Bock zu diskutieren, und wenn einer gar nicht will, fehlt mir etwas, dann ist wie bei einem Trampolin die Spannung raus. Man hüpft rein und bleibt unten auf dem Boden, bleibt stehen. Dabei könnte man zusammen höher hüpfen. Manchmal erwische ich die Intensität nicht, dann bin ich zu energisch, das erschreckt. Manche können es auch nicht, und da habe ich gelernt das zu akzeptieren. Jeder kann so sein, wie er ist, dann finden sich andere Wege. Dann ist er oder sie eben nicht mein Sparringspartner für dieses Problem und mein Gegenüber braucht eine größere Entfernung zu mir, um das zu handeln. Das sehe ich in meiner Verantwortung.

MH Wir sind eine Generation, die sich auseinandersetzen muss.

And otherwise – what were other areas of friction?

NK Let's just put it this way: the professors didn't have an easy time with me ...

Do you also expect this kind of confrontation from your employees?

NK I can't expect it, but I do hope that discussions can take place. However, not everyone dares to discuss things with the boss. For me, heated debates mean reaching well-honed conclusions.

So you still relish debate in order to get ahead together?

NK I do enjoy discussions, and if no one engages in one with me, I feel like something is missing. The tension then slackens, just like with a trampoline. You leap onto it and yet remain on the ground; you stand still. But together you could leap higher. Sometimes I don't achieve the intensity, then I'm too energetic and that scares me. And some people simply can't do it, and I've learned to accept that. Everyone is allowed to be themselves, and we find other ways. Then he or she is simply not my sparring partner for this problem, and my counterpart needs to gain greater distance from me to deal with it. I see that as my responsibility.

Sie können sich zurücknehmen und arbeiten wie Coaches. Woran liegt das?

MH Das Geheimnis des 64er-Jahrgangs.

Partizipation ist gerade ein Modewort. Offenbar leben sie das: Im Büro wie gegenüber ihren Auftraggebern.

NK Ich hätte ein manipulatives Gefühl, wenn ich jemanden nicht zu Wort kommen ließe. Wenn er etwas sagt, was ich nicht verdauen kann, müsste ich mir Gedanken machen, wie ich es verdaue, aber zunächst hätte ich ein bedrohliches Gefühl, weil dort etwas ist, was nicht zu Wort gekommen ist – und ich nicht steuern könnte, wann es zu Wort kommt. Wenn ich aber um eine Wortmeldung bitte, kann ich es integrieren – und er gesehen werden, in dem, was er sagt. Und ich zeigen, wie ich ihn integriere. Damit ist er eingebettet und Teil des Ganzen geworden. Im anderen Fall könnte er irgendwann explodieren, möglicherweise zu einem Zeitpunkt, der wesentlich ungünstiger ist. Das ist eine Erkenntnis. Aufwendiger, aber sehr viel nachhaltiger.

MH Unsere Auftraggeber sagen auch nach fünf, ja zehn Jahren, dass sie sich wohlfühlen und es großartig finden. Das macht mich sehr zufrieden. Wir wollen, dass sich die Menschen wohlfühlen. Architektur liefert dafür nur einen Teil, aber immerhin einen wichtigen Teil im Gesamtgefüge.

MH We're a generation that needs to engage with each other.

You are both able to step back and act like coaches. How do you do that?

MH The secret of the 1964 generation.

Participation is a buzzword these days. Apparently, you are living by it – at the office as well as toward your clients.

NK I would feel manipulative if I didn't let someone speak their mind. If they then say something I can't stomach, I would have to think about how to come to terms with it, but first I would have a threatening feeling, because there is something there that has not been said – and something I could not control when it is said. But when I ask for feedback, I can integrate it, and the other person can feel that they have been heard, while I can show how I am integrating their concerns. They are thus embedded in the process and have become part of the whole. Otherwise, they could explode at some point, possibly at a much more inconvenient time. That's what I've come to realise. It's a more complex way of proceeding, but much more sustainable.

MH After five, or even ten years, our clients say that they still feel comfortable and find our architecture wonderful. That makes me very happy. We want people

NK Häuser sollen sich weiterentwickeln können, weiter, als wir damals gehen konnten. Nutzer greifen Ideen auf und machen es noch besser. Dann ist die Saat, die man zusammen mit den Nutzern entwickelt hat, aufgegangen. Und das Haus in seiner intrinsischen Kraft gibt es auch weiter.

Heißt das, auch Leerstellen zu schaffen, nicht alles determinieren, sondern den Nutzern die Chance zu geben, das Haus zu komplettieren und sich anzueignen?

MH Auf jeden Fall. Die Haltung, hier darf keine Gardine aufgehängt werden, keine Wand tapeziert werden, kann ich unter ästhetischen Maßstäben manchmal nachvollziehen, ist aber eine Anmaßung sondergleichen. Ich erinnere mich an ein Gespräch mit einem Wissenschaftler, der meinte, ästhetisch könne er das sofort nachvollziehen, der aber dann die Frage aufwarf, wie man sich dort fühlen werde. Das gab der Diskussion eine Wendung. Das Atmosphärische haben wir dann zwei, drei Wochen weiterbearbeitet und eine neue Lösung präsentiert. Plötzlich waren alle zufrieden. Es ist eben auch ein Privileg und ein Glück, auf viele Menschen zu stoßen, die Interesse an einem Austausch haben. Und wenn der andere es schafft, zu verbalisieren, was fehlt, gewinnen alle. In diesem Fall waren es zwei ganz einfache Mittel, und ein Knoten platzte.

to feel good. Architecture provides only a part of that, but an important part in the overall scheme of things.

NK Buildings should be able to evolve further – further than we were able to go when constructing them. Users pick up ideas and make it even better. That's when the seeds that were developed together with the users germinate. And the building with its intrinsic strength continues to exist.

Does this also mean leaving gaps, not determining everything but giving users the chance to complete the building and appropriate it?

MH Definitely. The attitude that no curtains may be hung here, no wallpaper there, is one I can sometimes understand under aesthetic considerations, but it always represents incredible arrogance. I remember a conversation with a scientist who said he could immediately understand this aesthetically, but who then asked how one would feel there. The discussion then took a different turn. We continued to work on the atmospheric qualities for two or three weeks and presented a new solution. Suddenly, everyone was happy. It is therefore a privilege and a piece of good fortune to encounter so many people who are interested in an exchange. And if the other person manages to verbalise what's missing, everyone wins. In this case it only took two very simple tweaks, and everything fell into place.

NK Die Transaktionsanalyse und die Systemtheorie kennen dafür einen Begriff: Dinge, die gesehen werden, können sich entwickeln, Dinge, die nicht gesehen werden, verfestigen sich. Dadurch, dass wir gesehen wurden mit unserer Ästhetik, konnten wir lockerlassen, weil wir wussten, er kann das in seinen Aspekt integrieren. Und dadurch konnte es sich weiterentwickeln. Architektur hat mit Kommunikation zu tun, ich muss nicht nur mit meinen Mitarbeitern reden und mit den Handwerkern, sondern auch mit den Bauherren. Dieser Teil der Kommunikation wird in der Architekturvermittlung oft nicht gesehen.

26. Februar 2019, 16:30 Uhr, Trambahnhaltestelle St. Emmeram. Markus Hammes verabschiedet sich und fährt zu einem Termin in Unterföhring, Natascha von Herz und Nils Krause lösen einen Fahrschein für den nächsten Zug nach Stuttgart. Gleich müssen sie und Eva Herrmann in die U4 umsteigen. Alle wirken leicht erschöpft, aber guter Dinge. Es war ein langes Gespräch, mit Wendungen und überraschenden Einlagen. „Höher hüpfen", und zwar zusammen, klingt bei allen nach ... Da ruckelt die Trambahn und fährt los. Es geht weiter.

NK Transactional analysis and system theory have a concept for how this works: things that are seen can develop, things that cannot be seen become frozen. Once we were seen with our aesthetic, we could let go, because we knew he was able to integrate it into his own aspect. And that's how it was able to evolve. Architecture has to do with communication. I have to talk not only with my employees and with the tradesmen but also with the client. This part of communication is often not evident when writing about architecture.

26 February 2019, 4:30 p.m., St. Emmeram tram stop. Markus Hammes says goodbye and drives to an appointment in Unterföhring; Natascha von Herz and Nils Krause buy a ticket for the next train to Stuttgart. They will have to change to the U4 line with Eva Herrmann. Everyone seems a bit weary but in good spirits. It was a long conversation, with twists and turns and surprising interludes. "Leap higher", and do it together, is echoing in everyone's mind ... The tram car jolts and sets off. The story continues.

WEIT DENKEN

Es geht um 30 Millionen Dollar Preisgeld auf diesem Parcours. Dafür müssen die Teilnehmer eine kurze Strecke mit dem Auto zurücklegen, eine Absperrung umfahren, eine paar Treppenstufen hochsteigen, eine Wand durchbrechen, eine Tür öffnen und ein Ventil an einem Leitungsrohr aufdrehen. Viele der 25 Teilnehmer geben auf.
Der Sieger schafft den Parcours – in immerhin 45 Minuten.

THINKING BROADLY

There's 30 million dollars in prize money at stake on this obstacle course. The contestants have to drive a short distance by car, avoiding a barrier, climb a few stairs, break through a wall, open a door and open a valve on a pipe. Many of the 25 contenders give up.
The winner finally makes it through the course – in no less than 45 minutes.

ESSAY: JULIA GRAVEN

Hubo, der Sieger, ist ein echter Modellathlet. 1,80 Meter groß, 80 Kilo schwer, aufrechter Gang. Erschaffen von Robotik-Experten aus Südkorea. Der Humanoid zeigt, wie Roboter uns in Situationen helfen könnten, die für Menschen zu gefährlich sind. Zum Beispiel bei einem Unfall in einem Atomkraftwerk. Vielleicht hätte ein solcher Roboter in Fukushima das Schlimmste verhindern können, sagen Optimisten. Doch bei der *Robotic Challenge* des US-Verteidigungsministeriums, die *Hubo* 2015 auf einer Rennstrecke in der Nähe von Los Angeles gewinnt, zeigt sich neben glänzendem Metall der Robo-Welt auch blechernes Elend. Für die Zuschauer auf der Rennstrecke hat die Mischung aus Pferderennen und Gladiatorenwettkampf komische Momente. Roboter, die umfallen, wenn sie aus dem Auto steigen oder scheinbar grundlos in sich zusammenbrechen. Wenn das die übermächtigen Roboter sind, die uns in Zukunft beherrschen sollen, dann muss die Menschheit keine Angst haben, mögen weniger optimistische Zuschauer denken.

Wo stehen wir also? Befinden wir uns nach einer Phase überzogener Erwartungen nun in einer Phase der Desillusion? Und wie geht es weiter? Optimisten haben es nicht leicht in diesen Zeiten. George Orwell und Aldous Huxley wirken wieder brutal real: es wird vermutet, dass China mit Millionen von Kameras und Überwachungsmechanismen in atemberaubendem Tempo und mit Akribie den digitalen Überwachungsstaat installiert. Russland nimmt

Hubo, the winner, is a model athlete: 1 meter 80 tall, 80 kilograms, with an upright gait. He was created by robotics experts from South Korea. The humanoid demonstrates how robots can help us in situations that are too dangerous for humans; for example, in the event of an accident at a nuclear power plant. Perhaps such a robot could have prevented the worst in Fukushima, say the optimists.

Nevertheless, at the *Robotic Challenge* held by the US Department of Defense, which *Hubo* won in 2015 on a racetrack near Los Angeles, the shiny metal of the robot world has a dark underside of tin misery. For the spectators at the racetrack, the mix of horse racing and gladiator games has its comical moments. Like robots that fall over when they get out of the car, or collapse for no apparent reason. If these are the all-powerful robots that are to dominate us in the future, then humanity need have no fear, less optimistic viewers may think.

So where do we stand today? After a phase of exaggerated expectations, are we now in a phase of disillusionment? And what happens next?

Optimists don't have an easy time of it these days. It would seem that George Orwell's and Aldous Huxley's visions of the future have become brutal There are reports that China is installing millions of cameras and monitoring mechanisms at breakneck

SICK
Drinks
Drinks in Queue
2 minutes
MAKR SHAKR

über Bots in sozialen Medien massiv Einfluss auf die US-Präsidentschaftswahlen – und Facebook macht mit seiner Behauptung, an einer Mensch-Maschine-Schnittstelle zu arbeiten, die uns ohne den Umweg über einen Stift oder eine Tastatur nur mit Kraft der Gedanken schreiben lässt, sogar überzeugten Techies Angst. Wenn selbst der inzwischen verstorbene Steven Hawking, Tesla-Chef Elon Musk und Bill Gates davor warnen, dass Künstliche Intelligenz irgendwann nicht mehr kontrollierbar sein könnte, dann muss doch etwas dran sein. Oder?

Nick Bostrom, schwedischer Philosoph an der Oxford University, glaubt, dass wir bald eine Intelligenzexplosion erleben. Maschinen werden schlauer sein als Menschen, sagt er. Und Künstliche Intelligenz wird bald in der Lage sein, eigenständig immer bessere Versionen von sich selbst zu erschaffen. Laut Bostrom könnte eine Superintelligenz entstehen, mit einem nicht einzuholenden Entwicklungsvorsprung. Dieses System würde eine Weltordnung schaffen, „auf der es auf der globalen Ebene nur noch einen einzigen Entscheidungsträger gibt", schreibt er in seinem Buch *Superintelligenz*. Bostrom und andere beschwören so den Bruch in der Geschichte der Menschheit und den Beginn der *transhumanen Ära*. Immerhin bliebe dem Menschen dann noch der Verdienst, eine gottähnliche Intelligenz geschaffen zu haben.

Die Dystopie hat Hochkonjunktur. Doch neben Alarmismus und Auslöschungsangst gibt es auch Begeisterung für autonom arbeitende Roboter, die

speed in order to create a digital surveillance state. Russia is exerting massive influence on presidential elections in the USA via bots in social media, and Facebook, which claims to be working on a human-machine interface that allows us to write without the need for a pen or keyboard merely by the power of thought, is instilling fear even in die-hard techies. When even the late Steven Hawking, Tesla head Elon Musk and Bill Gates warn that artificial intelligence may no longer be controllable at some point, there must be something to it. Right?

Nick Bostrom, a Swedish philosopher at Oxford University, believes that we will soon witness an intelligence explosion. Machines will become smarter than human beings, he says. And artificial intelligence will soon be able to independently create ever-better versions of itself. According to Bostrom, a superintelligence could emerge that would have an unassailable lead in development. Bostrom writes in his book *Superintelligence* that this system would create a world order "where, at the global level, there is only one decision-maker left". Bostrom and others thus invoke a caesura in human history and the dawn of the *transhuman era.* Humans could at least still claim credit for having created a god-like intelligence.

Dystopian visions are rampant at the moment. And yet, along with all the alarmist voices and fear of

im Rahmen der Industrie 4.0 eine flexible und zukunftsfähige Produktion in Ländern wie Deutschland konkurrenzfähig machen können gegen asiatische Massenproduktion. Praktiker widersprechen der Argumentation der Apokalyptiker. Georg von Wichert, der sich seit mehr als 30 Jahren mit Robotern beschäftigt und für Siemens eine Robotik-Forschungsgruppe leitet, sieht den entscheidenden Haken in dem komplexen Verhalten, das notwendig ist, um in der realen Welt zu überleben. Roboter, die die Weltherrschaft übernehmen, sind für ihn so realistisch wie die Zauberkunst bei *Harry Potter*. Er sagt: „Roboter sind unsere Werkzeuge, sie stehen uns zur Verfügung und hängen von unserer Gnade ab."

Genauso wenig glauben Experten, dass unser Leben und Arbeiten in Zukunft komplett im digitalen Raum stattfindet. Kollegen, die sich nur als Hologramm aus Meetings kennen, virtuelle Teams, die per Messenger kommunizieren und Forscher, die isoliert im stillen Kämmerlein sitzen, können schwer ihre volle Kreativität entfalten. Der Mensch und sein Grundbedürfnis nach Kommunikation wird weiter im Mittelpunkt stehen. Nicht umsonst fliegen Menschen um die halbe Welt, um andere Menschen zu treffen. Oder ziehen von Harvard nach Hamburg, um dort gemeinsam mit anderen Zukunft zu gestalten.

Die Architektur wird diesem Grundbedürfnis Rechnung tragen. Büros, Forschungsbauten oder Krankenhäuser werden sich nicht in virtuelle Realitäten

extinction, a mood of enthusiasm can still be found when it comes to the autonomously working robots of Industry 4.0, which promise to make flexible and future-ready manufacture in countries like Germany competitive with Asian mass production. Pragmatic thinkers contradict the arguments put forth by the apocalyptic prophets of doom. Georg von Wichert, for example, who has been working with robots for more than 30 years and heads a robotics research group for Siemens, sees the crucial catch with these automatons as their lack of the complex behaviour needed to survive in the real world. The notion of robots taking over the planet is as realistic for him as the magic of *Harry Potter*. According to von Wichert, "Robots are our tools; they are at our disposal and at our mercy."

Nor do experts believe that our lives and work will take place completely in the digital realm in future. Colleagues who know each other only as holograms from meetings, virtual teams that communicate solely via text message, or researchers sitting all alone their private chambers can hardly unfold their full creativity. People and their basic need for communication will continue to be at the heart of future developments. There are good reasons why people fly halfway around the world to meet in person. Or move from Harvard to Hamburg to shape the future there together with others.

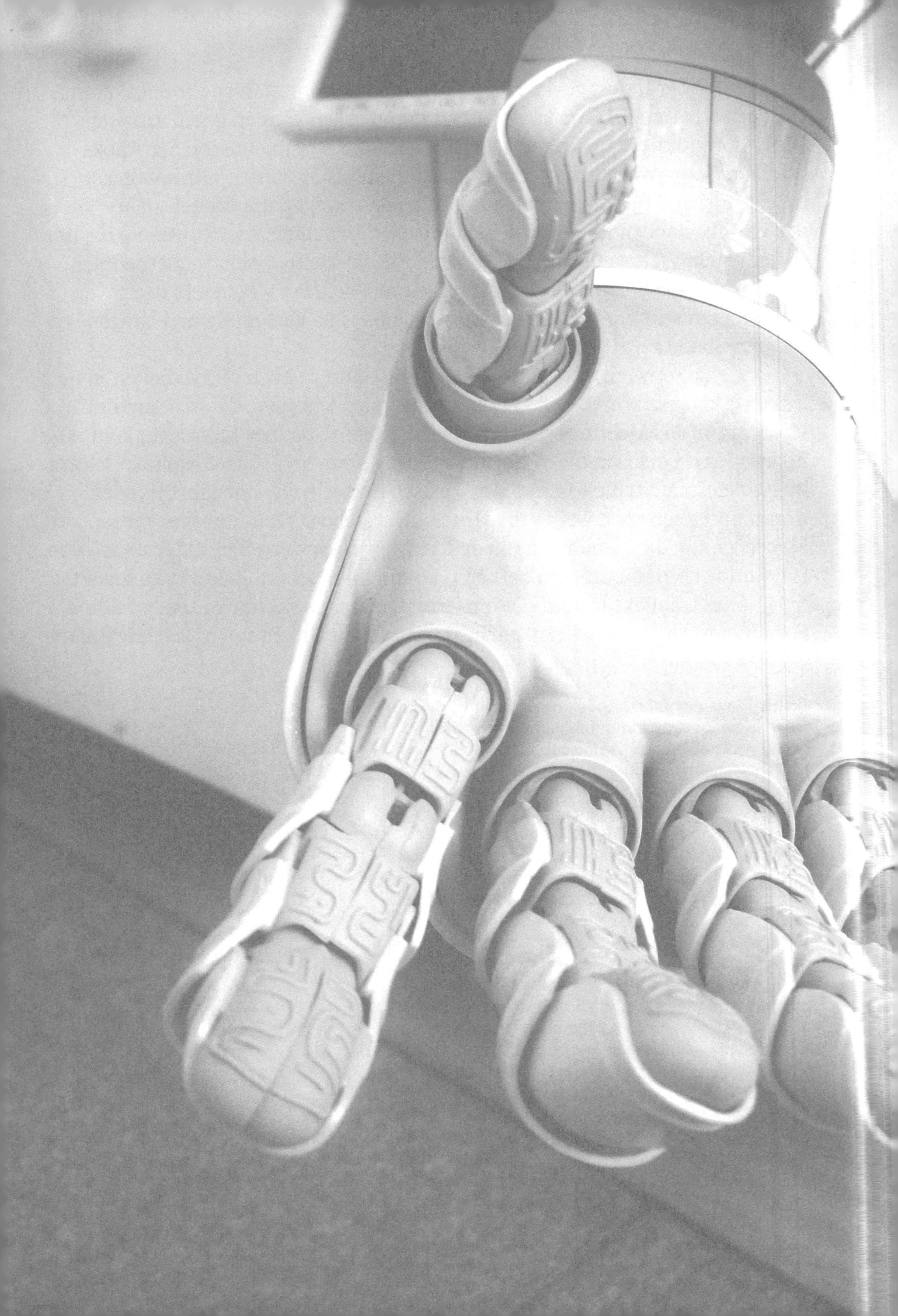

verlagert lassen. Doch sie müssen flexibel sein, müssen sich wandelnden Welten anpassen. Ob diese Gebäude irgendwann rein digital gebaut werden? Erste Versuche gibt es. Ein Team der ETH Zürich hat ein solches Gebäude mit digitalen Tools errichtet. Das sogenannte *DFAB House,* das im Frühjahr 2019 in Dübendorf bei Zürich eröffnet wurde, weckt Neugierde an Bautechnologien, die neue Materialien und neue Formen möglich machen. Roboter können bereits Mauern errichten und arbeiten ohne Frühstückspause, 3D-Drucker erschaffen riesige Kuppeln. Am Massachusetts Institute of Technology gibt es einen Schwarm kleiner, rollender Konstruktionsroboter, die sich um ihre eigene Achse drehen und dabei mit Glasfaser meterhohe, stabile Röhren weben.

Neue Technologien werden unser Leben gewaltig verändern. Wahrscheinlich sogar mehr, als es sich die meisten von uns heute vorstellen können. Schließlich tendieren wir dazu, die kurzfristigen Effekte einer Technologie zu überschätzen und ihre langfristigen Auswirkungen zu unterschätzen. Als Paradebeispiel für dieses *Gesetz von Amara,* das der Zukunftsforscher Roy Charles Amara prägte, gilt die Satellitennavigation mit GPS. Ursprünglich sollte GPS US-Raketen besser ans Ziel bringen. Mehrfach stand das Programm kurz vor der Einstellung, da die Satellitennavigation nicht präzise genug funktionierte. Heute hat jedes Smartphone einen GPS-Empfänger. GPS ortet Straftäter, hilft Landwirten und ortet verlorengegangene Container.

Architecture will take this basic need into account. It won't be possible to relocate offices, research buildings and hospitals to the realm of virtual reality. And yet they must be flexible enough to adapt to changing times. Will these buildings ever be designed purely digitally? First attempts in this direction have been made. A team from ETH Zürich has erected such a building using digital tools. The so-called *DFAB House,* opened in the spring of 2019 in Dübendorf near Zurich, makes us curious about the technology that makes the new materials and new forms possible. Robots can already build walls and work without a breakfast break, and 3D printers are capable of creating huge domes. At the Massachusetts Institute of Technology, there is a swarm of small, rolling construction robots that rotate on their own axis to weave stable glass fibre tubes several metres high.

New technologies will change our lives dramatically. Probably even more than most of us can imagine today. For we have a tendency to overestimate the short-term effects of a technological advance and underestimate its long-term implications. A prime example of this inclination, dubbed *Amara's Law* after the futurist Roy Charles Amara, is satellite navigation via GPS. Originally, GPS was designed to more accurately guide US missiles to their targets. Several times, the programme was on the verge of being discontinued

Selbst mit Amara im Hinterkopf fallen uns Vorhersagen schwer. Doch wir sind nicht die einzigen. Auch die Prognosen von Science Fiction-Autoren und Hollywood-Regisseuren waren zwar immer schon unterhaltsam, aber noch nie lagen sie richtig. Filme wie Spielbergs *Minority Report* aus dem Jahr 2002 zeigen, wie schwer es ist, sich eine zukünftige Welt auszumalen. Und das, obwohl der Regisseur damals eine ganze Reihe von Zukunftsexperten engagierte, um das Skript so zutreffend wie möglich zu machen. So zeigt *Minority Report* zwar, wie die Polizei zukünftige Mörder vorsorglich aufspürt und mit Roboterspinnen jagt. Die Zeitung wird aber immer noch vom Zeitungsjungen mit dem Fahrrad ausgefahren und in den Vorgarten geworfen. Wie niedlich!

Um abzuschätzen, welche Entwicklungen möglich sind, hilft Science Fiction aus dem Jahr 2002 offenbar nur bedingt. Denn die Realität ist gerade dabei, die Fiktion vielerorts zu überholen.

Der Roboter-Wettbewerb des US-Militärs, von dem zu Beginn die Rede war, wird zum Beispiel fortgesetzt. Nachdem der Humanoid *Hubo* gezeigt hat, wie gut seine Spezies schon für den Einsatz im Katastrophengelände geeignet ist, geht es jetzt unter die Erde. In der *Subterranean Challenge* sollen die Teilnehmer zeigen, wie gut ihre autonomen Roboter sich in Tunneln, Kabelschächten oder Höhlen zurechtfinden. Ohne Licht oder GPS, in einer

because the satellite navigation did not work well enough. Today, every smartphone has a GPS receiver. GPS tracks down criminals, helps farmers and locates lost containers.

Even with Amara's Law at the back of our minds, it's still hard to make predictions. But we're not the only ones with this problem. The future visions of science fiction authors and Hollywood directors have always been entertaining, but never correct. Films like Steven Spielberg's *Minority Report* from 2002 show how difficult it is to imagine a future world – despite the fact that the director hired a number of future experts in an effort to make the script as realistic as possible. *Minority Report* tells of how the police track down future murderers and hunt them with robot spiders to prevent them from committing a crime. But in the film, a boy on a bicycle is shown d livering newspapers by tossing then into people's front gardens. How quaint!

Science fiction from 2002 is obviously of limited value in estimating which developments are possible, because reality is now in the process of surpassing fiction in many areas. For example, the US military's robot competition described at the beginning is now being continued. Now that the humanoid *Hubo* has shown how useful his species can be in disaster areas, robots are today going underground. In the

Umgebung, die für Menschen im Zweifel nicht zugänglich oder lebensgefährlich ist. Es könnte um Terroristen gehen, die sich in Höhlen verstecken, um Giftgas in U-Bahnschächten – oder auch um ein Kind, das in einem Tunnel feststeckt. 2021 werden sie im Finale gegeneinander antreten, allein der Sieger erhält zwei Millionen Dollar Preisgeld.

Auf der *Consumer Electronics Show CES* in Las Vegas standen dieses Jahr weniger martialische Erfindungen im Vordergrund: die People Mover, elektrisch und autonom fahrende Minibusse. Firmengelände, Uni-Campus oder Flughafen sind aktuell die Einsatzgebiete. Der Weg zu vollautomatischen Fahrzeugen ist geebnet. Zu Land und vielleicht auch irgendwann in der Luft: Ein paar Wochen nach der *CES* meldete Boeing, das autonom und elektrisch fliegende Lufttaxi *PAV* habe seinen ersten Flug erfolgreich hinter sich gebracht. Ein kurzes Video zeigt eine Mischung aus Wasserflugzeug und Drohne. Noch kann allerdings niemand sagen, ob und wann Boeing das *Passenger Air Vehicle* auf den Markt bringt.

Wenn autonome Fahrzeuge die Zahl der Toten durch den Individualverkehr allerdings deutlich reduzieren können, dann wird dem Staat kaum anderes übrig bleiben, als diese Entwicklung zu fördern. 3 177 Tote allein auf deutschen Straßen im Jahr 2017 (laut statistischem Bundesamt) sind ein hoher Zoll für die freie Fahrt der freien Bürger.

Subterranean Challenge, participants compete to show how well their autonomous robots can find their way in tunnels, cable shafts or caves – without light or GPS, in an environment that may be inaccessible or life-threatening to humans. Possible applications could be terrorists hiding in caves, poison gas in subway shafts or even a child stuck in a tunnel. In 2021 the best robots will go up against each other in the finals, with only one winner receiving two million dollars in prize money.

At this year's *Consumer Electronics Show CES* in Las Vegas, the focus was less on martial inventions than on people movers: self-driving electric minibuses. They can currently be found on company premises and university campuses and at airports. The way has been paved for fully automated vehicles, both on land and maybe at some point in the air. Just a few weeks after *CES,* Boeing announced that the *PAV* self-flying electric air taxi had successfully completed its first flight. A short video shows a mixture of seaplane and drone. Nobody can say yet, though, whether and when Boeing will launch the *Passenger Air Vehicle* on the market.

If self-driving vehicles can significantly reduce the number of deaths caused by private transport, then the state will have little choice but to promote this development. A total of 3 177 deaths on German roads alone in 2017 (according to the Federal Statistical Office) a steep price to pay for free travel by free citizens.

Wird individuelle Verantwortung damit zum Auslaufmodell? Wer hat letztlich die Entscheidungsgewalt – Mensch oder Maschine? Und wer haftet, wenn das Lufttaxi abstürzt? Der Passagier? Der Hersteller? Der Softwareingenieur? Gesetze und öffentlicher Diskurs kommen nur mühsam hinter der technischen Entwicklung her. Dabei sollten die rechtlichen Implikationen klar sein, bevor die Entwicklung nicht mehr zu stoppen ist. So wie es eine Ächtung von Killer-Robotern geben muss, so muss auch klar sein, dass Künstliche Intelligenz nie über Leben und Tod entscheiden darf, egal ob im Krieg, vor Gericht, im Krankenhaus oder im Straßenverkehr.

Udo di Fabio, Vorsitzender der *Ethik-Kommission Automatisiertes und Vernetztes Fahren* des Bundesverkehrsministeriums, warnt in einem Interview mit dem Magazin *Positionen* vor einer Gesellschaft, „die die Grundlagen von persönlicher Selbstbehauptung und individueller Verantwortung und damit auch von Liberalität und Demokratie im Alltag nicht mehr lebt." Der Mensch als bloßer Spielball, als Netzwerkelement in einem automatisierten System? Keine gute Idee. Unsere innere Entscheidungsfreiheit darf keine Maschine der Welt uns nehmen.

„Vollständige Sicherheit verspricht nur die unfreie Gesellschaft", sagt Ex-Verfassungsrichter di Fabio in dem Interview. Für autoritäre Regime wie das chinesische mag das ein Wunschtraum sein, eine schöne neue Welt.

Will individual responsibility soon become an obsolete notion? Who ultimately has the power to make decisions – human or machine? And who is liable if the air taxi crashes? The passenger? The manufacturer? The software engineer? Laws and public discourse are sluggish when it comes to keeping pace with technological advances. And yet it is imperative that the legal implications are clear before it's too late to stop the course of development. Just as a ban must be imposed on killer robots, it should also be perfectly clear that artificial intelligence must never be allowed to hold sway over life and death, whether in war, at the hospital or in road traffic.

Udo di Fabio, chairman of the *Ethics Commission on Automated and Connected Driving* set up by the German Federal Ministry of Transport and Digital Infrastructure, warns in an interview with *Positionen* magazine against a society "that no longer lives by the principles of personal self-assertion and individual responsibility and thus also of liberalism and democracy". The human being as a mere plaything, as a network element in an automated system? Not a good idea. No machine in the world should be allowed to usurp our inner freedom of choice.

"Only an unfree society can promise complete security," says the ex-constitutional judge di Fabio in the interview. This may in fact be part of the dream of

2018 wurde ein Chinese wegen angeblicher Wirtschaftsvergehen von Überwachungskameras unter 60 000 Konzertbesuchern in einem Stadion identifiziert und verhaftet. In Unruhe-Provinzen werden bereits zukünftige Menschenansammlungen prognostiziert, um potentielle Demonstranten schon abzuführen, bevor sie ihren Protest begonnen haben. Wie weit ist es da noch bis zum Pre-Crime aus Spielbergs *Minority Report*?

Im Dezember 2018 veröffentlichte die Google-Tochter Deepmind neue Forschungsergebnisse über ihre Künstliche Intelligenz *Alpha*. Wieder einmal. Denn bereits 2016 hatte der Sieg von *Alpha* über den damals besten *Go*-Spieler der Welt Schlagzeilen gemacht. *Alpha* arbeitete auf der Basis von zwei künstlichen neuronalen Netzen mit vielen Schichten. Das sind Maschinen, die besonders gut lernen können. Deep Learning heißt das Zauberwort. Doch es gibt einen großen Unterschied zwischen den beiden Nachrichten. 2016 lernte *Alpha* noch vom Menschen. Die *Go*-Maschine wurde mit den Spielregeln und Zehntausenden der kniffeligsten, historischen *Go*-Partien gefüttert. Danach spielte die Maschine gegen sich selbst. Solange, bis sie gegen den Ausnahmespieler Lee Sedol gewinnen konnte.

Mittlerweile hat Deepmind eine neue Dimension erreicht. Denn die neue Künstliche Intelligenz *AlphaZero* hat es geschafft, nicht nur in *Go*, sondern auch in Schach und der japanischen Schach-Variante *Shogi* zum besten Spieler auf der

a brave new world for authoritarian regimes like that in China. In 2018, surveillance cameras in a Chinese stadium were able to single out a suspect from among 60 000 concert-goers, who was then arrested for alleged economic crimes. In troubled provinces, crowds that are likely to gather are predicted in advance sothat potential demonstrators can be arrested even before they have begun protesting. Can the pre-crimes in Spielberg's *Minority Report* really be far behind?

In December 2018, the Google subsidiary Deepmind published new research results on its *Alpha* artificial intelligence. Yet again. Because in 2016, *Alpha's* victory over the world's best *Go* player already made headlines. *Alpha* worked here on the basis of two many-layered artificial neural networks – machines that are particularly good at learning. Deep learning is the magic word. Yet there is a big difference between the two reports two years apart. In 2016, *Alpha* was still learning from humans. The *Go* machine was fed with the rules of the game and tens of thousands of the trickiest historical *Go* moves. Afterward, the machine played against itself until it was able to beat the champion Lee Sedol.

In the meantime, Deepmind has taken on a whole new dimension. The new artificial intelligence *AlphaZero* has managed to become the best player in the world not only at *Go* but also at chess and the

Welt zu werden. Und das ohne den Hauch einer Idee, welches in den letzten Hunderten von Jahren die Strategien der besten Spieler in diesen Spielen waren. *AlphaZero* wurden nur die Regeln der drei Spiele einprogrammiert. Danach spielte das System gegen sich selbst. Nach vier Stunden Schach war es besser als *Stockfisch,* der beste Schachcomputer der Welt. Und für den Sieg gegen die *Alpha*-Variante, die 2016 Lee Sedol geschlagen hatte, brauchte es 30 Stunden. Lernen ohne jedes menschliche Vorbild – das hatte es noch nie gegeben. Schach-Großmeister Garry Kasparow war zudem begeistert von der dynamischen Spielweise der Maschine. Riskant, aggressiv. *AlphaZero* zeigt uns sehr wohl, dass Maschinen Experten sein können, nicht nur Werkzeuge.

Künstliche Intelligenz sei die neue Elektrizität, sagt der Stanford-Professor Andrew Ng, der einst bei Google die Forschung zu diesem Thema leitete. Eine Querschnitts-Technologie, die in alle Bereiche und Branchen hineinwirken kann. Und Innovationen hervorbringen kann, von denen wir heute noch keine Ahnung haben. Doch der Blick in die Vergangenheit hilft beim Versuch der Vorhersage genau so wenig wie Science Fiction. Denn natürlich hat sich die einstige Furcht, dass große Teile der Menschheit von gefährlichen Stromschlägen ausgelöscht werden, als unbegründet erwiesen. Natürlich überwiegen die Vorteile die Risiken um Längen. Ein Leben ohne Strom ist nicht vorstellbar. Doch ist auch ein Leben

Japanese chess variant *Shogi.* And it has done so without a clue as to which strategies have been implemented by the experts in these games over the past hundreds of years. *AlphaZero* was programmed only with the rules of the three games. Afterward, the system played against itself. After only four hours of chess it was better than *Stockfish,* the best chess computer in the world. And only 30 hours were necessary for a winning game against the *Alpha* variant that beat Lee Sedol in 2016. Learning without any human example – something like this has never existed before. What's more, chess grandmaster Garry Kasparov was thrilled by the machine's dynamic playing style. Risk-taking, aggressive. *AlphaZero* shows us that machines can indeed be experts, not just tools.

Artificial intelligence is the new electricity, says Stanford professor Andrew Ng, who once headed Google's research unit on the subject. This is a cross-sectional technology that can affect all areas and industries. And which is capable of producing innovations we can't even imagine today. Looking at the past is no more helpful than science fiction when trying to predict the future. The fear that once prevailed at the advent of electricity that large parts of humanity would be wiped out by dangerous electric shocks proved after all to be unfounded. The benefits of electricity far outweigh any risks. Life without it is inconceivable.

ohne Künstliche Intelligenz irgendwann nicht mehr vorstellbar? Wir wissen es nicht.

Hoffnung weckt die Künstliche Intelligenz vor allem in einem Bereich: in der Medizin. Schon jetzt erkennen KI-Programme manche Krankheiten besser als Ärzte. Brustkrebs-Screenings könnten bald von Künstlicher Intelligenz übernommen werden, sagen Radiologie-Experten. Bei Uteruskarzinomen schafft es ein System an der Uniklinik Essen, mit Hilfe von 1 800 Parametern sehr genau die Aggressivität zu erkennen und festzustellen, ob der Tumor bereits gestreut hat oder streuen wird – ohne Gewebe zu entnehmen. Und beim schwarzen Hautkrebs war die Trefferquote einer Künstlichen Intelligenz in Studien ebenfalls bereits höher als bei erfahrenen Hautärzten aus mehreren Ländern.

Eine unglaubliche Entwicklung: Mit Künstlicher Intelligenz, die über Cloudserver von jedem Provinzkrankenhaus der Welt aus zugänglich ist, wären Menschen nicht mehr dem Können ihres mehr oder weniger guten Arztes ausgeliefert. Und auch bei der Therapie würden wir uns in Zukunft nicht mehr auf Erfahrung und Bauchgefühl der Ärzte verlassen müssen, sondern könnten evidenzbasierte Therapievorschläge einfordern. Solange der Arzt seine Notizen aber noch mit dem Kugelschreiber in die Patientenakte einträgt, müssen wir uns wohl oder übel auf sein Urteil verlassen. Denn ohne digitale Daten ist die Künstliche Intelligenz nicht zu gebrauchen.

But will a life without artificial intelligence no longer be conceivable either at some point? We simply don't know.

Artificial intelligence inspires hope in one area in particular: medicine. Today, AI programs are already detecting some diseases better than doctors. Breast cancer screenings could soon be taken over by AI, say radiology experts. In the case of uterine carcinomas, a system at Essen University Hospital uses 1 800 parameters to precisely detect the aggressiveness of the cancer and determine whether a tumour has already metastasised or will do so – without taking any biopsies. And in studies, AI correctly identified malignant melanomas in the skin more often than experienced dermatologists from several countries.

This is an astounding development, because it means that with artificial intelligence, accessible via cloud servers from any provincial hospital in the world, people would no longer be at the mercy of their more or less proficient doctors. And in terms of treatment as well, we would no longer have to trust in physicians' experience and gut feeling but would be able to demand evidence-based therapy recommendations. However, as long as the doctor still enters his notes in the patient file with a ballpoint pen, we still have to rely on his judgement, whether we like it or not. Because without digital data, artificial intelligence is useless.

Das hat auch die derzeitige deutsche Bundesregierung erkannt, obgleich es die elektronische Gesundheitsakte unter ihrer Ägide nicht in die Arztpraxis geschafft hat. Daten seien der Rohstoff der Zukunft, kommt aus Regierungskreisen, und fordern eine Steuerreform, die den Wert von Daten angemessen berücksichtigt. Es dürfe nicht sein, dass Bürger ihre Daten kostenlos lieferten, damit Datenkraken mit ihnen Geld verdienten.

Skeptiker bezweifeln, dass unsere historisch gewachsenen Nationalstaaten dem fundamentalen Umbruch durch die Digitalisierung überhaupt noch gewachsen sind. Die Technologiestandards und auch die Infrastruktur orientieren sich nicht an nationalen Grenzen und Gesetzen. Der Philosoph Armen Avanessian plädiert daher für ein neues europäisches Gesellschaftsmodell, das eine politische Alternative schafft zu den alternativen Gesellschaftsmodellen, die soziale Medien wie Facebook für ihre User jetzt schon anbieten. Das postnationale Europa könnte zur Plattform für den digitalisierten Alltag in der Demokratie werden. In einem Streitgespräch mit der Ökonomin Sarah Spiekermann für die *Spiegel*-Beilage *Futura* denkt Avanessian an ein Europa mit E-Citizenship, „zugänglich nicht nur für diejenigen, die zufällig hier geboren wurden." Er schlägt vor, „dass man Europa beitreten kann wie einem sozialen Netzwerk und dass sich dort neue Formen der demokratischen Willensbildung entwickeln."

The current German government has recognised this fact, even though the electronic patient file did not manage to make its way into doctors' practices under its aegis. Data is the raw material of the future, say policymakers, calling for a tax reform that takes the value of data into account in adequate fashion. It's simply not right that citizens should provide their data free of charge so that data leeches (known in German as data octopuses) can make a profit off it.

Sceptics doubt whether our historically developed nation-states will be able to cope with the fundamental upheaval caused by digitalisation. Technology standards and infrastructure do not respect national borders and laws. The philosopher Armen Avanessian therefore pleads for a new European social model that creates a political alternative to the alternative social models already offered to users of social media outlets like Facebook. Post-national Europe could become the platform for digitalised everyday life in a democracy. In a debate with the economist Sarah Spiekermann for a *Spiegel* supplement called *Futura,* Avenessian invokes a Europe with e-citizenship, "accessible not only to those who happen to be born here". He suggests "that people could join Europe like they do a social network, so that new forms of democratic decision-making can develop there".

Appendix

Projekte / Projects

EINE AUSWAHL AN PROJEKTEN AB 2002 /
SELECTED PROJECTS FROM 2002 TO PRESENT

2002 Max-Planck-Institut für Intelligente Systeme
Max Planck Institute for Intelligent Systems

Standort / Location	Heisenbergstraße 3 70569 Stuttgart	Bruttorauminhalt m³ / Gross cubic volume m³	35 500
Bauherr / Client	Max-Planck-Gesellschaft zur Förderung der Wissenschaften e. V.	Bruttogrundfläche m² / Gross floor area m²	6 900
		Baukosten brutto / Building costs gross	26 Mio. EUR

2002 Max Bergmann Zentrum für Biomaterialien
Max Bergmann Center of Biomaterials

Standort / Location	Hohe Straße 6, 01069 Dresden	Bruttorauminhalt m³ / Gross cubic volume m³	19 530
Bauherr / Client	Institut für Polymerforschung Dresden e. V. und Technische Universität Dresden	Bruttogrundfläche m² / Gross floor area m²	4 981
		Baukosten brutto / Building costs gross	12.07 Mio. EUR

2006 Max-Planck-Institut für Physik komplexer Systeme II

Max Planck Institute for the Physics of Complex Systems II

Standort / Location	Nöthnitzer Straße 38, 01187 Dresden	Bruttorauminhalt m³ / Gross cubic volume m³	25946
Bauherr / Client	Max-Planck-Gesellschaft zur Förderung der Wissenschaften e. V.	Bruttogrundfläche m² / Gross floor area m²	6766
		Baukosten brutto / Building costs gross	12.9 Mio. EUR

2006 Fraunhofer Institut für Biomedizinische Technik IBMT

Fraunhofer Institute for Biomedical Engineering IBMT

Standort / Location	Am Mühlenberg 13, 14476 Potsdam	Bruttorauminhalt m³ / Gross cubic volume m³	35550
Bauherr / Client	Fraunhofer-Gesellschaft zur Förderung der angewandten Forschung e. V.	Bruttogrundfläche m² / Gross floor area m²	8566
		Baukosten brutto / Building costs gross	26.8 Mio. EUR

2006 Porsche AG, Neue Pforte Werk 2

Porsche AG, New gatehouse for plant 2

Standort / Location	Porschestraße, 70435 Stuttgart	Bruttorauminhalt m³ / Gross cubic volume m³	1328
Bauherr / Client	Dr. Ing. h. c. Ferdinand Porsche AG	Bruttogrundfläche m² / Gross floor area m²	566
		Baukosten brutto / Building costs gross	1.55 Mio. EUR

2007 Porsche AG, Antriebszentrum Bau 60

Porsche AG, Drivetrain Center, Building 60

Standort / Location	Porschestraße, 71287 Weissach	Bruttorauminhalt m³ / Gross cubic volume m³	75995
Bauherr / Client	Dr. Ing. h. c. Ferdinand Porsche AG	Bruttogrundfläche m² / Gross floor area m²	15715
		Baukosten brutto / Building costs gross	22.3 Mio. EUR

2008 Hochschule für Musik Carl Maria von Weber Dresden

Dresden College of Music Carl Maria von Weber

Standort / Location	Wettiner Platz 13, 01067 Dresden	Bruttorauminhalt m^3 / Gross cubic volume m^3	25 600
Bauherr / Client	Freistaat Sachsen, Sächsisches Staatsministerium der Finanzen	Bruttogrundfläche m^2 / Gross floor area m^2	4 800
		Baukosten brutto / Building costs gross	14 Mio. EUR

2008 BioMedizinZentrum Bochum

BioMedicineCentre Bochum

Standort / Location	Universitätsstraße 136, 44799 Bochum	Bruttorauminhalt m^3 / Gross cubic volume m^3	39 373
Bauherr / Client	Entwicklungs-gesellschaft Ruhr-Bochum mbH (EGR)	Bruttogrundfläche m^2 / Gross floor area m^2	10 957
		Baukosten brutto / Building costs gross	21.9 Mio. EUR

2009 Max-Planck-Institut für Marine Mikrobiologie

Max Planck Institut for Marine Microbiology

Standort / Location	Celsiusstraße 1, 28359 Bremen	Bruttorauminhalt m^3 / Gross cubic volume m^3	9 900
Bauherr / Client	Max-Planck-Gesellschaft zur Förderung der Wissenschaften e. V.	Bruttogrundfläche m^2 / Gross floor area m^2	2 430

2009 Marburger Ionenstrahl Therapiezentrum (MIT)

Marburg Ion Beam Therapy Center MIT

Standort / Location	Baldinger Straße 1, 35043 Marburg	Bruttorauminhalt m^3 / Gross cubic volume m^3	70 200
Bauherr / Client	Universitätsklinikum Giessen Marburg GmbH und Rhön-Klinikum AG	Bruttogrundfläche m^2 / Gross floor area m^2	11 530
		Baukosten brutto / Building costs gross	24.4 Mio. EUR

2009 TechLab für die Institute Robotik und Mechatronik und für Hochfrequenztechnik und Radarsysteme

TechLab, Microwaves and Radar Institute and Institute of Robotics and Mechatronics

Standort / Location	Münchner Straße 20, 82234 Weßling	Bruttogrundfläche m² / Gross floor area m²	4 626
Bauherr / Client	Deutsches Zentrum für Luft- und Raumfahrttechnik e. V. in der Helmholz-Gemeinschaft, German Aerospace Center (DLR)	Baukosten brutto / Building costs gross	6.75 Mio. EUR

2010 Kindertagesstätte Emma-Schwab-Haus

Daycare Center Emma Schwab House

Standort / Location	Rilkeweg 17, 70437 Stuttgart	Bruttorauminhalt m³ / Gross cubic volume m³	8 907
Bauherr / Client	Landeshauptstadt Stuttgart, Hochbauamt	Bruttogrundfläche m² / Gross floor area m²	2 402
		Baukosten brutto / Building costs gross	4 Mio. EUR

2011 Zentrum für Optische Quantentechnologien ZOQ

Center for Optical Quantum Technologies ZOQ

Standort / Location	Luruper Chaussee 149, 22761 Hamburg	Bruttorauminhalt m³ / Gross cubic volume m³	10 790
Bauherr / Client	Freie und Hansestadt Hamburg, Hochschulbau	Bruttogrundfläche m² / Gross floor area m²	2 975
		Baukosten brutto / Building costs gross	8.2 Mio. EUR

2011 DESY Direktorium, Neuordnung und Umgestaltung

DESY Management building, Reorganization and remodeling

Standort / Location	Notkestraße 85, 22607 Hamburg	Bauherr / Client	Deutsches Elektronen-Synchrotron DESY

2012 Center for Free-Electron Laser Science CFEL

Center for Free-Electron Laser Science CFEL

Standort / Location	Luruper Chaussee 149, 22761 Hamburg	Bruttorauminhalt m^3 / Gross cubic volume m^3	73 925
Bauherr / Client	Freie und Hansestadt Hamburg, Hochschulbau	Bruttogrundfläche m^2 / Gross floor area m^2	16 340
		Baukosten brutto / Building costs gross	42.5 Mio. EUR

2012 Präzisionslabor Max-Planck-Institut für Festkörperforschung

Precision Laboratory Max Planck Institute for Solid State Research

Standort / Location	Heisenbergstraße 7, 70569 Stuttgart	Bruttorauminhalt m^3 / Gross cubic volume m^3	30 833
Bauherr / Client	Max-Planck-Gesellschaft zur Förderung der Wissenschaften e. V.	Bruttogrundfläche m^2 / Gross floor area m^2	5 251
		Baukosten brutto / Building costs gross	15.6 Mio. EUR

2012 Max-Planck-Institut für Biologie des Alterns

Max Planck Institute for Biology of Ageing

Standort / Location	Joseph-Stelzmann-Straße 9B, 50931 Köln	Bruttorauminhalt m^3 / Gross cubic volume m^3	87 600
Bauherr / Client	Max-Planck-Gesellschaft zur Förderung der Wissenschaften e. V.	Bruttogrundfläche m^2 / Gross floor area m^2	20 340
		Baukosten brutto / Building costs gross	76 Mio. EUR

2012 Gästehaus des Max-Planck-Instituts für Physik komplexer Systeme

Guesthouse Max Planck Institute for the Physics of Complex Systems

Standort / Location	Nöthnitzerstraße 38, 01187 Dresden	Bruttorauminhalt m^3 / Gross cubic volume m^3	4 830
Bauherr / Client	Max- Planck-Gesellschaft zur Förderung der Wissenschaften e. V.	Bruttogrundfläche m^2 / Gross floor area m^2	1 444
		Baukosten brutto / Building costs gross	3.4 Mio. EUR

2012 DLR-Forum für Raumfahrtantriebe, Schulungs- und Ausstellungsgebäude

DLR-Forum of Space Propulsion, Training and exhibition building

Standort / Location	Im Langen Grund, 74239 Hardthausen	Bruttorauminhalt m^3 / Gross cubic volume m^3	16 800
Bauherr / Client	Deutsches Zentrum für Luft- und Raumfahrttechnik e. V. in der Helmholz-Gemeinschaft	Bruttogrundfläche m^2 / Gross floor area m^2	3 302
		Baukosten brutto / Building costs gross	6.8 Mio. EUR

2013 Klinikum Pirna

Clinical Center Pirna

Standort / Location	Struppener Straße 13, 01796 Pirna	Bruttorauminhalt m^3 / Gross cubic volume m^3	8 309
Bauherr / Client	HELIOS Klinikum GmbH	Bruttogrundfläche m^2 / Gross floor area m^2	2 374
		Baukosten brutto / Building costs gross	4.3 Mio. EUR

2014 Fraunhofer-Institut für Biomedizinische Technik IBMT

Fraunhofer Institute for Biomedical Engineering IBMT

Standort / Location	Josef-von-Fraunhofer-Weg 1, 66280 Sulzbach	Bruttorauminhalt m^3 / Gross cubic volume m^3	29 973
		Bruttogrundfläche m^2 / Gross floor area m^2	6 426
Bauherr / Client	Fraunhofer-Gesellschaft zur Förderung der angewandten Forschung e. V.	Baukosten brutto / Building costs gross	15.56 Mio. EUR

2015 Energieversorgungszentrale der Universität zu Lübeck

Energy Supply Center for the University of Lübeck

Standort / Location	Ratzeburger Allee 160, 23562 Lübeck	Bruttorauminhalt m^3 / Gross cubic volume m^3	8 365
Bauherr / Client	Land Schleswig-Holstein, GSMH Gebäudemanagement Schleswig-Holstein	Bruttogrundfläche m^2 / Gross floor area m^2	1 793
		Baukosten brutto / Building costs gross	10.5 Mio. EUR

2015 Tageseinrichtung für Kinder Tunzhofer Straße

Municipal day-care centre Tunzhofer Straße

Standort / Location	Tunzhofer Straße 24, 70191 Stuttgart
Bauherr / Client	Landeshauptstadt Stuttgart, Hochbauamt

Bruttorauminhalt m³ / Gross cubic volume m³	7100
Bruttogrundfläche m² / Gross floor area m²	1780
Baukosten brutto / Building costs gross	2.4 Mio. EUR

2016 Klinikum Pforzheim

Clinical Center Pforzheim

Standort / Location	Kanzlerstraße 2-6, 75175 Pforzheim
Bauherr / Client	Rhön-Klinikum AG / HELIOS Kliniken GmbH

Bruttorauminhalt m³ / Gross cubic volume m³	37300
Bruttogrundfläche m² / Gross floor area m²	9800
Baukosten brutto / Building costs gross	30 Mio. EUR

2016 Center of Brain, Behavior and Metabolism (CBBM), Universität zu Lübeck

Center of Brain, Behavior and Metabolism (CBBM), University of Lübeck

Standort / Location	Ratzeburger Allee 160, 23562 Lübeck
Bauherr / Client	Land Schleswig-Holstein, Gebäudemanagement Schleswig-Holstein AöR (GMSH)

Bruttorauminhalt m³ / Gross cubic volume m³	55020
Bruttogrundfläche m² / Gross floor area m²	13180
Baukosten brutto / Building costs gross	37.2 Mio. EUR

2016 Institutsgebäude für Technische Thermodynamik und für Technische Physik

Institute of Engineering Thermodynamics and of Technical Physics

Standort / Location	Pfaffenwaldring 38-40, 70569 Stuttgart
Bauherr / Client	Deutsches Zentrum für Luft- und Raumfahrttechnik e. V. in der Helmholz-Gemeinschaft

Bruttorauminhalt m³ / Gross cubic volume m³	50915
Bruttogrundfläche m² / Gross floor area m²	10782
Baukosten brutto / Building costs gross	28.7 Mio. EUR

2016 Energy Materials In-Situ Laboratory EMIL
Energy Materials In-Situ Laboratory EMIL

Standort / Location	Albert-Einstein-Straße 15, 12489 Berlin	Bruttorauminhalt m³ / Gross cubic volume m³	9 003
Bauherr / Client	Helmholtz Zentrum Berlin für Materialien und Energie	Bruttogrundfläche m² / Gross floor area m²	2 298
		Baukosten brutto / Building costs gross	7.1 Mio. EUR

2016 WindLab – Forschungslabor für Turbulenz- und Windenergiesysteme
WindLab – Research Laboratory for Turbulence and Wind Energy Systems

Standort / Location	Küpkersweg 70, 26129 Oldenburg	Bruttorauminhalt m³ / Gross cubic volume m³	20 875
Bauherr / Client	Land Niedersachsen, Staatliches Baumanagement Niedersachsen	Bruttogrundfläche m² / Gross floor area m²	4 400
		Baukosten brutto / Building costs gross	14.7 Mio. EUR

2017 Centre for Structural Systems Biology (CSSB)
Centre for Structural Systems Biology (CSSB)

Standort / Location	Notkestraße 85, 22607 Hamburg	Bruttorauminhalt m³ / Gross cubic volume m³	54 793
Bauherr / Client	Deutsches Elektronen-Synchrotron DESY	Bruttogrundfläche m² / Gross floor area m²	13 476
		Baukosten brutto / Building costs gross	36 Mio. EUR

2018 BioZentrum I, Johannes Gutenberg Universität Mainz
Faculty of Biology, Building I, Johannes Gutenberg University Mainz

Standort / Location	Hanns-Dieter-Hüsch-Weg, 55128 Mainz	Bruttorauminhalt m³ / Gross cubic volume m³	26 398
Bauherr / Client	Johannes-Gutenberg-Universität Mainz	Bruttogrundfläche m² / Gross floor area m²	5 206
		Baukosten brutto / Building costs gross	32.1 Mio. EUR

2019 Biomedizinische Forschung BMF, Universität zu Lübeck

Biomedical Research BMF, University of Lübeck

Standort / Location	Ratzeburger Allee 160, 23562 Lübeck	Baukosten brutto / Building costs gross	54.2 Mio. EUR
Bauherr / Client	Land Schleswig-Holstein, GSMH Gebäudemanagement Schleswig-Holstein		

2019 Leibniz-Institut für Polymerforschung Dresden e. V.

Standort / Location	Kaitzer Straße 4, 01069 Dresden	Bruttorauminhalt m^3 / Gross cubic volume m^3	14 805
Bauherr / Client	Leibniz-Institut für Polymerforschung Dresden e. V.	Bruttogrundfläche m^2 / Gross floor area m^2	4 435
		Baukosten brutto / Building costs gross	11.9 Mio. EUR

2019 Isotopenlabor Universität zu Lübeck

Radionuclide Laboratory, University of Lübeck

Standort / Location	Ratzeburger Allee 160, 23562 Lübeck	Bruttorauminhalt m^3 / Gross cubic volume m^3	5 007
Bauherr / Client	Land Schleswig-Holstein GSMH, Gebäudemanagement Schleswig-Holstein	Bruttogrundfläche m^2 / Gross floor area m^2	1 224

2019 Roche Forschungsgebäude Bau 98

Roche research building Bau 98

Standort / Location	Grenzacherstrasse 124, 4070 Basel, Schweiz	Baukosten brutto / Building costs gross	245 Mio. CHF
Bauherr / Client	F. Hoffmann La Roche AG		

2019 Roche Innovation Center Shanghai RICS

Roche Innovation Center Shanghai RICS

Standort / Location	Long Dong Road, Pudong District, Shanghai, China	Bauherr / Client	F. Hoffmann La Roche AG

2019 Fraunhofer-IWKS für Wertstoffkreisläufe und Ressourcenstrategie

Fraunhofer IWKS for Materials Recycling and Resource Strategies

Standort / Location	Clara-Immerwahr-Straße 4, 63457 Hanau	Bruttorauminhalt m³ / Gross cubic volume m³	26 398
Bauherr / Client	Fraunhofer-Gesellschaft zur Förderung der angewandten Forschung e. V.	Bruttogrundfläche m² / Gross floor area m²	5 206
		Baukosten brutto / Building costs gross	32.1 Mio. EUR

2019 Schullabor Light & Schools

School-Laboratory Light & Schools

Standort / Location	Luruper Chaussee 149, 22761 Hamburg	Bruttorauminhalt m³ / Gross cubic volume m³	5 340
Bauherr / Client	Universität Hamburg	Bruttogrundfläche m² / Gross floor area m²	1 070
		Baukosten brutto / Building costs gross	3.8 Mio. EUR

2019 Mensa Anne-Frank-Gemeinschaftsschule und Heilbrunnenschule

Cafeteria for Anne Frank School and Heilbrunnen School

Standort / Location	Hechinger Straße 73, 70567 Stuttgart	Bruttorauminhalt m³ / Gross cubic volume m³	3 160
Bauherr / Client	Landeshauptstadt Stuttgart, Schulverwaltungsamt, Hochbauamt	Bruttogrundfläche m² / Gross floor area m²	660
		Baukosten brutto / Building costs gross	5.1 Mio. EUR

2020 Max-Planck-Institut für Struktur und Dynamik der Materie (MPSD)
Max Planck Institute for the Structure and Dynamics of Matter

Standort / Location	Luruper Chausee 149, 22761 Hamburg	Bruttorauminhalt m³ / Gross cubic volume m³	61 739
Bauherr / Client	Max-Planck-Gesellschaft zur Förderung der Wissenschaften e. V.	Bruttogrundfläche m² / Gross floor area m²	12 417
		Baukosten brutto / Building costs gross	48.5 Mio. EUR

2020 BioZentrum II, Johannes Gutenberg-Universität Mainz
Faculty of Biology, Building II, Johannes Gutenberg University Mainz

Standort / Location	Hanns-Dieter-Hüsch-Weg, 55128 Mainz	Bruttorauminhalt m³ / Gross cubic volume m³	57 090
Bauherr / Client	Johannes Gutenberg-Universität Mainz	Bruttogrundfläche m² / Gross floor area m²	13 022
		Baukosten brutto / Building costs gross	32.6 Mio. EUR

2020 Zentrum für Angewandte Quantentechnologie (ZAQuant), Universität Stuttgart

Center for Applied Quantum Technology (ZAQuant), University of Stuttgart

Standort / Location	Allmandring 13, 70569 Stuttgart	Bruttorauminhalt m³ / Gross cubic volume m³	45 600
Bauherr / Client	Vermögen und Bau Baden-Württemberg, Universitätsbauamt Stuttgart und Hohenheim	Bruttogrundfläche m² / Gross floor area m²	8 500
		Baukosten brutto / Building costs gross	34.5 Mio. EUR

2022 Landesanstalt für Umwelt, Messungen und Naturschutz Baden-Württemberg LUBW

State Institute for Environment, Measurements and Nature Conservation Baden-Württemberg LUBW

Standort / Location	Großoberfeld 3, 76135 Karlsruhe	Bruttorauminhalt m³ / Gross cubic volume m³	63 138
Bauherr / Client	Land Baden-Württemberg	Bruttogrundfläche m² / Gross floor area m²	15 743

2026 Neubau der Physik, Universität Stuttgart

New Building Faculty of Physics, University Stuttgart

Standort / Location	Allmandring, 70569 Stuttgart	Bruttorauminhalt m^3 / Gross cubic volume m^3	240 700
Bauherr / Client	Vermögen und Bau Baden-Württemberg, Universitätsbauamt	Bruttogrundfläche m^2 / Gross floor area m^2	49 600

APPENDIX

Team hammeskrause architekten 2001 –2020

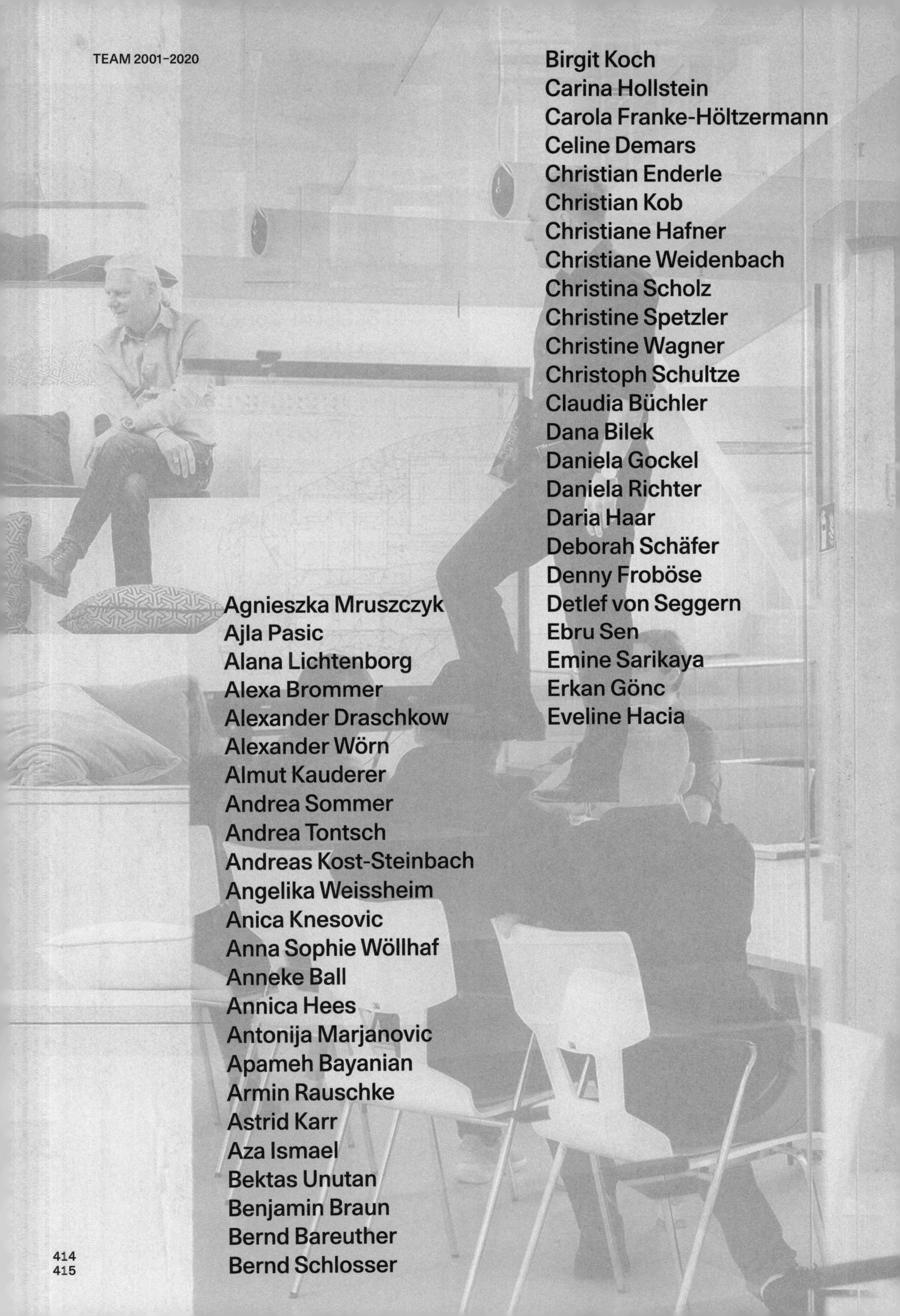

Agnieszka Mruszczyk
Ajla Pasic
Alana Lichtenborg
Alexa Brommer
Alexander Draschkow
Alexander Wörn
Almut Kauderer
Andrea Sommer
Andrea Tontsch
Andreas Kost-Steinbach
Angelika Weissheim
Anica Knesovic
Anna Sophie Wöllhaf
Anneke Ball
Annica Hees
Antonija Marjanovic
Apameh Bayanian
Armin Rauschke
Astrid Karr
Aza Ismael
Bektas Unutan
Benjamin Braun
Bernd Bareuther
Bernd Schlosser
Birgit Koch
Carina Hollstein
Carola Franke-Höltzermann
Celine Demars
Christian Enderle
Christian Kob
Christiane Hafner
Christiane Weidenbach
Christina Scholz
Christine Spetzler
Christine Wagner
Christoph Schultze
Claudia Büchler
Dana Bilek
Daniela Gockel
Daniela Richter
Daria Haar
Deborah Schäfer
Denny Froböse
Detlef von Seggern
Ebru Sen
Emine Sarikaya
Erkan Gönc
Eveline Hacia

Fangyuan Li
Firat Firdes Gülsah Cilek
Franziska Behrendt
Georgiev Georgi
Georgiev Marin
Gisela Schwab
Götz Lachenmann
Hafize Albayrak
Hai Anh Duong
Hannes Hauerwas
Hayriye Tü-Gün Küni
Heidrun Schmidt
Heike Kirnbauer
Helena Brückner
Holger Fischer
Hye Me Lee
Indira Abikenova
Ines Salamon
Inga Sauermann
Isabelle Groll
Jacqueline Dörner
Jakob Dürr
Jan Serode
Jan Thanner
Jana Vasilevich
Jana Maria Mauser
Janet Müller
Jasmin Wilkens
Jennifer Knöri
Jens Daldrop
Jil Treffinger
Jin Qian
Joachim Klüsekamp
Jo Schlaich-Conzelmann
Joep Kuys
Johanna Wuchner
Johannes Harter
John Froning
Juan Mejia del Valle
Juan Pablo Orejuela
Jürgen Naverschnigg
Jürgen Utz
Jürgen Warnecke
Julia Bührle
Julia Siegwardt
Jutta Reinhardt
Karel Kask
Karin Horn

Karina Wahrmann
Karlheinz Schwab
Katarina Piljek
Katharina Lay
Katja Martin
Kristian Gerlich
Lars Schuchert
Leonie Löffler
Leonie Schulze
Liebhard Kettenstock
Lina Feng
Long Le
Lukas Holzinger
Magdalena Wobbe
Magdalena Zbirska
Manuel Schüller
Mareike Becker
Mariane Löser
Marielle Neuser
Marion Ziegler
Markus Cattaneo
Markus Hammes
Marlon Werner Zetto
Martha Castillo Alfonso
Martin Grebniok
Martin Hassa-Steimle
Martin Maxa
Marvin Stoll
Max Leo Junker
Michael Blank
Michael Käfer
Michael Keppler
Miriam Vogt
Mirko Fabrizi
Monika Elsässer
Nasim Jafarbeglou
Natascha von Herz
Nicole Steinbach-Falch
Nils Krause
Ninja Ziviani
Oda Witte
Ole Küstermann
Patricia Gola
Peter Just
Peter Schulte
Philip Duncan
Puja Heidari
Qijing Hu

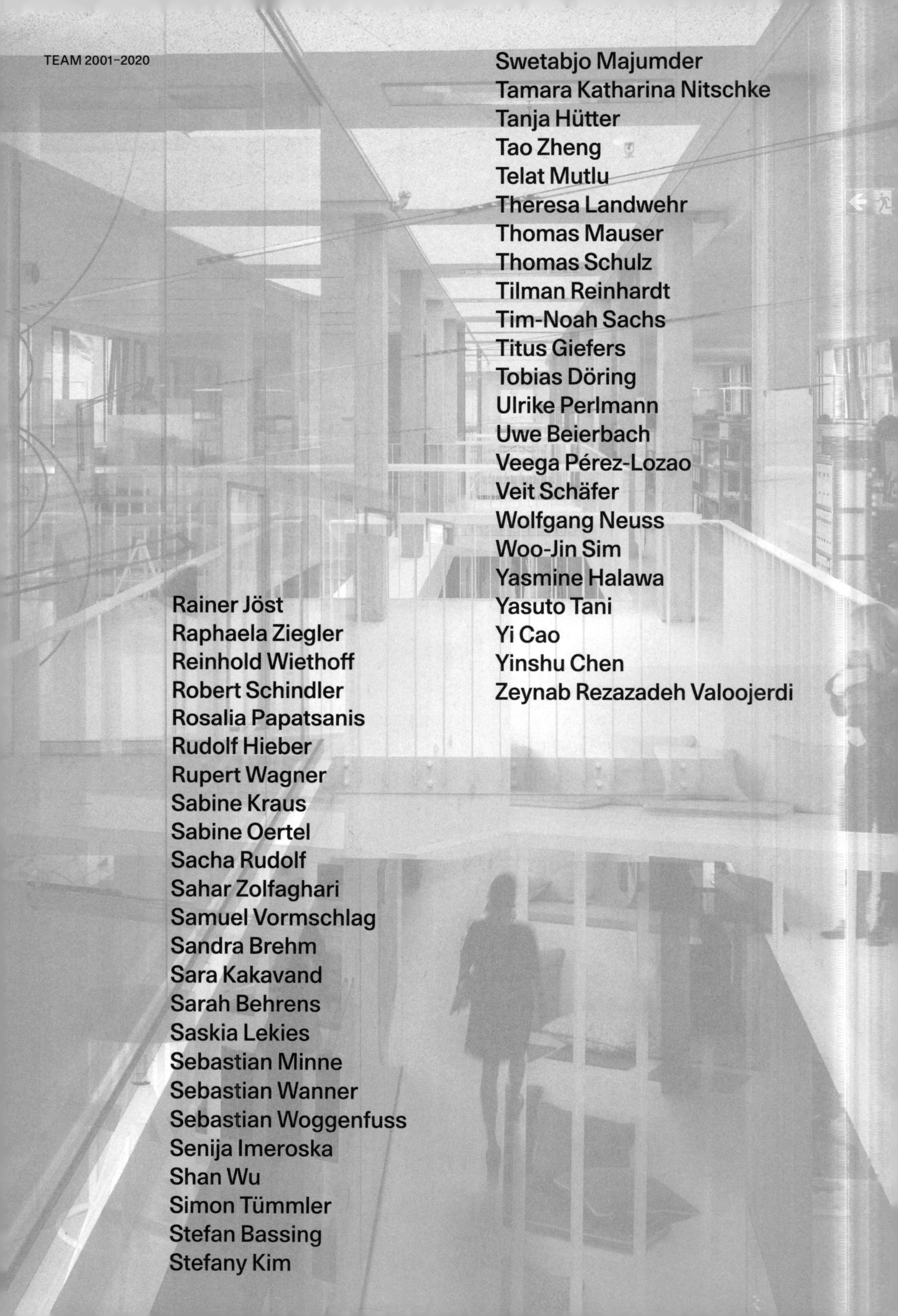

Rainer Jöst
Raphaela Ziegler
Reinhold Wiethoff
Robert Schindler
Rosalia Papatsanis
Rudolf Hieber
Rupert Wagner
Sabine Kraus
Sabine Oertel
Sacha Rudolf
Sahar Zolfaghari
Samuel Vormschlag
Sandra Brehm
Sara Kakavand
Sarah Behrens
Saskia Lekies
Sebastian Minne
Sebastian Wanner
Sebastian Woggenfuss
Senija Imeroska
Shan Wu
Simon Tümmler
Stefan Bassing
Stefany Kim
Swetabjo Majumder
Tamara Katharina Nitschke
Tanja Hütter
Tao Zheng
Telat Mutlu
Theresa Landwehr
Thomas Mauser
Thomas Schulz
Tilman Reinhardt
Tim-Noah Sachs
Titus Giefers
Tobias Döring
Ulrike Perlmann
Uwe Beierbach
Veega Pérez-Lozao
Veit Schäfer
Wolfgang Neuss
Woo-Jin Sim
Yasmine Halawa
Yasuto Tani
Yi Cao
Yinshu Chen
Zeynab Rezazadeh Valoojerdi

Autorenbiografien / Author Biographies

Simone Aschenbrenner. Seit 2012 arbeitet die Architektin im Schulverwaltungsamt der Landeshauptstadt Stuttgart in der Abteilung Schulentwicklungsplanung und Schulneubauten. Schwerpunkte der Tätigkeit bilden die Projektentwicklung für Lernumgebungen der Gemeinschaftsschulen anhand der nutzerspezifischen Pädagogik sowie die Bauherrenvertretung bei der Projektumsetzung. Sie lebt mit ihrem Sohn in Fellbach bei Stuttgart.

Simone Aschenbrenner. She has been working since 2012 as an architect in the School Administration Office of the state capital of Stuttgart, in the Department of School Development Planning and New School Buildings. Her main focuses are project development for learning environments in comprehensive schools based on user-specific pedagogy as well as representing clients during project implementation. She lives with her son in Fellbach near Stuttgart.

Judith Brucklacher studierte an der Staatlichen Akademie der Bildenden Künste Stuttgart und an der Kunstakademie in Barcelona Kunsterziehung und Intermediales Gestalten. Zusammenarbeit mit hammeskrause architekten 2009–2016, insbesondere die farbliche Gestaltung der Tageseinrichtung für Kinder Tunzhofer Straße in 2015. Sie lebt und arbeitet in Stuttgart.

Judith Brucklacher studied art education and intermedia design at the Stuttgart State Academy of Art and Design (ABK Stuttgart) and the Barcelona Academy of Art. She worked with hammeskrause architekten from 2009 to 2016, in particular on the design of the colour scheme for the Municipal day-care centre TunzhoferStraße in 2015. She lives and works in Stuttgart.

Prof. Dr. Günter R. Fuhr. Studium der Elektrotechnik an der Technischen Universität Dresden, Promotion und Habilitation an der Humboldt-Universität zu Berlin 1981 und 1985. Ab 1993 Professor an der Humboldt-Universität zu Berlin im Fachbereich Biologie, 2001 folgte der Ruf auf eine Professur am Klinikum Homburg und die Übernahme der Leitung des Fraunhofer-Instituts für Biomedizinische Technik IBMT. Seit 2017 im Ruhestand.

Prof. Dr. Günter R. Fuhr studied electrical engineering at the Technische Universität Dresden and did a doctorate and postdoctoral degree at Humboldt-Universität in Berlin, in 1981 and 1985. From 1993 he was a professor of biology at Humboldt-Universität, and in 2001 he was appointed professor at the University Medical Center in Homburg and became head of the Fraunhofer Institute for Biomedical Engineering IBMT. He retired in 2017.

PD Dr. Anja Gerigk. Studium der Germanistik und Anglistik u.a. an der Universität Bamberg und der University St Andrews/GB. 2005 Promotion, 2013 Habilitation an der Ludwig-Maximilians-Universität München (LMU) mit *Architektur liest Literatur* (2014). Nach einer Vertretungsprofessur (2013–2014) Akademische Oberrätin auf Zeit (2015–2019) im Fach Neuere deutsche Literatur an der LMU. Derzeit forscht sie an der Swansea University, Wales/GB.

Dr. Anja Gerigk studied German and English Language & Literature at the University of Bamberg and the University of St Andrews/GB. She did her doctorate in 2005 and a postdoctoral degree in 2013 at Ludwig-Maximilians-Universität München (LMU) with a thesis titled *Architecture Reads Literature.* Gerigk was a temporary full professor at LMU from 2013 to 2014, and a fixed term assistant professor in Modern German Literature there from 2015 to 2019. She is currently doing research at Swansea University in Wales/GB.

Julia Graven hat ihr Handwerk an der Deutschen Journalistenschule in München gelernt und arbeitet als freie Autorin u.a. für die SZ, brandeins und das Greenpeace Magazin. Am liebsten spricht sie mit klugen Menschen, die eine Ahnung davon haben könnten, wie unsere Zukunft aussieht. Sie lebt mit ihrer Familie in München.

Julia Graven learned her trade at the Deutsche Journalistenschule (DJS) in Munich and works as a freelance author for periodicals including SZ, brandeins and Greenpeace Magazine. She likes to interview smart people who might have an idea of what our future will look like. She lives with her family in Munich.

Eva Maria Herrmann studierte Architektur an der Hochschule Darmstadt und der Technischen Universität Graz. Als Referentin für Presse- und Öffentlichkeitsarbeit und freie Journalistin gründete sie 2005 ein Büro für Architekturkommunikation mit dem Schwerpunkt Vermittlung von Baukultur. Veröffentlichungen, Redaktion, Vorträge, Workshops und Ausstellungen zu allen Themen der Baukultur.

Eva Maria Herrmann studied architecture and engineering at Darmstadt University of Applied Sciences and the Technical University of Graz. She works as a press and public relations consultant and freelance journalist in Munich and in 2005 founded an office for architectural communication. She has written and edited publications on a wide variety of themes in the field of building culture, as well as holding lectures and workshops and organising exhibitions.

Dr. Oliver Herwig arbeitet als freier Journalist u.a. für die NZZ, SZ und AD in München. Er unterrichtet(e) Designtheorie an den Gestaltungshochschulen Basel/CH und Karlsruhe sowie an der Kunstuniversität Linz/AT. Als Moderator konzipiert er Tagungen und Podiumsgespräche (Bayerische Architektenkammer, BMW, Politische Akademie Tutzing, Oberste Bayerische Baubehörde). Seit 2018 leitet er zusammen mit Andreas Grosz die Netzwerk- und Kommunikationsplattform KAP Forum, Köln.

Dr. Oliver Herwig works as a freelance journalist for the NZZ, SZ and AD in Munich. He has taught design theory at the Basel/CH and Karlsruhe schools of design and the University of Art and Design Linz/AT. Herwig conceives and moderates conferences and panel discussions (Bavarian Chamber of Architects, BMW, Political Academy Tutzing, Bavarian Building Authority). He has been co-director with Andreas Grosz of the network and communication platform KAP Forum, Cologne, since 2018.

Natascha von Herz studierte Architektur und Design an der Staatlichen Akademie der Bildenden Künste Stuttgart. Sie arbeitete als Architektin in Büros u.a. in Darmstadt und Hamburg, seit 2008 verantwortet sie bei hammeskrause architekten in Stuttgart die Unternehmenskommunikation.

Natascha von Herz studied architecture and design at the Stuttgart State Academy of Art and Design (ABK Stuttgart). She worked as an architect in offices in Darmstadt and Hamburg, among others. Since 2008 she has been responsible for corporate communications at hammeskrause architekten in Stuttgart.

Sybille Mohn (geb. Kirnbauer). Studium u.a. der Bildenden Kunst, Pädagogischen Psychologie und der Soziologie an der Pädagogischen Hochschule Ludwigsburg sowie an der University of Wolverhampton/GB. Seit 1996 Realschullehrerin an der Anne-Frank Gemeinschaftsschule, seit dem Schuljahr 2008/09 Leitung des Projekts *Lebensraum Schule*. Im Rahmen des Neubaus der gemeinsamen Mensa mit der Heilbrunnenschule Stuttgart 2017–2019 Kooperation mit hammeskrause architekten.

Sybille Mohn (née Kirnbauer) studied fine arts, educational psychology and sociology, among other subjects, at Ludwigsburg University of Education and the University of Wolverhampton/GB. Since 1996 she has been a secondary school teacher at the Anne Frank Comprehensive School and since the school year 2008/09 director of the project *Lebensraum Schule (School as Living Space).* From 2017 to 2019 she worked with hammeskrause architekten on the project for a new joint cafeteria with Stuttgart's Heilbrunnen School.

Impressum / Imprint

Herausgeber / Editors:
Eva Herrmann, Natascha von Herz

Autoren / Authors:
Anja Gerigk, Julia Graven, Oliver Herwig
Eva Herrmann, Natascha von Herz

Übersetzung / Translation from German into English:
Jennifer Taylor

Konzept / Concept:
Eva Herrmann, Natascha von Herz
Birgit Koch

Project management:
Eva Herrmann, Natascha von Herz, Alexander Felix (Birkhäuser)

Lektorat (Deutsch) / Copy editing (German):
Cornelia Hellstern

Lektorat (Englisch) / Copy editing (English):
Jennifer Taylor

Gestaltung / Design:
strobo B M

Herstellung, DTP / Production, DTP:
strobo B M

Reproduktion / Reproduction:
Typodata GmbH (Franz Lichtenauer)

Druckerei / Printing:
Weber Offset GmbH

Bindung / Binding:
Buchbinderei Mönch

Library of Congress Control Number: 2019955184

Bibliografische Information der Deutschen Nationalbibliothek:
Die Deutsche Nationalbibliothek verzeichnet diese Publikation in der Deutschen Nationalbibliografie; detaillierte bibliografische Daten sind im Internet über http://dnb.d-nb.de abrufbar. / Bibliographic information published by the German National Library: The German National Library lists this publication in the Deutsche Nationalbibliografie; detailed bibliographic data are available on the Internet at http://dnb.dnb.de.

ISBN 978-3-0356-2089-4

P.O. Box 44, 4009 Basel, Switzerland
Part of Walter de Gruyter GmbH, Berlin/Boston

9 8 7 6 5 4 3 2 1
www.birkhauser.com

Allen, die durch Überlassung ihrer Bildvorlagen, durch Erteilung von Reproduktionserlaubnis und durch Auskünfte am Zustandekommen des Buches mitgeholfen haben, sagen die Herausgeber aufrichtigen Dank. Sämtliche Zeichnungen in diesem Werk sind eigens angefertigt oder stammen aus dem Archiv von hammeskrause architekten. / The Editors would like to express his sincere gratitude to all those who have assisted in the production of this book, be it through providing photos or artwork, or granting permission to reproduce their documents, or providing other information. All the drawings were specially produced for this publication or taken from the archive of hammeskrause architekten.

Fotografen / Photographers:

Ali Inay/unsplash: 20/21
Armin Rauschke: 317, 411, 412
Barbara Staubach: 285
Barry Guy/Maya Recordings, Oberstammheim: 144
Courtesy of © Ferran Adriá: 143
Daniele Mattioli Photographer: 49
David Leveque/unsplash: 387
DEEPOL by plainpicture
Donald Iain Smith: 30/31
Dietmar Strauß: 403
DLR Lampoldshausen: 73, 78
Fedor Flinzer: 42
Fotos Beat Ernst, © Roche Ltd.: 349, 410
Franck V/unsplash: 390
Friedrich Kluge: Ethymologisches Wörterbuch der deutschen Sprache. Walter de Gryter, Berlin/New York 2002: 10
Giovanni Battista Piranesi, plan of the ideal university: 273
HGEsch: 402, 404
Hagen Stier: 405
hammeskrause architekten: 15, 16, 19, 57, 83, 109, 113, 118, 134, 136, 138, 140–142, 197, 208, 213, 226, 227, 250, 251, 274, 275, 301, 337, 353–358, 404, 413, 421
hammeskrause architekten/strobo B M: Cover
Hans-Joachim Krumnow: 406
Hochschule für Musik Carl Maria von Weber Dresden: 26, 27
Jörn Lehmann: 284/285, 296/297, 298, 406, 407, 410
juergen-schmidt-fotografie.de: 292, 293, 294/295, 296
Jürgen Pollack: 350/351, 414/415, 416/417, 418
Leibniz Institut für Polymerforschung IPF: 410
Martin Duckek: 86, 99, 405, 407
NASA ID: as11-44-6551/Apollo 11 Mission image: 75
Natascha von Herz: 185, 188
Nikolaus Grünwald: 100/101, 102, 187, 403, 405
Piet Niemann: 116, 117, 123, 124/125, 126/127, 128/129, 130, 184, 194, 409
Ralf Brunner: 190, 191, 313, 321, 324/325
Roland Halbe: 403
Schöck Bauteile GmbH: 28, 29, 108
Stefan Müller-Naumann: 145, 146, 148/149, 150, 151, 154, 155, 158, 248, 249, 257, 258/259, 260, 261, 262, 403, 404
studiobrand 3Dvisuals: 237, 239, 241, 316, 410, 411, 412
Thiago Cardoso/unsplash: 24/25
Ulrich Schwarz: 147, 152/153, 157, 192
Werner Huthmacher: 186, 189, 193, 282, 283, 286/287, 289, 290, 291, 312, 313, 314, 315, 318/319, 322/323, 327, 328/329, 330, 331, 332, 333, 334, 406, 408, 409
Will Langenberg/unsplash: 22/23
Wolf-Dieter Gericke: 56–59, 60/61, 62/63, 64–67, 68/69, 70, 82, 83–85, 87–91, 92/93, 94, 95, 96/97, 112, 114, 115, 119, 120, 121, 182/183, 212, 213, 214, 215, 219, 221, 222/223, 225, 227, 228/229, 230/231, 232, 233, 234, 247, 253, 254, 255, 405, 406, 407, 408, 409, 411